술술풀어가는

영어성경 영문법

>>> 요한복음

술술풀어가는

영어성경 영문법

››› 요한복음

김복희 지음

한국문화사

술술 풀어가는 영어성경영문법

-요한복음-

1판 1쇄 2011년 2월 28일

1판 2쇄 2021년 2월 10일

지 은 이 | 김복희

펴 낸 이 | 김진수

펴 낸 곳 | 한국문화사

등 록 | 제1994-9호

주 소 | 서울시 성동구 아차산로49, 404호(성수동1가, 서울숲코오롱디지털타워3차)

전 화 | 02-464-7708

팩 스 | 02-499-0846

이 메 일 | hkm7708@hanmail.net

홈페이지 | http://hph.co.kr

사진· 삽화 김복희

ISBN 978-89-5726-852-0 93740

일러두기

1. 이 책에 실은 영어본문과 의역으로 사용한 우리말번역은 NIV영어성경을 참고하였다.
2. 한 개의 문장 속에 나오는 문법사항들을 문법별로 정리하다보니까 반복되어 나오는 문장이 있다. 예를 들어, 똑같은 문장이 'that의 용법'에 나오고 '관계대명사'에도 나올 수 있다. 그것은 그 한 문장 속에 두 개 이상의 문법이 등장하기 때문이다. 그럴 경우에는 그 chapter에 해당되는 문법을 해설 ①번에 설명을 하였고 나머지 문법들은 간략하게 ②번과 ③번에 실었다. 따라서 ①번 문법 설명부분을 눈에 띄게하기 위해서 글자를 고딕체로 하였다.
3. NIV 번역(의역)만으로는 무엇인가 설명이 미비하다고 생각되는 곳에는 의역 다음 부분에 성경해설을 조금 덧붙였다.
4. NIV 영어성경문법 중에서 애매한 문장의 경우는 KJV이나 NLT 영어성경의 내용을 첨부하여 NIV와 비교하게 하였다.
5. 생략된 부분의 표기는 ✓ 로 하였다.
6. 단어 및 숙어의 확장 부분에서 중요한 기본동사는 불규칙동사변화(원형-과거형-과거분사형)를 표시해두었다.
   예) come-came-come / catch-caught-caught
7. 이 책에 사용된 약자표기는 다음과 같다
   R: 동사원형　S: 주어　V: 동사　O: 목적어
   Adj: 형용사　Adv: 부사　pl: 명사의 복수형

머리말

오늘날 영어는 일반인은 물론이고 크리스천에게는 더욱 필수적인 언어가 되어 가고 있다. 특히 하나님의 지상명령인 선교를 수행하려면 국내에서만이 아니라 전 세계로 활동무대를 확장할 필요가 있기 때문에 영어는 복음전파의 중요한 도구가 되고 있다. 그러나 복음전파의 도구로 영어를 사용해야 하는 사역자들의 고충은 복음에 대해서는 잘 알지만 영어라는 한계에 이른다는 점이다. 사역자를 키우는 신학대학교에서 10년 넘게 영어를 가르치면서 고심하는 것은 그들로 하여금 복음전파의 도구인 영어에 능통하게 하는 것이었다. 계속 고민하고 새로운 방법을 연구하다가 우선 혼동하기 쉬운 영문법을 영어성경안의 모든 구절을 통해 이해하기 쉽게 분석해야겠다는 생각이 들었다. 『술술풀어가는 영어성경영문법(마태복음)』(2008)이 그 첫 번째 열매이고 마태복음을 출간한 지 2년 8개월 만에 요한복음이 두 번째 열매로 완성되었다.

이것은 성경내용에 대한 책이 아니다. 영어성경의 모든 문장을 통해서 영문법을 완전하게 정복하고자 하는 것이 목표이다. 목회현장에서 사역하는 목사님, 사모님, 전도사님, 선교사님과 신학도 등 모든 분은 이미 성경에 대하여 해박한 지식을 갖고 있다. 따라서 이 책에서 필자는 감히 성경을 설명할 수는 없다. 성경에 능통한 교역자들이 이 책을 공부함으로써 영어에도 능통하여 세계의 모든 사역현장에서 영어라는 매개체를 통하여 설교를 하고 통역도 함으로써 하나님의 영광을 드러내기를 바랄 뿐이다. 필자는 영어성경 중에서도 요한복음에 나오는 영어성경 구절을 철저히 분석하여 영문법을 수학의 공식처럼 만들었다. 특히 학생들이 구별하지 못해서 해석이 어려웠던 부분들에 중점을 두었다. 예를 들면, 한 문장 안에서도 용법에 따라 다르게 해석될 수 있는 that을 보여주기 위해 요한복음에 나오는 that을 모두 찾아 철저하게 분석하였다.

이 책의 가장 큰 특징은 포맷이다. 첫째, 대체로 기존의 영어성경에 관한 책들이 신구약 중에서도 중요하다고 생각되는 부분만을 선택해서 분석한 것이라면

이 책은 요한복음 전체에 나오는 문법사항을 완전분석한 것이다. 둘째, 기존의 문법책들이 문법을 제목 중심으로 서술해서 설명했다면. 이 책은 혼돈되는 문법을 중심으로 요한복음 안의 공통된 문장을 전부 다 한 곳으로 모아서 반복공부하게 함으로써 그 혼돈된 문법을 완전히 마스터하게 하였다는 점이다. 다시 말하면, 일반영어문법책이나 독해책이 문법의 큰 제목, 즉 단순하게 '명사', '동사', '대명사' 등의 품사별 순서로 나열하고 설명하며 그에 해당하는 문장을 제시설명하는 포맷이라면 이 책은 품사별로 단순하게 나열하는 것이 아니라 평소에 혼동하기 쉬운 문법을 하나로 묶어 구체적으로 제시하고 설명하는 포맷이다. 셋째, 한 개의 문장 속에 두 개 이상의 문법사항이 들어 있는 것은 해당되는 각 문법에 같은 문장이 반복해서 들어가 있다. 예를 들어 어느 한 문장에서 현재분사와 관계대명사가 쓰여졌을 경우 이 문장을 현재분사 부분과 관계대명사 부분 두 군데에 다 포함시켰다.

이 책의 구성은 다음과 같다.

첫째, 먼저 문법의 타이틀을 제시하고 중요포인트를 표로 만들어 제시하면서 관련된 기본 예문을 보여주었다.

둘째, 성경원문을 보여주고 직역한 다음 그 문장의 핵심구조를 제시하였다.

셋째, 관련된 중요 단어와 숙어를 품사별로 풀이하였다.

넷째, 독해 포인트를 해설하였다.

다섯째, 마지막 부분에는 앞에 설명한 성경구절의 NIV 우리말 번역을 덧붙였다. 또한 성경내용과 관련된 지명을 지도로 그리거나 필자가 이스라엘, 터키, 그리스 등 성지순례 때에 찍었던 사진 또는 직접 그린 그림을 실어서 본문의 내용을 조금 더 실감나도록 하였다.

부록에는 요한복음에 대한 몇 개의 문제를 영어로 만들어 제시하였다.

이 책의 학습방법은 다음과 같다.

1) 직역부분을 가리고 모르는 단어나 숙어가 나오더라도 영어지문을 연상 작용을 통해서 직역해본다.
2) 지문아래에 직역된 부분을 살펴보면서 다시 번역해본다.
3) 자신이 몰랐던 단어 숙어에 대한 설명을 보면서 지문을 다시 번역해본다.
4) 핵심구조와 해설을 살펴본 후 다시 번역해본다.
5) 마지막으로 의역부분을 살펴본다.
6) 단어와 숙어를 외우고 간단한 문장부터 큰 소리로 외운다.

예로부터 영어성경은 영어를 배우기에 가장 적합하고 훌륭한 교재라고 하였다. 이 책이 목사님과 선교사님, 그리고 신학도를 포함한 모든 크리스천의 사역에 조금이라도 도움이 되기를 원한다. 신학도가 아닌 일반인도 이 책을 공부함으로써 신학과 관련되지 않은 일반영어시험, 즉 TOEIC, TOEFL, TEPS 등 여러 시험의 Reading에서도 고득점을 획득하기를 바라며 영문법에서 자유로워지기를 희망한다. 성경이 모든 것의 기본이고 특히 영어성경의 문장은 영어공부의 기본이 되기 때문이다.

책을 끝내고 보니 무엇인가 빠진 부분도 있을 것 같고 부족한 설명도 있을 것이라고 생각된다. 이러한 점을 포함한 다른 문제점들은 독자의 지적과 비판을 참고로 빠른 시일 내에 다시 수정 보완할 수 있도록 하겠다.

끝으로 이 책을 출판하게 해주신 한국문화사 김진수 사장님, 김정희 실장님, 그리고 김태균 부장님께 마음 깊이 감사를 드리고 편집부 모든 분에게도 심심한 감사를 표한다. 교정을 도와준 희숙과 은주에게도 고마움을 전하고 싶다.

2011년 2월
학산 연구실에서
김 복 희

차례

요한복음개요

1. 저자 : 사도요한

2. 기록연대 : A.D. 85-90년. (밧모(Patmos)섬으로 유배되기 직전으로 추정됨)

3. 기록목적
   ① 예수가 하나님의 아들이심을 믿어 영생을 얻게 하기 위하여
   ② '가현설'과 같이 당시 만연했던 그리스도에 대한 영지주의의 그릇된 논리를 반박하기 위하여

4. 주제 : 하나님의 말씀이신 예수 그리스도는 태초부터 하나님과 함께 계셨던 독생자이시며, 성육신하신 인격적인 하나님의 말씀이다.

5. 배경 : 에베소에서도 '케린투스주의'와 같은 영지주의의 분파들이 일어나 예수를 하나님의 아들로 인정하지 않으려는 분위기를 만들어갔다. 요한은 이에 대해 헬라인들에게 익숙한 '말씀(로고스)'이라는 개념을 도입해 예수가 하나님의 아들이심을 증명했다.

6. 특징
   ① 단순한 문체
   ② 독특한 표현기법: "나는 ~ 이다"와 '진실로'라는 정언적인 선포와 표현이 반복돼 있다.
   ③ 그리스도의 신성을 강조
   ④ 풍부한 강해, 즉 대화, 설교, 해설 등 강해적인 요소가 많이 있다

7. 내용분해
   ① 서론: 말씀의 성육신 (1:1-18)
   ② 하나님 아들에 대한 증거 (1:19-4:54)
   ③ 하나님 아들로서의 사역 (5:1-12:50)
   ④ 하나님 아들의 가르치심 (13:1-17:42)
   ⑤ 하나님 아들의 수난과 죽음 (18:1-19:42)
   ⑥ 하나님 아들의 부활 (20:1-21:25)

8. 4복음서 비교

	Matthew	Mark	Luke	John
대상	유대인	로마인	헬라인	유대인과 이방인
내용	나자렛 예수는 구약 성경의 예언들을 성취하신 분이다.	예수님은 가난한 자들을 도우러 오셨다.	예수님은 긍휼이 많으시다.	예수님은 하나님의 아들이시다.
강조점	왕되신 예수	가난한 자들을 도우시는 종으로서의 예수	긍휼이 많으신 인자 예수	하나님의 아들이신 예수

9. 4복음서 비교

마태/마가/누가	요한
그리스도의 생애에 있었던 사건을 기록하는 데 중점	이 사건들의 의미가 무엇인지를 강조함
예 오천 명을 먹이신 기적--마태/마가/누가/요한복음에 나옴 예 요한복음에서만 기적에 뒤이어 '생명의 떡'에 관한 설교를 기록해놓음.	

10. 요한복음 전체에 흐르는 한 가지 중요한 주제

예수 그리스도는 하나님의 아들이며, 만일 우리가 주님께 자신을 드리기만 한다면 예수께서 영생을 주실 것이다.

예 요한복음1장에는 영원하신 하나님과 동일시된 예수님의 7가지 이름과 칭호가 있다.

① 말씀 (the Word) (1:1-14)
② 빛 (the Light) (1:4-13)
③ 하나님의 아들 (Son of God) (1:15-28,29)
④ 하나님의 어린 양 (the Lamb of God) (1:29-34)
⑤ 메시야 (Messiah) (1:35-42)
⑥ 이스라엘의 왕 (King of Israel) (1:43-49)
⑦ 인자 (Son of Man) (1:50-51)

술술풀어가는 영어성경영문법
(요한복음)

중요포인트

- 지시대명사 that + V: That 바로 뒤에 동사가 오거나 앞의 명사의 반복을 피하기 위해서 사용됨
- 지시형용사 that + N: 명사를 수식함
- 지시부사 that + Adj(Adv): 형용사나 부사를 수식함

- 종속접속사 that : V + [that + S + V]: 종속된 절을 만듦
- (종속접속사 that) : V + [✓ + S + V]: that이 생략됨

- 주격 관계대명사 that : N + [that + V]: that 뒤에 동사가 오면 주격
- 목적격 관계대명사 that : N + [that + S + V]: that 뒤에 주어동사가 오면 목적격
- 목적격(관계대명사) : N +[✓ + S + V]: 목적격은 생략 가능함

- so (that) + S + may (can) + R
- such that + S + may (can) + R
- It + 강조부분 + that + S + V

01

that의 정체를 파악하자

1 지시대명사 that

1) 다른 명사를 수식하는 것이 아니라 그 자체적으로 하나의 품사가 된다.

예문1 What is that? (저것은 무엇입니까?)

예문2 It is a rose. (그것은 장미입니다)

2) 앞에 나온 명사가 뒤에서 반복될 경우, 반복을 피하기 위해서 뒤에 나오는 명사 대신 지시대명사 that을 사용한다.

예문 The climate of Korea is similar to the climate of Italy.
(한국의 기후는 이탈리아의 기후와 비슷하다)
이 문장에서 반복되는 명사는 the climate이다. 뒤에 나오는 the climate 대신에 지시대명사 that을 사용해서 다시 쓰면, The climate of Korea is similar to that of Italy.가 된다.

3) 반복된 명사가 복수형이면 지시대명사 that도 복수형 those를 사용한다.

예문 The ears of a rabbit are longer than the ears of a fox.
(토끼의 귀는 여우의 귀보다 더 길다)
→The ears of a rabbit are longer than those of a fox.

1 That was why his parents said, "He is of age; ask him." (요9:23)

직역 그것은 이유였다 / 그의 부모님이 말씀하셨던, / "그는 성년이다; / 물어보라 / 그에게."

해설 ① that은 지시대명사이다.
② He is under age yet. (=He is not yet of age) (그는 아직 미성년이다)
↔He is of age. (그는 성년이다)

의역 이러므로 그 부모가 말하기를 "저가 장성하였으니 저에게 물어 보시오"하였더라

2 With that he breathed on them and said, "Receive the Holy Spirit." (요20:22)

직역 그 말씀과 함께 / 그는 / 그들에게 호흡을 불어 넣고 / 말씀하셨다, / "성령을 받아라."

단어 및 숙어의 확장 [동사] breathe 호흡하다, 숨 쉬다 ([명사] breath 호흡, 숨)

해설 that은 지시대명사이다.

의역 이 말씀을 하시고 저희를 향하사 숨을 내쉬며 가라사대 성령을 받으라

3 "You call me 'Teacher' and 'Lord,' and rightly so, for that is what I am." (요13:13)

직역 "너는 부른다 / 나를 / '선생님'과 '주님'이라고 / 그런데 바로 그렇다, / 왜냐하면 그것이 바로 나이기 때문이다."

단어 및 숙어의 확장 [부사] rightly 정확히, 적절히, 올바르게

해설 ① that은 지시대명사이다. ② what은 관계대명사로서 the thing which로 바꿀 수 있다.

의역 너희가 나를 선생이라 또는 주라 하니 너희 말이 옳도다 내가 그러하다

4 Philip said, "Lord, show us the Father and that will be enough for us." (요14:8)

직역 빌립은 말했다, / "주님, 보여주십시오 저희에게 아버지를 / 그러면 그것이 우리에게 충분할 것입니다."

해설 that은 지시대명사로서 바로 앞의 "아버지임을 보여주는 것"을 의미한다.

의역 빌립이 가로되 주여 아버지를 우리에게 보여 주옵소서 그리하면 족하겠나이다

5 After that, he poured water into a basin and began to wash his disciples' feet, drying them with the towel that was wrapped around him. (요13:5)

직역 그 후, / 그는 물을 담았다 대야에 / 그리고 씻기 시작했다. 그의 제자들의 발을, / 그들을 말리면서 / 수건으로 / 둘러쌓였던 / 그의 주변에

단어 및 숙어의 확장 명사 basin 대야 / disciple 제자 / foot 발 (feet: 복수형) / towel 수건 동사 pour 떠담다, 쏟다 / wrap 싸다, 감싸다 (w는 묵음)

해설 ① after 다음의 that은 지시대명사이다. ② towel 다음의 that은 주격관계대명사이다. ③ drying은 분사구문의 동시동작으로서 and dried로 바꿀 수 있다.

의역 이에 대야에 물을 담아 제자들의 발을 씻기시고 그 두르신 수건으로 씻기기를 시작하여

6 For he knew who was going to betray him, and that was why he said not every one was clean. (요13:11)

직역 왜냐하면 그는 알았기 때문이었다 / 누가 그를 배신할 것인지를, / 그리고 그것이 이유였다 / 그가 말했던 / 모든 사람이 다 깨끗한 것은 아니라고.

단어 및 숙어의 확장 동사 betray 배신하다, 배반하다 숙어 be going to + R= ~할 예정이다

해설 ① that은 지시대명사이다. ② why는 이유를 나타내는 관계부사로서 why 바로 앞에는 the reason이 생략돼 있다. ③ said와 not 사이에는 종속접속사 that이 생략돼 있다.

TIP 부분부정

① not～every-: 누구나 다 (어느 것이나)～한 것은 아니다.

예문1 Everyone likes her. (누구나 그녀를 좋아한다) (완전긍정)

예문2 Nobody likes her. (누구도 그녀를 좋아하지 않는다) (완전부정)

예문3 Not everyone likes her. (누구나 다 그녀를 좋아하는 것은 아니다) (그녀를 안 좋아하는 사람도 있다) (부분부정)

② not～both-: 둘 다～한 것은 아니다

예문1 I do not know any of them. (그들 중 그 누구도 모른다) (완전부정)

예문2 I do not know both of them. (그들 둘 다를 아는 것은 아니다) (둘 중에서 한 명은 알고 한 명은 모른다) (부분부정)

의역 이는 자기를 팔 자가 누구인지 아심이라 그러므로 다는 깨끗지 아니하다 하시니라

7 When he had received the drink, Jesus said, "It is finished." With that, he bowed his head and gave up his spirit. (요19:30)

직역 그가 마실 것을 받았을 때, / 예수님은 말씀하셨다, / "그것이 끝났다." / 그 말씀과 함께, / 그는 그의 머리를 숙이고 / 그의 영을 포기하셨다.

단어 및 숙어의 확장 동사 receive 받아들이다, 받다 / finish 끝내다, 끝마치다 / bow 숙이다 명사 drink 마실 것, 음료, 한 모금 / spirit 정신, 영, 마음
숙어 give up 포기하다

해설 that은 지시대명사로서 "그것이 끝났다"라는 말씀이다.

의역 예수께서 신 포도주를 받으신 후 가라사대 다 이루었다 하시고 머리를 숙이시고 영혼이 돌아가시니라

8 Jesus answered, "If I want him to remain alive until I return, what is that to you? You must follow me." (요21:22)

직역 예수님은 대답하셨다, / "비록 내가 원할지라도 / 그가 살아남기를, / 내가 돌아올 때까지, / 그것이 너에게 무엇이냐? / 너는 나를 따라야한다."

해설 ① that은 지시대명사로서 "내가 돌아올 때까지 그가 살아남기를 원하는 것"의 뜻이다. ② want + 목적어 + to R: want 다음에는 목적어가 오고 목적어 다음에는 반드시 to부정사가 와야 한다. ③ if는 though와 같은 뜻이다.

의역 예수께서 가라사대 내가 올 때까지 그를 머물게 하고자 할찌라도 네게 무슨 상관이냐 너는 나를 따르라 하시더라

9 If you belonged to the world, it would love you as its own. As it is, you do not belong to the world, but I have chosen you out of the world. That is why the world hate you.

(요15:19)

직역 만약 네가 세상에 속한다면, / 세상은 너를 자신의 소유처럼 사랑할 것이다. / 그런 것처럼, / 너는 세상에 속하지 않다, / 하지만 내가 너를 선택했다 / 세상으로부터. / 그것이 바로 이유이다 / 세상이 너를 미워하는.

단어 및 숙어의 확장 동사 hate 미워하다, 싫어하다 / choose 선택하다 choose-chose-chosen 숙어 belong to ~에 속하다 / out of ~로부터

해설 ① that은 지시대명사이다. ② If you belonged to the world, it would love you as its own은 가정법과거의 문장이다. If + 주어 you + 일반동사의 과거형 belonged, 주어 it + 조동사의 과거형 would + 동사원형 love (해석은 현재시제로 한다)

의역 너희가 세상에 속하였으면 세상이 자기의 것을 사랑할 터이나 너희는 세상에 속한 자가 아니요 도리어 세상에서 나의 택함을 입은 자인 고로 세상이 너희를 미워하느니라

10 I have testimony weightier than that of John. For the very work that the Father has given me to finish, and which I am doing, testifies that the Father has sent me. (요5:36)

직역 나는 갖고 있다 / 더 무거운 증거를 / 요한의 저것보다도. / 왜냐하면 바로 그 일이 / 아버지가 내게 끝내라고 주셨던, / 그리고 그 일을 나는 하는 중인데, / 증명하기 때문이다 / 아버지가 나를 보내셨다는 것을.

단어 및 숙어의 확장 명사 testimony 증거, 증명, 간증 형용사 weighty 무거운 (weightier 더 무거운) (weight 몸무게) (weigh 무게를 재다) 동사 testify 증명하다, 증거하다, 간증하다 / send 보내다. send-sent-sent

해설 ① that of John의 that은 testimony를 의미하는 지시대명사이다. ② the very work that의 that은 바로 뒤에 주어+동사가 왔으므로 목적격관계대명사이다. ③

testifies 다음에 오는 that은 종속접속사이다. 종속접속사 that은 생략가능하다.

의역 내게는 요한의 증거보다 더 큰 증거가 있으니 아버지께서 내게 주사 이루게 하시는 역사(役事) 곧 나의 하는 그 역사가 아버지께서 나를 보내신 것을 나를 위하여 증거하는 것이요

2 지시형용사 that

지시형용사는 반드시 명사를 수식한다.

예문1 That flower smells good. (저 꽃은 향기가 좋다)(that은 flower를 수식함)

예문2 That pastor is generous. (저 목사님은 인자하다)(that은 pastor를 수식함)

1 In him was life, and <u>that</u> life was the light of men. (요1:4)

직역 그 안에는 생명이 있었고 / 그 생명은 사람들의 빛이었다

해설 that은 light을 수식하는 지시형용사이다.

의역 그 안에 생명이 있었으니 이 생명은 사람들의 빛이라

성경해설 '생명'은 하나님과 살아 있는 교제가 이루어지는 영적인 삶을 의미한다.

〈눈물교회 on Mt. Olive〉

2 Again Peter denied it, and at that moment a rooster began to crow. (요18:27)

직역 또다시 베드로는 그것을 거절하였고 / 그 순간에 닭이 울기 시작했다

단어 및 숙어의 확장 동사 deny 부인하다, 거절하다 / crow (수탉이) 울다
명사 rooster 수탉 숙어 at that moment 그 순간

해설 that은 moment를 수식하는 지시형용사이다.

의역 이에 베드로가 또 부인하니 곧 닭이 울더라

〈베드로통곡교회〉

3 So from that day on they plotted to take his life. (요11:53)

직역 그래서 그날로부터 / 그들은 음모를 꾸몄다 / 그의 생명을 빼앗을.

단어 및 숙어의 확장 동사 plot 음모를 꾸미다, 도모하다, 꾀하다, 작당하다

해설 that은 day를 수식하는 지시형용사이다.

의역 이 날부터는 저희가 예수를 죽이려고 모의하니라

4 And in that place many believed in Jesus. (요10:42)

직역 그리고 그 장소에서 / 많은 사람들이 믿었다 / 예수님의 존재를.

단어 및 숙어의 확장 숙어 believe in ~의 존재를 믿다

해설 ① that은 place를 수식하는 지시형용사이다. ② many 다음에는 people이 생략돼 있다.

의역 그리하여 거기서 많은 사람이 예수를 믿으니라

5 On that day you will realize that I am in my Father, and you are in me, and I am in you. (요14:20)

직역 그날 너는 깨닫게 될 것이다 / 내가 나의 아버지 안에 있고, / 너희는 내 안에 있으며 / 나는 너희 안에 있다는 것을.

단어 및 숙어의 확장 동사 realize 깨닫다, 알다, 각성하다

해설 ① that은 day를 수식하는 지시형용사이다. ② realize that의 that은 종속접속사이다. 종속접속사 that은 생략가능하다.

의역 그날에는 내가 아버지 안에, 너희가 내 안에, 내가 너희 안에 있는 것을 너희가 알리라

6 Many of the Samaritans from that town believed in him because of the woman's testimony, "He told me everything I ever did." (요4:39)

직역 많은 사마리아인들은 그 지역에서 온 / 믿었다 그를 / 그 여인의 간증 때문에, / "그는 내게 말했다 모든 일을 / 내가 일찍이 내가 했던."

해설 ① that은 town을 수식하는 지시형용사이다. ② everything과 I 사이에는 목적격관계대명사 that이 생략돼 있다.

의역 여자의 말이 그가 나의 행한 모든 것을 내게 말하였다 증거하므로 그 동네 중에 많은 사마리아인이 예수를 믿는지라

7 At that point some of the people of Jerusalem began to ask, "Isn't this the man they are trying to kill?" (요7:25)

직역 바로 그 순간 / 몇 명의 예루살렘 사람들이 묻기 시작했다, / "이 사람은 그 사람이 아닌가 / 그들이 죽이려고 했던?"

단어 및 숙어의 확장 숙어 at that point 바로 그 순간

해설 that은 point를 수식하는 지시형용사이다

의역 예루살렘 사람 중에서 혹이 말하되 이는 저희가 죽이고자 하는 그 사람이 아니냐

8 "Come," he replied, "and you will see." So they went and saw where he was staying, and spent that day with him. It was about the tenth hour. (요1:39)

직역 "와라," 그가 대답했다, / "그러면 너희는 볼 것이다." / 그래서 그들은 갔고 / 보았다 그가 머물렀던 곳을, / 그리고 보냈다 그날을 그와 함께. / 때는 약 10시였다.

단어 및 숙어의 확장 동사 reply 대답하다 / spend 보내다 spend-spent-spent

해설 ① that은 day를 수식하는 지시형용사이다. ② 명령문+, and= ~하라, 그러면 ~할 것이다, Come, and you will see. 와라, 그러면 너는 볼 것이다. ③ where는 장소를 나타내는 관계부사이다. ④ It은 시간을 나타내는 비인칭주어이다.

의역 예수께서 가라사대 와 보라 그러므로 저희가 가서 계신 데를 보고 그날 함께 거하니 때가 제십시쯤 되었더라

9 He did not say this on his own, but as high priest that year he prophesied that Jesus would die for the Jewish nation, (요11:51)

직역 그는 이것을 말하지 않았다 / 자기 나름대로, / 그러나 대제사장으로서 그 해에 / 그는 예언하였다 / 예수님이 유대나라를 위하여 죽을 것이라고.

단어 및 숙어의 확장 동사 prophesy 예언하다, 예측하다 (명사: prophecy 예언, 예측) 명사 high priest 대제사장 형용사 Jewish 유대의, 유대인의

해설 ① that은 year를 수식하는 지시형용사이다. ② prophesied 다음에 오는 that은 종속접속사이다. 생략가능하다.

의역 이 말은 스스로 함이 아니요 그 해에 대제사장이므로 예수께서 그 민족을 위하시고

10 and not only for that nation but also for the scattered children of God, to bring them together and make them one. (요11:52)

직역 그리고 그 나라를 위해서뿐만 아니라 / 하나님의 흩어진 자녀들을 위해서, / 그들을 함께 데려오고 / 그들을 하나로 만들기 위해서 /

단어 및 숙어의 확장 동사 scatter 흩어지다, 쫓아버리다, 뿔뿔이 흩어버리다, (씨)뿌리다 숙어 not only A but also B=A뿐만 아니라 B도 역시

해설 that은 nation을 수식하는 지시형용사이다.

의역 또 그 민족만 위할 뿐 아니라 흩어진 하나님의 자녀를 모아 하나가 되게 하기 위하여 죽으실 것을 미리 말함이러라

11 In that day you will no longer ask me anything. I tell you the truth, my Father will give you whatever you ask in my name. (요16:23)

직역 그날 / 너희는 나에게 더 이상 어느 것도 구하지 않을 것이다. / 내가 너희에게 진실을 말하노니, / 나의 아버지는 너희에게 주실 것이다 / 너희가 나의 이름으로 구하는 것이면 무엇이든지.

단어 및 숙어의 확장 숙어 no longer 더 이상~하지 않다

해설 ① that은 day를 수식하는 지시형용사이다. ② whatever는 복합관계대명사로서 '무엇이든지'의 뜻이다.

의역 그날에는 너희가 아무것도 내게 묻지 아니하리라 내가 진실로 진실로 너희에게 이르노니 너희가 무엇이든지 아버지께 구하는 것을 내 이름으로 주시리라

12 In that day you will ask in my name. I am not saying that I will ask the Father on your behalf. (요16:26)

직역 그날 / 너희는 나의 이름으로 구할 것이다. / 나는 말하지 않는다 / 내가 아버지께 구하리라고 / 너희를 대신하여.

단어 및 숙어의 확장 숙어 on one's behalf(=on behalf of)..(아무의)대신으로, ~을 대표하여 예문 The pastor accepted the cup on behalf of the congregation. 목사님이 성도들을 대표하여 우승배를 받았다

해설 ① that은 day를 수식하는 지시형용사이다. ② saying 다음의 that은 종속접속사로서 생략이 가능하다.

의역 그날에 너희가 내 이름으로 구할 것이요 내가 너희를 위하여 아버지께 구하겠다 하는 말이 아니니

13 and brought him first to Annas, who was the father-in-law of Caiaphas, the high priest <u>that</u> year. (요18:13)

직역 그리고 그를 맨 먼저 안나스에게 데리고 갔다, / 왜냐하면 안나스는 가야바의 장인이었고 / 그 해에 대제사장이었기 때문이었다.

단어 및 숙어의 확장 명사 father-in-law 시아버지, 장인 (mother-in-law 시어머니, 장모님/ sister-in-law 시누이, 올케 / brother-in-law 형부, 매형 / son-in-law 사위 / daughter-in-law 며느리) 동사 bring 데리고 가다 bring-brought-brought

해설 ① that은 year를 수식하는 지시형용사이다. ② who was the father-in-law of Caiaphas, the high priest that year를 다시 쓰면, for he was~로 바꿀 수 있다.

TIP Some mother-in-law jokes

① 두 남자가 선술집(pub)에서 이야기를 나눈다.

A: My mother-in-law is an angel.
B: You're lucky. Mine is still alive.

② Adam과 Eve에 대한 이야기

A: Adam and Eve were the happiest and the luckiest couple in the world. Do you know why?
B: Well... I don't know.
A: It's because neither of them had a mother-in-law.

③ 며느리(daughter-in-law)가 옆집 아주머니와 나누는 대화

A: My mother-in-law was bitten by a dog yesterday.
B: How is she now?
A: She's fine, but the dog died.

의역 먼저 안나스에게로 끌고 가니 안나스는 그 해의 대제사장인 가야바의 장인이라

14 The Jews insisted, "We have a law, and according to that law he must die, because he claimed to be the Son of God." (요19:7)

직역 유대인들은 주장하였다, / "우리는 법을 갖고 있습니다. / 그 법에 의하면 / 그는 죽어야합니다, / 왜냐하면 그는 주장했기 때문입니다 / 하나님의 아들이라고."

단어 및 숙어의 확장 [동사] insist 주장하다 / claim 요구하다, 청구하다, 주장하다
[숙어] according to ~에 의하면, ~에 따르면

해설 that은 law를 수식하는 지시형용사이다.

의역 유대인들이 대답하되 우리에게 법이 있으니 그 법대로 하면 저가 당연히 죽을 것은 저가 자기를 하나님 아들이라 함이니이다

15 and to the disciple, "Here is your mother." From that time on, this disciple took her into his home. (요19:27)

직역 그리고 그 제자에게, "여기에 너의 어머니가 있다." / 그 시간부터, / 이 제자는 그 여자를 그의 집으로 모시고 갔다.

해설 that은 time을 수식하는 지시형용사이다.

의역 또 그 제자에게 이르시되 보라 네 어머니라 하신대 그때부터 그 제자가 자기 집에 모시니라

〈밧모섬(patmos)〉

16 **By this he meant the Spirit, whom those who believed in him were later to receive. Up to that time the Spirit had not been given, since Jesus had not yet been glorified.** (요7:39)

직역 그가 말한 이것은 성령을 의미하였다, / 그를 믿는 사람들에게 / 성령은 나중에 받아들여지도록 돼있었기 때문이었다. / 그때까지 / 성령은 주어지지 않았다, / 왜냐하면 예수님이 아직 영광을 받지 않으셨기 때문이었다.

단어 및 숙어의 확장 동사 glorify 찬미하다, 찬송하다, ~에 영광을 더하다
숙어 up to ~까지

해설 ① that은 time을 수식하는 지시형용사이다.
② What do you mean by that? 그것은 무슨 뜻인가요? 여기에서 that은 지시대명사이다.
③ since는 because와 같은 뜻이다.

의역 이는 그를 믿는 자의 받을 성령을 가리켜 말씀하신 것이라 (예수께서 아직 영광을 받지 못하신고로 성령이 아직 저희에게 계시지 아니하시더라)

17 **While I was with them, I protected them and kept them safe by that name you gave me. None has been lost except the one doomed to destruction so that Scripture would be fulfilled.** (요17:12)

직역 내가 그들과 함께 있는 동안, / 나는 그들을 보호하고 / 그들을 안전하게 지켰다 / 당신이 내게 준 그 이름으로. / 그 누구도 상실되지 않았다 / 한 명을 제외하고는 / 파멸로 떨어질 운명을 지닌 / 성경이 성취되기 위해서.

단어 및 숙어의 확장 동사 protect 보호하다 / keep 지키다. keep-kept-kept / lose 잃다 lose-lost-lost / doom 운명지워지다 / fulfill 충족되다, 성취되다, 이행하다
명사 destruction 파멸, 파괴

해설 ① that은 name을 수식하는 지시형용사이다. ② name과 you사이에 목적격관계대명사 that이나 which가 생략돼 있다. ③ the one과 doomed 사이에는 주격관계대명사 that과 be동사 was가 생략돼 있다.

의역 내가 저희와 함께 있을 때에 내게 주신 아버지의 이름으로 저희를 보전하와 지키었나이다 그중에 하나도 멸망치 않고 오직 멸망의 자식뿐이오니 이는 성경을 응하게 함이니이다

18 **"I'm going out to fish," Simon Peter told them, and they said, "We'll go with you." So they went out and got into the boat, but that night they caught nothing.** (요21:3)

직역 "나는 물고기 잡으러 나갈거요,"라고 시몬 베드로가 그들에게 말하자 / 그들은 말했다. / "우리들은 당신과 함께 가겠소" / 그래서 그들은 밖으로 나가서 배에 올라탔다, / 그러나 그날 밤 그들은 아무것도 잡지 못하였다.

단어 및 숙어의 확장 동사 catch 잡다 catch-caught-caught / tell 말하다 tell-told-told / say 말하다 say-said-said / go 가다 go-went-gone / get 얻다 get-got- got(gotten)
숙어 be going to ~할 예정이다

해설 that은 night를 수식하는 지시형용사이다.

의역 시몬 베드로가 나는 물고기 잡으러 가노라 하매 저희가 우리도 함께 가겠다 하고 나가서 배에 올랐으나 이 밤에 아무것도 잡지 못하였더니

〈갈릴리바다〉

19 **They came to John and said to him, "Rabbi, that man who was with you on the other side of the Jordan—the one you testified about—well, he is baptizing, and everyone is going to him."** (요3:26)

직역 그들은 요한에게 와서 / 그에게 말했다, / "선생님, / 저 사람 / 당신과 함께 있던 / 요단강의 저쪽 위에서 / —즉 그 사람 / 당신이 증거 했던—자, 그가 지금 세례를 주고 있는 중이고, / 모든 사람이 그에게 가는 중입니다."

단어 및 숙어의 확장 명사 rabbi 유대의 율법박사; 랍비, 선생(존칭), 선생님
동사 baptize 세례를 주다 / testify 증거하다, 증명하다

해설 ① that은 man을 수식하는 지시형용사이다. ② the one과 you 사이에는 목적격 관계대명사 that이나 whom이 생략돼 있다.

의역 저희가 요한에게 와서 가로되 랍비여 선생님과 함께 요단강 저편에 있던 자 곧 선생님이 증거하시던 자가 세례를 주매 사람이 다 그에게로 가더이다

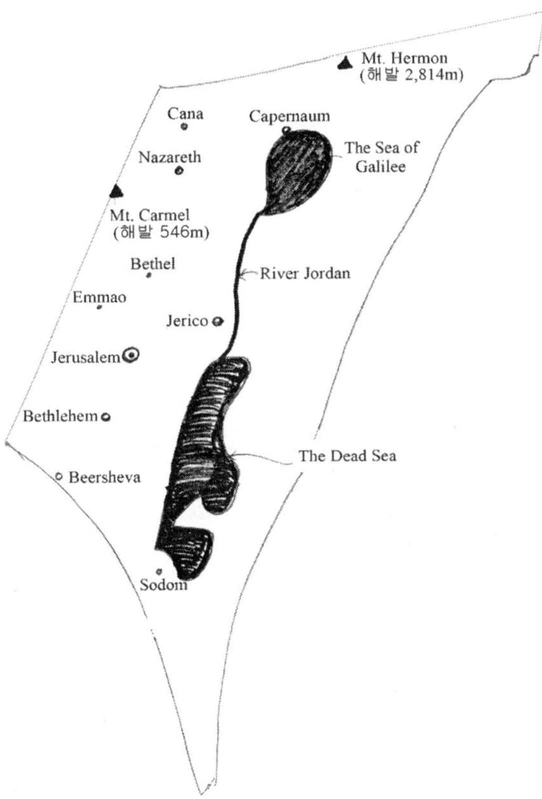

〈이스라엘의 주요 지명〉

20 The bride belongs to the bridegroom. The friend who attends the bridegroom waits and listens for him, and is full of joy when he hears the bridegroom's voice. That joy is mine, and it is now complete. (요3:29)

직역 신부는 신랑에게 속해있다. / 그 친구는 / 신랑을 시중드는 / 기다리고 / 그의 말에 귀를 기울인다. / 그리고 기쁨으로 가득찬다 / 그가 신랑의 목소리를 들으면. / 그 기쁨은 나의 것이고, / 지금 그것은 완벽하다.

단어 및 숙어의 확장 동사 attend 참석하다 형용사 complete 완벽한, 완전한, 전부의, (동사: 완성하다, 완결하다) 숙어 belong to ~에 속하다 / be full of ~로 가득 차다

해설 that은 joy를 수식하는 지시형용사이다.

의역 신부를 취하는 자는 신랑이나 서서 신랑의 음성을 듣는 친구가 크게 기뻐하나니 나는 이러한 기쁨이 충만하였노라

성경해설 요한은 시기하거나 질투하지 않고 반대로 종속적인 위치를 재차 단언하였다. 예수님과 성도들간의 관계를 신랑과 신부에 비유하고 (고후11:2;엡5:22-32) / 자신의 입장을 신랑의 기쁨을 함께 기뻐하는 친구의 심정에 비유했다.

3 지시부사 that

지시부사는 1) 형용사를 수식한다.

예문 That beautiful flower is a rose. (저 아름다운 꽃은 장미이다)
(that은 beautiful이라는 형용사를 수식한다)

지시부사는 2) 다른 부사를 수식하기도 한다.

예문 That very person is my fellow worker. (바로 그 사람이 나의 동역자이다)
(that은 very라는 부사를 수식한다)

1 There is a judge for the one who rejects me and does not accept my words; <u>that</u> very word which I spoke will condemn him at the last day. (요12:48)

직역 판사가 있다 / 한 사람을 위한 / 나를 거절하고 나의 말을 받아들이려고 하지 않는; / 바로 그 말이 / 내가 말했던 / 그를 정죄할 것이다 / 마지막 날에.

단어 및 숙어의 확장 명사 judge 판사, 심판할 자 동사 reject 거절하다 / condemn 정죄하다, 심판하다

해설 that은 very라는 다른 부사를 수식하는 지시부사이다.

의역 나를 저버리고 내 말을 받지 아니하는 자를 심판할 이가 있으니 곧 나의 한 그 말이 마지막 날에 저를 심판하리라

2 On the evening of <u>that</u> first day of the week, when the disciples were together, with the doors locked for fear of the Jews, Jesus came and stood among them and said, "Peace be with you." (요20:19)

직역 그 주의 그 첫날 저녁에, / 그때에 제자들이 함께 모였는데, / 문은 유대인들을 두려워하여 잠겨있었고, / 예수님은 들어오시어 / 그들 가운데 서서 / 말씀하셨다, / "평화가 너희와 함께 있기를."

해설 ① that은 first라는 형용사를 수식하는 지시부사이다. ② with + 목적어(the doors) + p.p.= ~한 채로 (문이 잠긴 채로) ③ Peace be with you의 앞에는 기원문을 나타내는 May가 생략돼 있다.

의역 이 날 곧 안식 후 첫날 저녁 때에 제자들이 유대인들을 두려워하여 모인 곳에 문들을 닫았더니 예수께서 오사 가운데 서서 가라사대 너희에게 평강이 있을찌어다

4 종속접속사 that이 들어간 문장

중요포인트

S + V + that + S + V

that은 절과 절을 연결시켜주는 종속접속사이다. that 다음에 주어와 동사가 온다. 중요한 중심이 되는 절을 주절, that이 이끄는 절을 종속절이라고 한다. 이때 that이 이끄는 절은 문장에서 주어, 목적어, 보어가 되는 명사절이다.

예문1 I know. 와 He is a doctor. 라는 두 문장을 하나의 문장으로 만들어보자.
I know that he is a doctor. (나는 그가 의사라는 것을 안다)
I know는 주절이고 that he is a doctor는 know의 목적어로서 명사절이다.

예문2 He said. He was happy. 라는 두 문장을 하나의 문장으로 만들어보자.
He said that he was happy. (그는 자신이 행복하다고 말했다)
that 이하는 said의 목적어로서 명사절이다

예문3 That she will come is certain. (그 여자가 오는 것은 확실하다)
that she will come은 이 문장에서 주어로서 명사절이다

예문4 My opinion is that I agree with you.
(나의 의견은 당신에게 동의한다는 것이다)
that I agree with you는 이 문장에서 be동사의 보어로서 명사절이다.

1 I have seen and I testify that this is the Son of God. (요1:34)

직역 나는 보았고 / 나는 증명한다 / 이분이 하나님의 아들임을.

핵심구조 동사 have seen + and + 동사 testify + that + 주어 this + 동사 is

해설 that은 종속접속사로서 that 이하는 have seen과 testify의 목적어이다.

의역 내가 보고 그가 하나님의 아들이심을 증거하였노라 하니라

2 Now they know that everything you have given me comes from you. (요17:7)

직역 이제 그들은 알고 있다 / 모든 것이 / 당신이 나에게 주었던 / 온다는 것을 / 당신으로부터.

핵심구조 동사 know + that + 주어 everything + 동사 comes

해설 ① know 다음의 that은 종속접속사로서 that 이하의 절은 know의 목적어이다.
② everything과 you 사이에는 목적격관계대명사 that이 생략돼 있다.

의역 지금 저희는 아버지께서 내게 주신 것이 다 아버지께로서 온 것인 줄 알았나이다.

3 We believe and know that you are the Holy One of God. (요6:69)

직역 우리는 믿고 안다 / 당신이 하나님의 거룩한 자라는 것을.

핵심구조 동사 believe and know + that + 주어 you + 동사 are

해설 that은 종속접속사로서 that 이하의 절은 believe와 know의 목적어이다.

의역 우리가 주는 하나님의 거룩하신 자신 줄 믿고 알았삽나이다

4 I know that you do not have the love of God in your hearts. (요5:42)

직역 나는 안다 / 너희가 갖고 있지 않다는 것을 / 하나님에 대한 사랑을 / 너희의 마음속에.

핵심구조 동사 know + that + 주어 you + 동사 do not have

해설 that은 종속접속사로서 that 이하의 절은 know의 목적어이다.

의역 다만 하나님을 사랑하는 것이 너희 속에 없음을 알았노라

5 Now Jesus himself had pointed out that a prophet has no honor in his own country. (요4:44)

직역 (이제 예수님은 직접 지적하셨다 / 예언자는 명예를 갖지 못한다고 / 그 자신의 나라에서)

핵심구조 동사 had pointed out + that + 주어 a prophet + 동사 has

해설 that은 종속접속사로서 that 이하의 절은 had pointed의 목적어이다

의역 친히 증거하시기를 선지자가 고향에서는 높임을 받지 못한다 하시고

6 If the world hates you, keep in mind that it hated me first.

(요15:18)

직역 만약 세상이 너희를 미워한다면, / 명심하라 / 그것이 나를 맨 처음 미워했다는 것을.

핵심구조 동사 keep + 종속접속사 that + 주어 it + 동사 hated

단어 및 숙어의 확장 동사 hate 미워하다, 싫어하다 숙어 keep in mind 명심하다

해설 ① that은 종속접속사로서 that 이하의 절은 keep의 목적어이다. ② it은 the world를 가리킨다.

의역 세상이 너희를 미워하면 너희보다 먼저 나를 미워한 줄을 알라

7 The man who has accepted it has certified that God is truthful. (요3:33)

직역 그 사람은 / 그것을 받았던 / 증명하였다 / 하나님이 진실하다는 것을.

핵심구조 동사 has certified + that + 주어 God + 동사 is

단어 및 숙어의 확장 동사 certify 증명하다

해설 ① that은 종속접속사로서 that 이하의 절은 has certified의 목적어이다.
② who has accepted it은 the man을 꾸며주는 형용사절이다.

의역 그의 증거를 받는 이는 하나님을 참되시다 하여 인쳤느니라

8 But I know that even now God will give you whatever you ask." (요11:22)

직역 그러나 나는 안다 / 지금까지도 / 하나님께서 너에게 주실 것을 / 네가 요구하는 것이면 무엇이든지."

핵심구조 동사 know + that + 주어 God + 동사 will give

해설 that은 종속접속사로서 that 이하의 절은 know의 목적어이다

의역 그러나 나는 이제라도 주께서 무엇이든지 하나님께 구하시는 것을 하나님이 주실 줄을 아나이다

9 **They did not understand <u>that</u> he was telling them about his Father.** (요8:27)

직역 그들은 이해하지 않았다 / 그가 그들에게 말하였다는 것을 / 그의 아버지에 대하여.

핵심구조 동사 understand + that + 주어 he + 동사 was telling

해설 that은 종속접속사로서 that 이하의 절은 understand의 목적어이다.

의역 저희는 아버지를 가리켜 말씀하신 줄을 깨닫지 못하더라

10 **"Sir," the woman said, "I can see <u>that</u> you are a prophet."** (요4:19)

직역 "선생님," / 그 여자가 말했다, / "저는 알 수 있습니다 / 당신이 예언자라는 것을."

핵심구조 동사 can see + that + 주어 you + 동사 are

단어 및 숙어의 확장 명사 prophet 예언자, 선지자

해설 that은 종속접속사로서 that 이하는 see의 목적어이다.

의역 여자가 가로되 주여 내가 보니 선지자로소이다

11 **His disciples remembered <u>that</u> it is written: "Zeal for your house will consume me."** (요2:17)

직역 그의 제자들은 기억했다 / 이렇게 쓰여진 것을: / "너희의 집에 대한 갈망이 / 나를 소모시킬 것이다"

핵심구조 동사 remembered + that + 주어 it + 동사 is written

단어 및 숙어의 확장 동사 consume 소모하다, 소비하다 명사 zeal 열정, 열망, 정열, 열의, 열성=passion

해설 that은 종속접속사로서 that 이하의 절은 remembered의 목적어이다.

의역 제자들이 성경말씀에 주의 전을 사모하는 열심이 나를 삼키리라 한 것을 기억하더라

12 **But whoever lives by the truth comes into the light, so that it may be seen plainly that what he has done has been done through God."** (요3:21)

직역 그러나 누구든지 / 진리로 살아가는 사람이면 / 빛 속으로 들어간다, / 평범하게 보여질 수 있도록 / 그가 행한 일이 행해졌다는 것을 / 하나님을 통해서.

핵심구조 동사 may be seen + that + 주어 what he has done + 동사 has been done

단어 및 숙어의 확장 부사 plainly 평범하게

해설 ① plainly 다음에 오는 that은 종속접속사로서 that 이하는 seen의 목적어이다. ② so that + S + may: ~하기 위하여. ③ what he has done은 has been done의 주어이며, what은 관계대명사이다.

의역 진리를 좇는 자는 빛으로 오나니 이는 그 행위가 하나님 안에서 행한 것임을 나타내려 함이라 하시니라

13 **This is the disciple who testifies to these things and who wrote them down. We know that his testimony is true.** (요21:24)

직역 이 사람은 그 제자이다 / 이러한 것들을 증거하는 / 그리고 그들을 적었던. / 우리는 안다 / 그의 증거가 사실이라는 것을.

핵심구조 동사 know + that + 주어 his testimony + 동사 is

단어 및 숙어의 확장 동사 testify 증거하다, 증명하다

해설 that은 종속접속사로서 that 이하의 절은 know의 목적어이다.

의역 이 일을 증거하고 이 일을 기록한 제자가 이 사람이라 우리는 그의 증거가 참인 줄 아노라

14 **You yourselves can testify that I said, "I am not the Christ but am sent ahead of him."** (요3:28)

직역 너희들이 직접 증명할 수 있다 / 내가 말했던 것을, / "나는 그리스도가 아니라 / 그보다 먼저 보내졌다"

핵심구조 동사 can testify + that + 주어 I + 동사 said

단어 및 숙어의 확장 숙어 ahead of ~의 앞에, ~보다 먼저

해설 ① that은 종속접속사로서 that 이하의 절은 testify의 목적어이다. ② yourselves는 강조적용법으로서, '너희들이 직접'이라는 뜻이다.

의역 나의 말한 바 나는 그리스도가 아니요 그의 앞에 보내심을 받은 자라고 한 것을 증거할 자는 너희니라

15 The Pharisees heard that Jesus was gaining and baptizing more disciples than John, (요4:1)

직역 바리새인들은 들었다 / 예수님이 더 많은 제자들을 얻어서 세례를 준다는 것을 / 요한보다.

핵심구조 동사 heard + that + 주어 Jesus + 동사 was gaining and baptizing

해설 that은 종속접속사로서 that 이하의 절은 heard의 목적어이다.

의역 예수의 제자를 삼고 세례를 주는 것이 요한보다 많다 하는 말을 바리새인들이 들은 줄을 주께서 아신지라

16 Our fathers worshipped on this mountain, but you Jews claim that the place where we must worship is in Jerusalem. (요4:20)

직역 우리의 조상들은 이 산 위에서 예배를 드렸다, / 그러나 너희 유대인들은 주장한다 / 우리가 예배드려야 할 장소가 예루살렘에 있다고.

핵심구조 동사 claim + that + 주어 the place + 동사 is

단어 및 숙어의 확장 동사 claim 주장하다, 요구하다 명사 fathers 조상들

해설 ① that은 종속접속사로서 that 이하의 절은 claim의 목적어이다. ② you와 Jews는 동격이다.

의역 우리 조상들은 이 산에서 예배하였는데 당신들의 말은 예배할 곳이 예루살렘에 있다 하더이다

성경해설 *이 산=그리심산=축복의 산

① 가나안 정복시 여호수아는 모세의 명을 따라 (신11:29) 이곳 그리심산에서 율법에 순종하는 자에게 임할 복을 선포했다 (수8:33) 따라서 그리심산은

종종 '축복의 산'으로 불린다

② 신구약 중간 시대에 산발랏은 사위 므낫세를 위해서 이 산 위에 성전을 세웠는데 (B.C.380년경) 이것이 사마리아성전의 기원이다

③ 신약에서 이 산은 예배 장소에 대한 예수와 사마리아 여인과의 대화 속에 나타난다 (요4:20)

④ 일찍부터 이곳에서 예배가 드려졌다. 사마리아인들은 예루살렘과 오랫동안 정치적, 종교적으로 단절되어 있었으므로 그리심산에 성전을 세워 나름대로 예배의식을 행했다

17 **The woman said, "I know that Messiah" (called Christ) "is coming. When he comes, he will explain everything to us."** (요4:25)

직역 그 여자가 말했다, / "나는 압니다 / 메시아(그리스도라고 불리는)가 오신다는 것을. / 그가 오시면, / 그는 모든 것을 설명해줄 것입니다 / 우리에게"

핵심구조 동사 know + that + 주어 Messiah + 동사 is

해설 ① that은 종속접속사로서 that 이하의 절은 know의 목적어이다. ② 메시아(Messiah)는 히브리어로서 어원은 '기름 부음을 받은 자'이다. 그리스어로는 Christ이다.

의역 여자가 가로되 메시아 곧 그리스도라 하는 이가 오실 줄을 내가 아노니 그가 오시면 모든 것을 우리에게 고하시리이다

18 **When this man heard that Jesus had arrived in Galilee from Judea, he went to him and begged him to come and heal his son, who was close to death.** (요4:47)

직역 이 사람이 들었을 때 / 예수님이 갈릴리에 도달했다는 것을 유대로부터, / 그는 그에게 가서 / 와서 그의 아들을 치료해달라고 간청하였다, / 왜냐하면 그의 아들이 죽을 것 같았기 때문이다.

핵심구조 동사 heard + that + 주어 Jesus + 동사 had arrived

단어 및 숙어의 확장 동사 beg 간청하다 / heal 치료하다 숙어 close to ~에 가까운, ~할 것 같이 close to tears: 곧 울 것 같이

해설 that은 종속접속사로서 that 이하의 절 (Jesus had arrived in Galilee from Judea)은 heard의 목적어이다.

의역 그가 예수께서 유대로부터 갈릴리에 오심을 듣고 가서 청하되 내려오셔서 내 아들의 병을 고쳐 주소서 하니 저가 거의 죽게 되었음이라

19 **Then the father realized that this was the exact time at which Jesus had said to him, "Your son will live."** (요4:53)

직역 그때 아버지가 깨달으셨다 / 지금이 정확한 때라고 / 예수님이 그에게 말씀하셨던, / "너의 아들은 살아날 것이다"고.

핵심구조 동사 realized + that + 주어 this + 동사 was

해설 that은 종속접속사로서 that 이하의 절은 realized의 목적어이다.

의역 아비가 예수께서 네 아들이 살았다 말씀하신 그 때인 줄 알고 자기와 그 온 집이 다 믿으니라

20 **When Jesus saw him lying there and learned that he had been in this condition for a long time, he asked him, "Do you want to get well?"** (요5:6)

직역 예수님이 그가 거기에 누워있는 것을 보시고 / 그가 오랫동안 이 상태에 있었다는 것을 알았을 때, / 그는 그에게 물었다, / "너는 낫기를 원하느냐?"

핵심구조 동사 learned + that + 주어 he + 동사 had been

단어 및 숙어의 확장 숙어 for a long time 오랫동안 / get well 낫다

해설 ① that은 종속접속사로서 that 이하의 절(for a long time까지)은 learned의 목적어이다. ② see + 목적어(him) + 현재분사(lying)

의역 예수께서 그 누운 것을 보시고 병이 벌써 오랜 줄 아시고 이르시되 네가 낫고자 하느냐

21 **The man went away and told the Jews that it was Jesus who had made him well.** (요5:15)

직역 그 사람은 가서 / 유대인들에게 말했다 / 그를 낫게 해준 사람은 예수님이라고.

핵심구조 동사 told + 간접목적어 the Jews + that + 주어 it + 동사 was

해설 ① Jews 다음의 that은 종속접속사로서 that 이하의 절은 told의 직접목적어이다. ② it was Jesus who...에서 who 대신에 that을 쓸 수도 있다. 이때 이 문장은 it~that 강조구문이다.

의역 그 사람이 유대인들에게 가서 자기를 고친 이는 예수라 하니라

22 There is another who testifies in my favor, and I know <u>that</u> his testimony about me is valid. (요5:32)

직역 또 다른 사람이 있다 / 그는 나에게 유리하게 증거한다, / 그리고 나는 안다 / 나에 관한 그의 증거가 타당하다는 것을.

핵심구조 동사 know + that + 주어 his testimony + 동사 is

단어 및 숙어의 확장 [형용사] valid 타당한, 근거가 확실한, 효과적인 [숙어] in one's favor ~의 마음에 들어, ~에게 호감을 주어, ~에게 유리하게

해설 that은 종속접속사로서 that 이하의 절은 know의 목적어이다.

의역 나를 위하여 증거하시는 이가 따로 있으니 나를 위하여 증거하시는 그 증거가 참인 줄 아노라

23 You diligently study the Scriptures because you think <u>that</u> by them you possess eternal life. (요5:39)

직역 너는 부지런하게 성경을 공부한다 /왜냐하면 너는 생각하기 때문이다 / 그들(말씀)에 의해서 너는 영원한 생명을 소유한다고.

핵심구조 동사 think + that + 주어 you + 동사 possess

단어 및 숙어의 확장 [부사] diligently 부지런하게, 근면하게 (diligent 부지런한, 근면한) [동사] possess 소유하다 [형용사] eternal 영원한

해설 that은 종속접속사로서 that 이하의 절은 think의 목적어이다.

의역 너희가 성경에서 영생을 얻는 줄 생각하고 성경을 상고하거니와

24 **Jesus, knowing <u>that</u> they intended to come and make him king by force, withdrew again to a mountain by himself.** (요6:15)

직역 예수님은, / 그들이 와서 강제로 그를 왕으로 만들 의향이 있다는 것을 아시고 나서, / 또다시 혼자서 산으로 물러나셨다.

핵심구조 동사 knowing + that + 주어 they + 동사 intended

단어 및 숙어의 확장 동사 withdraw 물러나다, 후퇴하다 withdraw-withdrew-withdrawn 숙어 intend to ~하려고 하다 / by force 강제로, 억지로 / by oneself 혼자서

해설 ① that은 종속접속사로서 that 이하의 절(by force까지)은 know의 목적어이다. ② knowing that they intended to come and make him king by force, 는 분사구문으로서 부사절로 바꾸면, because he knew that they intended to come and make him king by force가 된다. 접속사를 because 또는 after 또는 when을 써도 된다.

의역 그러므로 예수께서 저희가 와서 자기를 억지로 잡아 임금 삼으려는 줄을 아시고 다시 혼자 산으로 떠나가시니라

25 **Once the crowd realized <u>that</u> neither Jesus nor his disciples were there, they got into the boats and went to Capemaum in search of Jesus.** (요6:24)

직역 일단 군중이 깨닫자, / 예수님도 그의 제자들도 거기에 없다는 것을, / 그들은 배로 들어가서 / 가버나움으로 갔다. 예수님을 찾으러

핵심구조 동사 realized + that + 주어 neither Jesus nor his disciples + 동사 were

단어 및 숙어의 확장 명사 crowd 군중 숙어 in search of ~을 찾아서 / neither A nor B : A도 아니고 B도 아니다

해설 that은 종속접속사로서 that 이하의 절(were there까지)은 realized의 목적어이다.

의역 무리가 거기 예수도 없으시고 제자들도 없음을 보고 곧 배들을 타고 예수를 찾으러 가버나움으로 가서

26 For my Father's will is that everyone who looks to the Son and believes in him shall have eternal life, and I will raise him up at the last day. (요6:40)

직역 왜냐하면 나의 아버지의 의지는 / 아들을 보고 그를 믿는 모든 사람이 영생을 얻게 할 것이라는 것이며, / 그리고 나는 그를 들어올릴 것이다는 것이다 마지막 날에

핵심구조 동사 is + that + 주어 everyone + 동사 shall have

단어 및 숙어의 확장 명사 will 의지 형용사 eternal 영원한 (eternal life 영생) 숙어 raise up 들어 올리다, 살리다

해설 ① that은 종속접속사로서 that 이하의 절, 즉 everyone who looks to the Son and believes in him shall have eternal life는 is의 보어가 된다. ② 2인칭과 3인칭에 쓰이는 shall은 말하는 사람의 의지를 나타내기 때문에, ...shall have eternal life는 I will make him have eternal life, 즉 내가(God) 그(Jesus를 믿는 자)로 하여금 영생을 얻도록 하겠다는 뜻이다.

의역 내 아버지의 뜻은 아들을 보고 믿는 자마다 영생을 얻는 이것이니 마지막 날에 내가 이를 다시 살리리라 하시니라

27 Aware that his disciples were grumbling about this, Jesus said to them, "Does this offend you?" (요6:61)

직역 그의 제자들이 이것에 대하여 투덜대는 것을 깨달은 예수님은 / 그들에게 말씀하셨다, / "이것이 너희들에게 해가 되느냐?"

핵심구조 동사 aware + that + 주어 his disciples + 동사 were grumbling

단어 및 숙어의 확장 형용사 aware 깨달은, 알고 있는 동사 grumble 투덜대다, 불평하다 / offend 해가 되다

해설 ① that은 종속접속사로서 that 이하의 절(..this까지)은 aware의 목적어이다. ② Aware that his disciples were grumbling about this, 는 분사구문으로서 Aware 앞에 Being이 생략돼있다. 이 분사구문을 부사절로 바꾸면, After he was aware that his disciples were grumbling about this가 된다.

의역 예수께서 스스로 제자들이 이 말씀에 대하여 수군거리는 줄 아시고 가라사대 이 말이 너희에게 걸림이 되느냐

28 **He went on to say, "this is why I told you that no one can come to me unless the Father has enabled him."** (요6:65)

직역 그는 다음 주제로 옮기면서 이렇게 말했다, / "이것은 내가 너희에게 말했던 이유이다, / 즉 그 누구도 나에게 올 수 없다는 것, / 아버지께서 그를 가능하게 하지 않으면.

핵심구조 동사 told + 간접목적어 you + that + 주어 no one + 동사 can come

단어 및 숙어의 확장 동사 enable 가능하게 하다 숙어 go on to+R=(다음 장소 또는 주제 따위로) 나가다, 옮기다

해설 that은 종속접속사로서 that 이하의 절은 told의 직접목적어이다.

의역 또 가라사대 이러하므로 전에 너희에게 말하기를 내 아버지께서 오게 하여 주지 아니하시면 누구든지 내게 올 수 없다 하였노라 하시니라

29 **The world cannot hate you, but it hates me because I testify that what it does is evil.** (요7:7)

직역 세상은 너희를 미워할 수 없다, / 그러나 세상은 나를 미워한다 / 왜냐하면 내가 증명하기 때문이다 / 그것이 행한 것이 악이라는 것을.

핵심구조 동사 testify + that + 주어 what it does + 동사 is

해설 ① that은 종속접속사로서 that 이하의 절은 testify의 목적어이다. ② it은 the world이다.

의역 세상이 너희를 미워하지 못하되 나를 미워하나니 이는 내가 세상의 행사를 악하다 증거함이라

30 **Here he is, speaking publicly, and they are not saying a word to him. Have the authorities really concluded that he is the Christ?** (요7:26)

직역 여기에 그가 온다, / 공적으로 말하면, / 그리고 그들은 그에게 한 마디도 하지 않는다. / 당국은 정말 결론 내렸는가 / 그가 그리스도라고?

핵심구조 동사 concluded + that + 주어 he + 동사 is

단어 및 숙어의 확장 명사 authority 권위, 당국 숙어 speaking publicly 공적으로 말해서

해설 that은 종속접속사로서 that 이하의 절은 concluded의 목적어이다.

의역 보라 드러나게 말하되 저희가 아무 말도 아니 하는도다 당국자들은 이 사람을 참으로 그리스도인 줄 알았는가

31 **Does not the Scripture say that the Christ will come from David's family and from Bethlehem, the town where David lived?** (요7:42)

직역 성경은 말하지 않는가? / 그리스도가 다윗의 가문에서 왔으며 / 다윗이 살았던 도시 베들레헴에서 온 것이라고?

핵심구조 동사 say + that + 주어 the Christ + 동사 will come

단어 및 숙어의 확장 명사 Scripture 성경, 성서

해설 that은 종속접속사로서 that 이하의 절은 say의 목적어이다.

의역 성경에 이르기를 그리스도는 다윗의 씨로 또 다윗의 살던 촌 베들레헴에서 나오리라 하지 아니하였느냐 하며

32 **They replied, "Are you from Galilee, too? Look into it, and you will find that a prophet does not come out of Galilee."** (요7:52)

직역 그들은 대답하였다, / "너도 갈릴리에서 왔느냐? / 그것을 조사해라, / 그러면 너는 발견할 것이다 / 예언자가 갈릴리에서 온 것이 아니라는 것을."

핵심구조 동사 find + that + 주어 a prophet + 동사 does not come

해설 1that은 종속접속사로서 that 이하의 절은 find의 목적어이다.

의역 저희가 대답하여 가로되 너도 갈릴리에서 왔느냐 상고하여 보라 갈릴리에서는 선지자가 나지 못하느니라 하였더라

33 **I told you that you would die in your sins; if you do not**

believe <u>that</u> I am the one I claim to be, you will indeed die in your sins. (요8:24)

직역 나는 너희에게 말했다 / 너희는 너희의 죄로 죽을 것이라고; / 만약 너희가 믿지 않는다면 / 내가 주장하는 바로 그 사람이라는 것을, / 너희는 진실로 너희 죄로 죽을 것이다.

핵심구조 ① 동사 told + 간접목적어 you + that + 주어 you + 동사 would die
② 동사 believe + that + 주어 I + 동사 am

단어 및 숙어의 확장 동사 claim 주장하다

해설 종속접속사 that이 2개 이다. ① that 이하의 절(your sins까지)은 told의 직접목적어이다. ② that 이하의 절(to be까지)은 believe의 목적어이다.

의역 이러므로 내가 너희에게 말하기를 너희가 너희 죄 가운데서 죽으리라 하였노라 너희가 만일 내가 그인 줄 믿지 아니하면 너희 죄 가운데서 죽으리라

34 They answered him, "We are Abraham's descendants and have never been slaves of anyone. How can you say <u>that</u> we shall be set free?" (요8:33)

직역 그들은 그에게 대답하였다, / "우리는 아브라함의 후손들이며 / 그 누구의 노예인 적이 없었다. / 어떻게 해서 당신은 우리가 자유롭게 될 것이라고 말할 수 있느냐?

핵심구조 동사 say + that + 주어 we + 동사 shall be set

단어 및 숙어의 확장 명사 descendant 후손 (↔ ascendant 선조, 조상)
(descend 내려가다 ↔ ascend 올라가다)

해설 that은 종속접속사로서 that 이하의 절은 say의 목적어이다.

의역 저희가 대답하되 우리가 아브라함의 자손이라 남의 종이 된 적이 없거늘 어찌하여 우리가 자유케 되리라 하느냐

35 He who belongs to God hears what God says. The reason you do not hear is <u>that</u> you do not belong to God. (요8:47)

직역 하나님께 속한 그는 / 하나님께서 말씀하신 것을 듣는다. / 네가 듣지 않는 이유는 / 네가 하나님께 속하지 않기 때문이다

핵심구조 동사 is + that + 주어 you + 동사 do not belong to

단어 및 숙어의 확장 숙어 belong to ~에 속하다

해설 that은 종속접속사로서 that 이하는 is의 보어이다.

의역 하나님께 속한 자는 하나님의 말씀을 듣나니 너희가 듣지 아니함은 하나님께 속하지 아니하였음이로다

36 The Jews answered him, "Aren't we right in saying that you are a Samaritan and demon-possessed?" (요8:48)

직역 유대인들은 그에게 대답하였다, / "네가 사마리아사람이며 마귀 들린 자라는 것을 말하는 데에 있어서 우리가 옳지 않느냐?"

핵심구조 동사 saying + that + 주어 you + 동사 are

단어 및 숙어의 확장 명사 Samaritan 사마리아 사람 / demon-possessed 귀신들린 사람

해설 that은 종속접속사로서 that 이하의 절은 saying의 목적어이다.

의역 유대인들이 대답하여 가로되 우리가 너를 사마리아 사람이라 또는 귀신이 들렸다 하는 말이 옳지 아니하냐

37 Some claimed that he was. Others said, "No, he only looks like him." But he himself insisted, "I am the man." (요9:9)

직역 누군가가 외쳤다, / 그 사람이라고. / 다른 사람들이 말했다, / "아니다, 그는 단지 그처럼 보일 뿐이다." / 그러나 그는 직접 주장했다, "내가 그 사람이다."

핵심구조 동사 claim + that + 주어 he + 동사 was

단어 및 숙어의 확장 동사 claim 외치다, 주장하다, 요구하다 숙어 look like ~처럼 보이다

해설 that은 종속접속사로서 that 이하의 절은 claimed의 목적어이다.

의역 혹은 그 사람이라 하며 혹은 아니라 그와 비슷하다 하거늘 제 말은 내가 그로라 하니

38 **In that day you will ask in my name. I am not saying that I will ask the Father on your behalf.** (요16:26)

직역 그날 너희는 나의 이름으로 구할 것이다. / 나는 말하지 않는다 / 내가 너희를 대신하여 아버지께 구하리라고.

핵심구조 동사 am not saying + that + 주어 I + 동사 will ask

단어 및 숙어의 확장 숙어 on one's behalf(=on behalf of)..(아무의)대신으로, ~을 대표하여

해설 ① saying that의 that은 종속접속사로서 that 이하의 절은 saying의 목적어이다. ② that day의 that은 day를 수식하는 지시형용사

의역 그 날에 너희가 내 이름으로 구할 것이요 내가 너희를 위하여 아버지께 구하겠다 하는 말이 아니니

39 **The Jews still did not believe that he had been blind and had received his sight until they sent for the man's parents.** (요9:18)

직역 유대인들은 아직도 믿지 않았다 / 그가 눈이 멀었으며 / 그의 시력을 받았다는 것을 / 그들이 그 사람의 부모를 부르러 사람을 보냈을 때까지.

핵심구조 동사 believe + that + 주어 he + 동사 had been blind / had received

해설 that은 종속접속사로서 that 이하의 절은 believe의 목적어이다.

의역 유대인들이 저가 소경으로 있다가 보게 된 것을 믿지 아니하고 그 부모를 불러 묻되

40 **He did not say this on his own, but as high priest that year he prophesied that Jesus would die for the Jewish nation,** (요11:51)

직역 그는 이것을 자기 나름대로 말하지 않았다, / 그러나 그 해에 / 대제사장으로서 그는 / 예언하였다. 예수님이 유대나라를 위하여 죽을 것이라는 것을

핵심구조 동사 prophesied + that + 주어 Jesus + 동사 would die

단어 및 숙어의 확장 동사 prophesy 예언하다, 예측하다 (명사 : prophecy 예언, 예측)
명사 high priest 대제사장 형용사 Jewish 유대의, 유대인의

해설 ① prophesied that의 that은 종속접속사로서 that 이하의 절은 prophesied의 목적어이다. ② that year의 that은 year를 수식하는 지시형용사

의역 이 말은 스스로 함이 아니요 그 해에 대제사장이므로 예수께서 그 민족을 위하시고… 죽으실 것을 미리 말함이러라

41 **We know that God spoke to Moses, but as for this fellow, we don't even know where he comes from."** (요9:29)

직역 우리는 안다 / 하나님이 모세에게 말씀하셨다는 것을. / 그러나 이 사람에 관해서, / 우리는 알지도 못한다 / 그가 어디에서 왔는지를.

핵심구조 동사 know + that + 주어 God + 동사 spoke

해설 that은 종속접속사로서 that 이하의 절(Moses까지)은 know의 목적어이다.

의역 하나님이 모세에게는 말씀하신 줄을 우리가 알거니와 이 사람은 어디서 왔는지 알지 못하노라

42 **We know that God does not listen to sinners. He listens to the godly man who does his will.** (요9:31)

직역 우리는 안다 / 하나님이 죄인들에게 귀기울여주는 않다는 것을. / 그는 귀 기울인다. 그의 의지를 행하는 경건한 자의 말에

핵심구조 동사 know + that + 주어 God + 동사 does not listen...

해설 that은 종속접속사로서 that 이하의 절은 know의 목적어이다.

의역 하나님이 죄인을 듣지 아니하시고 경건하여 그의 뜻대로 행하는 자는 들으시는 줄을 우리가 아나이다

43 **Jesus heard that they had thrown him out, and when he found him, he said, "Do you believe in the Son of Man?"** (요9:35)

직역 예수님은 들으셨다 / 그들이 그를 내쫓았다는 것을, / 그리고 그가 그를 발견했을 때, / 그는 말했다, "너는 인자를 믿느냐?"

핵심구조 동사 heard + that + 주어 they + 동사 had thrown

해설 that은 종속접속사로서 that 이하의 절(him out까지)은 heard의 목적어이다.

의역 예수께서 저희가 그 사람을 쫓아 냈다 하는 말을 들으셨더니 그를 만나사 가라사대 네가 인자를 믿느냐

44 **The reason my Father love me is that I lay down my life—only to take it up again.** (요10:17)

직역 나의 아버지가 나를 사랑하시는 이유는 / 내가 나의 생명을 내려놓았기 때문이다 / —오로지 그것을 들어올리기 위해서.

핵심구조 동사 is + that + 주어 I + 동사 lay

단어 및 숙어의 확장 숙어 lay down 내려놓다

해설 that은 종속접속사로서 that 이하는 is의 보어이다.

의역 아버지께서 나를 사랑하시는 것은 내가 다시 목숨을 얻기 위하여 목숨을 버림이라

45 **Yet when he heard that Lazarus was sick, he stayed where he was two more days.** (요11:6)

직역 그러나 그가 나사로가 아프다는 것을 들었을 때, / 그는 머물렀다. 그가 있었던 장소에 이틀 더

핵심구조 동사 heard + that + 주어 Lazarus + 동사 was

해설 that은 종속접속사로서 that 이하의 절(was sick까지)은 heard의 목적어이다.

의역 나사로가 병들었다 함을 들으시고 그 계시던 곳에 이틀을 더 유하시고

46 **On his arrival, Jesus found that Lazarus had already been in the tomb for four days.** (요11:17)

직역 그가 도착하자마자, / 예수님은 발견하셨다 / 나사로가 이미 나흘동안 무덤에 있었다는 것을.

핵심구조 동사 found + that + 주어 Lazarus + 동사 had been

단어 및 숙어의 확장 명사 tomb 무덤

해설 that은 종속접속사로서 that 이하의 절은 found의 목적어이다.

의역 예수께서 와서 보시니 나사로가 무덤에 있은 지 이미 나흘이라

〈나사로의 무덤〉

47 **When Martha heard <u>that</u> Jesus was coming, she went out to meet him, but Mary stayed at home.** (요11:20)

직역 마르다가 예수님이 오신다는 것을 들었을 때, / 그녀는 그를 만나기 위해서 나갔지만, / 마리아는 집에 머물렀다.

핵심구조 동사 heard + that + 주어 Jesus + 동사 was coming

해설 that은 종속접속사로서 that 이하의 절 (coming까지)은 heard의 목적어이다.

의역 마르다는 예수 오신다는 말을 듣고 곧 나가 맞되 마리아는 집에 앉았더라

48 **"Yes, Lord," she told him, "I believe <u>that</u> you are the Christ,**

the Son of God, who was to come into the world." (요11:27)

직역 "네, 주님," 그녀는 그에게 말했다, / "나는 믿습니다 / 당신이 그리스도, 하나님의 아들이라는 것을, / 세상으로 오실."

핵심구조 동사 believe + that + 주어 you + 동사 are

해설 that은 종속접속사로서 that 이하의 절은 believe의 목적어이다.

의역 가로되 주여 그러하외다 주는 그리스도시요 세상에 오시는 하나님의 아들이신 줄 내가 믿나이다

49 Then Jesus said, "Did I not tell you that if you believed, you would see the glory of God?" (요11:40)

직역 그때 예수님은 말씀하셨다, / "내가 너희에게 말하지 않았느냐 / 만약 너희가 믿는다면, / 너희는 하나님의 영광을 보게 되리라"는 것을.

핵심구조 동사 tell + 간접목적어 you + that + 주어 you + 동사 would see

해설 that은 종속접속사로서 that 이하의 절은 tell의 직접목적어이다.

의역 예수께서 가라사대 내 말이 네가 믿으면 하나님의 영광을 보리라 하지 아니하였느냐 하신대

50 So they took away the stone. Then Jesus looked up and said, "Father, I thank you that you have heard me." (요11:41)

직역 그래서 그들은 돌을 옮겨놓았다. / 그때 예수님께서 위를 쳐다보시고 말씀하셨다, / "아버지, 나는 당신께 감사합니다 / 당신이 나의 말을 들어주신 것을.

핵심구조 동사 thank + 간접목적어 you + that + 주어 you + 동사 have heard

단어 및 숙어의 확장 숙어 take away 치우다 / look up 쳐다보다

해설 that은 종속접속사로서 that 이하의 절은 thank의 직접목적어이다.

의역 돌을 옮겨 놓으니 예수께서 눈을 들어 우러러보시고 가라사대 아버지여 내 말을 들으신 것을 감사하나이다

51 I knew that you always hear me, but I said this for the benefit of the people standing here, that they may believe that you sent me. (요11:42)

직역 나는 알았다 / 네가 항상 나를 듣는다는 것을. / 그러나 나는 이것을 말했다 / 이곳에 서 있는 사람들의 이익을 위하여, / 그들이 당신이 나를 보냈다는 것을 믿을 수 있도록.

핵심구조 ① 동사 knew + that + 주어 you + 동사 hear
② 동사 believe + that + 주어 you + 동사 sent

해설 ① knew 다음의 that은 종속접속사로서 that 이하의 절(hear me까지)은 knew의 목적어이다. ② believe 다음의 that은 종속접속사로서 that 이하의 절은 believe의 목적어이다. ③ here와 that 사이에는 so가 생략돼 있다. 즉 so that + 주어(they) + may (~하기 위하여) 용법이다.

의역 항상 내 말을 들으시는 줄을 내가 알았나이다 그러나 이 말씀하옵는 것은 둘러선 무리를 위함이니 곧 아버지께서 나를 보내신 것을 저희로 믿게 하려 함이니이다

52 You do not realize that it is better for you that one man die for the people than that the whole nation perish. (요11:50)

직역 너는 깨닫지 않는다 / 너에게는 전체 나라가 망하는 것보다 / 한 사람이 국민들을 위해서 죽는 것이 더 낫다는 것을.

핵심구조 동사 realize + that + 가주어 it + 동사 is

단어 및 숙어의 확장 동사 perish 망하다, 사라지다

해설 ① realize 다음의 that은 종속접속사로서 that 이하의 절은 realize의 목적어이다. ② it은 가주어, for you는 의미상의 주어, that 이하는 진주어. [that 이하의 진주어가 두 개다. ❶ one man die for the people. ❷ the whole nation perish.]

의역 한 사람이 백성을 위하여 죽어서 온 민족이 망하지 않게 되는 것이 너희에게 유익한 줄을 생각지 아니하는도다 하였으니

53 Jesus knew that the Father had put all things under his power, and that he had come from God and was returning

to God; (요13:3)

직역 예수님은 아셨다 / 아버지께서 모든 것들을 자신의 권력 하에 두셨음을, / 그리고 그가 하나님에게서 왔으며 하나님께 돌아가리라는 것을.

핵심구조 동사 knew + (that + 주어 the Father + 동사 had put
that + 주어 he + 동사 had come
(that) + 주어 he + 동사 was returning)

해설 that은 종속접속사로서 that 이하의 절, 즉 that the Father had put all things under his power와 that he had come from God and was returning to God은 knew의 목적어가 된다. 이 문장에서는 종속접속사 that이 2개이다.

의역 저녁 먹는 중 예수는 아버지께서 모든 것을 자기 손에 맡기신 것과 또 자기가 하나님께로부터 오셨다가 하나님께로 돌아가실 것을 아시고

54 **"I am telling you now before it happens, so that when it does happen you will believe <u>that</u> I am He.** (요13:19)

직역 "나는 너희에게 지금 말한다 / 그 일이 일어나기 전에, / 그것이 일어나면 / 너희가 내가 그라는 것을 믿을 수 있도록"

핵심구조 동사 believe + that + 주어 I + 동사 am

해설 ① believe 다음의 that은 종속접속사로서 that 이하의 절, 즉 that I am He는 believe의 목적어가 된다. ② so that you will~ ~하기 위하여

의역 지금부터 일이 이루기 전에 미리 너희에게 이름은 일이 이룰 때에 내가 그인줄 너희로 믿게 하려 함이로라

55 **By this all men will know <u>that</u> you are my disciples, if you love one another.** (요13:35)

직역 이것으로 모든 사람들이 알게 될 것이다 / 너희가 내 제자임을, / 만약 너희가 서로 사랑한다면.

핵심구조 동사 know + that + 주어 you + 동사 are

해설 that은 종속접속사로서 that 이하의 절(my disciples 까지)은 know의 목적어이다.

의역 너희가 서로 사랑하면 이로써 모든 사람이 너희가 내 제자인줄 알리라

56 I know that his command leads to eternal life. So whatever I say is just what the Father has told me to say. (요12:50)

직역 나는 안다 / 그의 명령이 영원한 생명에 이르게 한다는 것을. / 그래서 내가 말하는 것이면 무엇이든지 / 아버지가 내게 말하라고 말씀하신 바로 그것이다.

핵심구조 동사 know + that + 주어 his command + 동사 lead

단어 및 숙어의 확장 숙어 lead to ~을 초래하다 / 명사 command 명령

해설 that은 종속접속사로서 that 이하의 절은 know의 목적어이다.

의역 나는 그의 명령이 영생인 줄 아노라 그러므로 나의 이르시는 것은 내 아버지께서 내게 말씀하신 그대로 이르노라 하시니라

57 but the world must learn that I love the Father and that I do exactly what my Father has commanded me. (요14:31)

직역 그러나 세상은 배워야한다 / 내가 아버지를 사랑하고 / 나의 아버지께서 나에게 명하신 것을 / 내가 정확하게 행한다는 것을.

핵심구조 동사 learn + that + 주어 I + 동사 love + and + that + 주어 I + 동사 do

단어 및 숙어의 확장 동사 command ~에게 명령하다, 요구하다, 지휘하다
부사 exactly 정확하게, 엄밀하게, 꼼꼼하게, 정확히 말해서, 틀림없이, 바로, 곧

해설 ① 종속접속사 that이 2개다. ② what은 관계대명사로서 the thing which로 바꿀 수 있다. what이하의 절, 즉 what my Father has commanded me는 동사 do의 목적어이다.

의역 오직 내가 아버지를 사랑하는 것과 아버지의 명하신 대로 행하는 것을 세상으로 알게 하려 함이로라 일어나라 여기를 떠나자 하시니라

58 I have told you this, so that when the time comes you will remember that I warned you. I did not tell you this at first because I was with you. (요16:4)

직역 내가 너희에게 이것을 말했다, / 때가 오면 너희가 기억하기 위하여 / 내가 너희에게 경고하였던 것을. / 내가 너희에게 이것을 처음에 말하지 않았다 / 왜냐하

면 내가 너희와 함께 있었기 때문이다.

핵심구조 동사 remember + that + 주어 I + 동사 warned

단어 및 숙어의 확장 동사 warn 경고하다

해설 ① remember 다음의 that은 종속접속사로서 that 이하의 절은 remember의 목적어이다. ② so that과 you will 사이에 when이 이끄는 부사절 when the time comes가 들어있다. ③ so that + 주어 you + 동사 will remember = ~하기 위하여

의역 오직 너희에게 이 말을 이른 것은 너희로 그 때를 당하면 내가 너희에게 이 말 한 것을 기억나게 하려 함이요 처음부터 이 말을 하지 아니한 것은 내가 너희와 함께 있었음이니라

59 **The next day the great crowd that had come for the Feast heard that Jesus was on his way to Jerusalem.** (요12:12)

직역 다음날 많은 군중은 축제를 위해서 왔는데 / 들었다 예수님이 예루살렘으로 가는 중이라고.

핵심구조 동사 heard + that + 주어 Jesus + 동사 was

해설 that은 종속접속사로서 that 이하의 절은 동사 heard의 목적어이다.

의역 그 이튿날에는 명절에 온 큰 무리가 예수께서 예루살렘으로 오신다 함을 듣고

60 **Now we can see that you know all things and that you do not even need to have anyone ask you questions. This makes us believe that you came from God.** (요16:30)

직역 이제 우리는 알 수 있다 / 당신이 모든 것들을 알고 있으며 / 누군가로 하여금 당신에게 질문하도록 할 필요조차도 없다는 것을. / 이것은 우리로 하여금 믿게 해 준다 / 당신이 하나님께로부터 왔다는 것을.

핵심구조 ① 동사 see + that + 주어 you + 동사 know... / and + that + 주어 you + 동사 do not even need ② 동사 believe + that + 주어 you + 동사 came

해설 ① 종속접속사는 3개다 see that / and see that / believe that ② have는 사역동사로서 목적어 anyone 다음에 동사원형 ask가 사용되었다. (have + anyone + ask)

의역 우리가 지금에야 주께서 모든 것을 아시고 또 사람의 물음을 기다리시지 않는 줄 아나이다 이로써 하나님께로서 나오심을 우리가 믿삽나이다

61 For I gave them the words you gave me and they accepted them. They knew with certainty that I came from you, and they believe that you sent me. (요17:8)

직역 왜냐하면 내가 그들에게 그 말을 했기 때문이다 / 당신이 내게 했던. / 그리고 그들은 그 말들을 받아들였다. / 그들은 알았다 확실하게 / 내가 당신으로부터 왔다는 것을. / 그리고 그들은 믿는다. 당신이 나를 보냈음을

핵심구조 ① 동사 knew + that + 주어 I + 동사 came ② 동사 believe + that + 주어 you + 동사 sent

단어 및 숙어의 확장 숙어 with certainty 확실하게, 확실히(certainly) (전치사+ 추상명사는 부사가 된다)

해설 ① 종속접속사 that이 2개다. knew that.../ believe that...② the words 와 you 사이에는 목적격관계대명사 that이나 which가 생략돼 있다.

의역 나는 아버지께서 내게 주신 말씀들을 저희에게 주었사오며 저희는 이것을 받고 내가 아버지께로부터 나온 줄을 참으로 아오며 아버지께서 나를 보내신 줄도 믿었사옵나이다

62 My prayer is not that you take them out of the world but that you protect them from the evil one. (요17:15)

직역 내 기도는 당신이 세상으로부터 그들을 데려오는 것이 아니라 / 당신이 악한 자로부터 그들을 보호한다는 것이다.

핵심구조 동사 is + not that + 주어 you + 동사 take + but that + 주어 you + 동사 protect

해설 종속접속사 that은 2개로서 that 이하의 절 2개는 be동사 is의 주격보어가 된다.

의역 내가 비옵는 것은 저희를 세상에서 데려가시기를 위함이 아니요 오직 악에 빠지지 않게 보전하시기를 위함이니이다

63 **I in them and you in me. May they be brought to complete unity to let the world know that you sent me and have loved them even as you have loved me.** (요17:23)

직역 나는 그들 안에 있고 / 당신은 내 안에 있다. 그들이 데려와져서 통일성을 완성하기를 기원한다 / 세상이 알도록 하기 위하여 / 당신이 나를 보냈고 그들조차도 사랑했다는 것을 / 당신이 나를 사랑했던 것처럼.

핵심구조 동사 know + that + 주어 you + 동사 sent / have loved

단어 및 숙어의 확장 동사 bring 데리고 오다 bring-brought-brought / complete 완성하다 / send 보내다 send-sent-sent 명사 unity 통일(성), 조화, 일치, 협조

해설 ① that은 종속접속사로서 that 이하의 절, 즉 that you sent me and have loved them even as you have loved me는 know의 목적어가 된다. ② I와 in 사이에 am, you와 in 사이에 are가 생략돼 있다.

의역 곧 내가 저희 안에, 아버지께서 내 안에 계셔 저희로 온전함을 이루어 하나가 되게 하려 함은 아버지께서 나를 보내신 것과 또 나를 사랑하심같이 저희도 사랑하신 것을 세상으로 알게 하려 함이로소이다

64 **Righteous Father, though the world does not know you, I know you, and they know that you have sent me.** (요17:25)

직역 공정한 하나님, / 비록 세상이 당신을 알지 못할지라도, / 나는 당신을 압니다, / 그리고 그들은 압니다 / 당신이 나를 보내셨다는 것을.

핵심구조 동사 know + that + 주어 you + 동사 have sent

단어 및 숙어의 확장 형용사 righteous 올바른, 정직한, 공정한, 정당한, 정의의, 훌륭한, 대단한

해설 know다음의 that은 종속접속사로서 that 이하의 절은 know의 목적어이다.

의역 의로우신 아버지여 세상이 아버지를 알지 못하여도 나는 아버지를 알았삽고 저희도 아버지께서 나를 보내신 줄 알았삽나이다

65 **"I told you that I am he." Jesus answered. "If you are looking for me, then let these men go."** (요18:8)

직역 "나는 너희에게 말했다 / 내가 그라고." / 예수님이 대답하셨다. / "만약 너희가 나를 찾는 중이라면, / 이 사람들을 가게해라."

핵심구조 동사 told + 직접목적어 you + that + 주어 I + 동사 am

단어 및 숙어의 확장 숙어 look for ~을 찾다

해설 ① that은 종속접속사로서 that 이하의 절 that I am he는 told의 간접목적어이다.
② let은 사역동사로서 목적어 these me 다음에 동사원형 go가 온다.

의역 예수께서 대답하시되 너희에게 내로라 하였으니 나를 찾거든 이 사람들의 가는 것을 용납하라 하시니

66 Caiaphas was the one who had advised the Jews <u>that</u> it would be good if one man died for the people. (요18:14)

직역 가야바는 유대인들에게 충고했던 사람이었다 / 사람들을 위해서 / 한 사람이 죽으면 좋으리라는 것을.

핵심구조 동사 had advised + that + 주어 it + 동사 would be

해설 that은 종속접속사로서 that 이하의 절은 advised의 목적어이다.

의역 가야바는 유대인들에게 한 사람이 백성을 위하여 죽는 것이 유익하다 권고하던 자러라

67 Once more Pilate came out and said to the Jews, "Look, I am bringing him out to you to let you know <u>that</u> I find no basis for a charge against him." (요19:4)

직역 다시 한 번 빌라도가 나와서 유대인들에게 말했다, / "자, 내가 그를 너희에게 데리고 나오는 중이다 / 너희가 알도록 하기 위하여 / 내가 그에 대하여 비난할 아무런 근거를 찾지 못함을.

핵심구조 동사 know + that + 주어 I + 동사 find

단어 및 숙어의 확장 명사 charge 비난, 고발, 죄과

해설 that은 종속접속사로서 that 이하의 절은 know의 목적어이다.

의역 빌라도가 다시 밖에 나가 말하되 보라 이 사람을 데리고 너희에게 나오나니 이는 내가 그에게서 아무 죄도 찾지 못한 것을 너희로 알게 하려 함이로라 하더라

68 The chief priests of the Jews protested to Pilate, "Do not write 'The King of the Jews,' but that this man claimed to be king of the Jews." (요19:21)

직역 유대인의 대제사장들은 빌라도에게 항의하였다, / " '유대인의 왕'이라고 쓰지 말고 / 이 사람이 자신을 유대인의 왕이라고 주장한다고 써라"

핵심구조 동사 write + that + 주어 this man + 동사 claimed

단어 및 숙어의 확장 [동사] protest 항의하다, 저항하다 / claim 요구하다, 청구하다, 주장하다, 자칭하다

해설 'write A but write that + 주어 + 동사'의 구조로 돼있다. "A라고 쓰지 말고 that 이하라고 써라." 이때 A는 구(句)(The King of the Jews)이지만 종속접속사 that 이하는 절(節)이다.

의역 유대인의 대제사장들이 빌라도에게 이르되 유대인의 왕이라 말고 자칭 유대인의 왕이라 쓰라 하니

69 Believe me when I say that I am in the Father and the Father is in me; or at least believe on the evidence of the miracles themselves. (요14:11)

직역 나를 믿어라 / 내가 말할 때 / 내가 아버지 안에 있고 / 아버지께서 내 안에 있다고 그렇지 않으면; / 적어도 믿어라 기적의 증거 자체들을.

핵심구조 동사 say + that + 주어 I + 동사 am

단어 및 숙어의 확장 [명사] evidence 증거, 증언 [숙어] at least 적어도

해설 ① 이 문장 전체의 동사는 Believe이며 접속사 or 다음에 또 하나의 전체동사 believe가 있다. ② when I say that I am in the Father and the Father is in me는 부사절이다. 이 부사절 안에 종속접속사 that이 있으며 that 이하의 절(in me까지)은 say의 목적어가 된다.

의역 내가 아버지 안에 있고 아버지께서 내 안에 계심을 믿으라 그렇지 못하겠거든 행하는 그 일을 인하여 나를 믿으라

70 **No, the Father himself loves you because you have loved me and have believed <u>that</u> I came from God.** (요16:27)

직역 아니다, / 아버지께서는 몸소 너희를 사랑하신다 / 왜냐하면 너희가 나를 사랑했고 / 내가 하나님께로부터 왔다는 것을 믿었기 때문이다.

핵심구조 동사 have believed + that + 주어 I + 동사 came

해설 that은 종속접속사로서 that 이하의 절은 have believed의 목적어이다.

의역 이는 너희가 나를 사랑하고 또 나를 하나님께로서 온 줄 믿은고로 아버지께서 친히 너희를 사랑하심이니라

71 **On that day you will realize <u>that</u> I am in my Father, and you are in me, and I am in you.** (요14:20)

직역 그 날 너희는 깨닫게 될 것이다 / 내가 나의 아버지 안에 있고, / 너희는 내 안에 있으며 나는 너희의 안에 있다는 것을.

핵심구조 동사 realize + that + 주어(I / you / I) + 동사(am / are / am)

해설 ① realize 다음의 that은 종속접속사로서 that 이하는 realize의 목적어이다.
② On 다음의 that은 day를 수식하는 지시형용사이다.

의역 그 날에는 내가 아버지 안에, 너희가 내 안에, 내가 너희 안에 있는 것을 너희가 알리라

72 **Later, knowing <u>that</u> all was now completed, and so that the Scripture would be fulfilled, Jesus said, "I am thirsty."** (요19:28)

직역 나중에, / 모든 것이 이제 완성되었음을 알고 난 후에, / 그리고 성경이 성취될 수 있도록, 예수님은 말씀하셨다, / "목이 마르다."

핵심구조 동사 know + that + 주어 all + 동사 was completed

단어 및 숙어의 확장 형용사 complete 완벽한, 완전한, 전부의, 철저한 (be completed 완성되다) / thirsty 목마른, 갈망하는, 목이 마르게 하는

해설 ① know 다음의 that은 종속접속사로서 that 이하의 절, 즉 all was now completed는 know의 목적어이다. ② so that + 주어 the Scripture + would + R= ~하기 위하여, ~하도록 ③ knowing that all was now completed는 분사구문이다.

의역 이후에 예수께서 모든 일이 이미 이룬 줄 아시고 성경으로 응하게 하려 하사 가라사대 내가 목마르다 하시니

73 But when they came to Jesus and found that he was already dead, they did not break his legs. (요19:33)

직역 그러나 그들이 예수께 와서 그가 이미 죽었다는 것을 알았을 때 / 그들은 그의 다리를 부러뜨리지 않았다.

핵심구조 동사 found + that + 주어 he + 동사 was

해설 that은 종속접속사로서 that 이하의 절, 즉 he was already dead는 found의 목적어이다.

의역 예수께 이르러는 이미 죽은 것을 보고 다리를 꺾지 아니하고

74 The man who saw it has given testimony, and his testimony is true. He knows that he tells the truth, and he testifies so that you also may believe. (요19:35)

직역 그것을 본 그 사람은 증언을 하였고, / 그의 증언은 사실이다. / 그는 알고 있다 / 그가 진실을 말함을, 그리고 그는 증언한다 / 너희도 믿을 수 있도록.

핵심구조 동사 knows + that + 주어 he + 동사 tells

단어 및 숙어의 확장 명사 testimony 증언, 간증 동사 testify 증언하다, 간증하다

해설 ① knows 다음의 that은 종속접속사로서 that 이하의 절, 즉 he tells the truth는 knows의 목적어이다. ② so that + 주어 you + may + R= ~하기 위하여

의역 이를 본 자가 증거하였으니 그 증거가 참이라 저가 자기의 말하는 것이 참인 줄 알고 너희로 믿게 하려 함이니라

75 (They still did not understand from Scripture that Jesus had to rise from the dead.) (요20:9)

직역 (그들은 아직도 이해하지 못했다 / 성경으로부터 / 예수님께서 죽은 자들로부터 살아나셔야만 했다는 것을).

핵심구조 동사 understand + that + 주어 Jesus + 동사 had to rise

단어 및 숙어의 확장 the dead=dead people=죽은 사람들

해설 that은 종속접속사로서 that 이하의 절은 understand의 목적어이다.

의역 (저희는 성경에 그가 죽은 자 가운데서 다시 살아나야 하리라 하신 말씀을 아직 알지 못하더라)

76 Early on the first day of the week, while it was still dark, Mary Magdalene went to the tomb and saw that the stone had been removed from the entrance. (요20:1)

직역 그 주의 첫 날 일찍, / 아직 어두웠을 동안, / 마리아 막달라는 무덤으로 가서 보았다 / 그 돌이 입구로부터 치워져있다는 것을.

핵심구조 동사 saw + that + 주어 the stone + 동사 had been removed

단어 및 숙어의 확장 동사 remove ~을 옮기다, 이동시키다, 움직이다
명사 entrance 입구 (enter 들어가다)

해설 that은 종속접속사로서 that 이하의 절은 saw의 목적어이다.

의역 안식 후 첫날 이른 아침 아직 어두울 때에 막달라 마리아가 무덤에 와서 돌이 무덤에서 옮겨 간 것을 보고

77 At this, she turned around and saw Jesus standing there, but she did not realize that it was Jesus. (요20:14)

직역 이것에 / 그녀는 몸을 돌렸고 예수님이 거기에 서 있는 것을 보았다, / 그러나 그녀는 깨닫지 못했다 / 그분이 예수님인 것을.

핵심구조 동사 realize + that + 주어 it + 동사 was

단어 및 숙어의 확장 동사 realize 깨닫다 숙어 turn around 회전하다, 반대쪽으로

방향을 바꾸다

해설 that은 종속접속사로서 that 이하의 절은 realize의 목적어이다.

의역 이 말을 하고 뒤로 돌이켜 예수의 서신 것을 보나 예수신 줄 알지 못하더라

78 **Mary Magdalene went to the disciples with news: "I have seen the Lord!" And she told them that he had said these things to her.** (요20:18)

직역 마리아 막달라는 뉴스를 들고 제자들에게 갔다: / "나는 주님을 보았어요!" / 그리고 그녀는 그들에게 말했다 / 그가 이러한 것들을 그녀에게 말했다고.

핵심구조 동사 told + 간접목적어 them + that + 주어 he + 동사 had said

의역 막달라 마리아가 가서 제자들에게 내가 주를 보았다 하고 또 주께서 자기에게 이렇게 말씀하셨다 이르니라

79 **But these are written that you may believe that Jesus is the Christ, the Son of God, and that by believing you may have life in his name.** (요20:31)

직역 그러나 이것들은 쓰여졌다 / 너희가 믿을 수 있도록 / 예수님이 그리스도, 하나님의 아들이라는 것을, / 그리고 믿음으로써 / 너희는 그의 이름으로 생명을 얻을 수 있도록.

핵심구조 동사 believe + that + 주어 Jesus + 동사 is

해설 ① believe 다음의 that은 종속접속사로서 that 이하의 절, 즉 Jesus is the Christ, the Son of God은 believe의 목적어이다. ② written과 that 그리고 and와 that 사이에는 so가 생략돼 있다. so that + S + may + R= ~할 수 있도록

의역 오직 이것을 기록함은 너희로 예수께서 하나님의 아들 그리스도이심을 믿게 하려 함이요 또 너희로 믿고 그 이름을 힘입어 생명을 얻게 하려 함이니라

80 **Early in the morning, Jesus stood on the shore, but disciples did not realize that it was Jesus.** (요21:4)

직역 아침 일찍, 예수님은 해변에 서셨다, / 그러나 제자들은 깨닫지 못했다 / 그분이 예수님인 것을.

핵심구조 동사 realize + that + 주어 it + 동사 was

해설 that은 종속접속사로서 that 이하의 절은 realize의 목적어이다.

의역 날이 새어 갈 때에 예수께서 바닷가에 서셨으나 제자들이 예수신 줄 알지 못하는지라

81 **Many people, because they had heard that he had given this miraculous sign, went out to meet him.** (요12:18)

직역 많은 사람들이, / 그들이 들었기 때문에 그가 이 기적적인 징표를 주었다는 것을, / 그를 만나러 나갔다.

핵심구조 동사 had heard + that + 주어 he + 동사 had given

단어 및 숙어의 확장 형용사 miraculous 기적적인 (명사: miracle 기적)

해설 that은 종속접속사로서 that 이하의 절(sign까지)은 had heard의 목적어이다.

의역 이에 무리가 예수를 맞음은 이 표적 행하심을 들었음이러라

82 **Meanwhile a large crowd of Jews found out that Jesus was there and came, not only because of him but also to see Lazarus, whom he had raised from the dead.** (요12:9)

직역 한편 큰 무리의 유대인이 발견하였다 / 예수님이 거기에 계시다는 것을. / 그 때문에 올뿐만 아니라 나사로를 보려고 왔다. / 왜냐하면 그는 나사로를 죽은 자들로부터 살리셨기 때문이었다.

핵심구조 동사 found out + that + 주어 Jesus + 동사 was

단어 및 숙어의 확장 숙어 not only A but also B=A뿐만 아니라 B도 역시 / because of ~때문에

해설 that은 종속접속사로서 that 이하의 절 (there까지)은 found의 목적어이다.

의역 유대인의 큰 무리가 예수께서 여기 계신 줄을 알고 오니 이는 예수만 위함이 아니요 죽은 자 가운데서 살리신 나사로도 보려 함이러라

83 At first his disciples did not understand all this. Only after Jesus was glorified did they realize that these things had been written about him and that they had done these things to him. (요12:16)

직역 처음에 그의 제자들은 이 모든 것을 이해하지 못했다. / 예수님이 영광을 받은신 직후에야 그들은 깨달았다 / 이러한 것들이 그에 관하여 쓰여져 왔고 / 그들이 이러한 일들을 그에게 해왔다는 것을.

핵심구조 동사 realize + that + 주어 these things + 동사 had been written
that + 주어 they + 동사 had done

해설 that은 종속접속사로서 that 이하의 두 개의 절은 realize의 목적어이다.

의역 제자들은 처음에 이 일을 깨닫지 못하였다가 예수께서 영광을 얻으신 후에야 이것이 예수께 대하여 기록된 것임과 사람들이 예수께 이같이 한 것인 줄 생각났더라

84 The crowd spoke up, "We have heard from the Law that the Christ will remain forever, so how can you say, 'The Son of Man must be lifted up?' Who is this Son of Man?" (요12:34)

직역 군중은 크게 말했다, "우리는 율법으로부터 들었다 / 그리스도가 영원히 남을 것이라고, / 그런데 너는 어떻게 '인자가 들어져야만 한다고' 말할 수 있느냐? 인자는 누구냐?"

핵심구조 동사 have heard + that + 주어 the Christ + 동사 will remain

단어 및 숙어의 확장 동사 speak 말하다 speak-spoke-spoken / remain 남다 / lift 들어올리다 숙어 speak up 크게 소리내어 말하다

해설 that은 종속접속사로서 that 이하의 절, 즉 the Christ will remain forever는 have heard의 목적어이다.

의역 이에 무리가 대답하되 우리는 율법에서 그리스도가 영원히 계신다 함을 들었거늘 너는 어찌하여 인자가 들려야 하리라 하느냐 이 인자는 누구냐

85 It was just before the Passover Feast. Jesus knew that the time had come for him to leave this world and go to the Father. Having loved his own who were in the world, he now showed them the full extent of his love. (요13:1)

직역 때는 유월절 축제가 있기 바로 전이었다. / 예수님은 아셨다 / 그가 이 세상을 떠나서 아버지께 갈 때가 왔다고. / 세상 안에 있었던 그 자신을 사랑했기 때문에, / 그는 지금 그들에게 자신의 넘치는 사랑을 보여주셨다.

핵심구조 동사 knew + that + 주어 the time + 동사 had come

단어 및 숙어의 확장 명사 Passover 유월절 / feast 축제, 잔치, 향연
숙어 to the full extent of one's love 넘치는 사랑으로

해설 that은 종속접속사로서 that 이하의 절, 즉 the time had come for him to leave this world and go to the Father는 knew의 목적어이다.

의역 유월절 전에 예수께서 자기가 세상을 떠나 아버지께로 돌아가실 때가 이른 줄 아시고 세상에 있는 자기 사람들을 사랑하시되 끝까지 사랑하시느니라

86 Don't you believe that I am in the Father, and that the Father is in me? The words I say to you are not just my own. Rather, it is the Father, living in me, who is doing his work. (요14:10)

직역 너희는 믿지 않느냐 / 내가 아버지 안에 있으며 아버지가 내 안에 계심을? / 내가 너희에게 하는 그 말들은 단지 내 자신의 말이 아니다. / 오히려 그의 일을 하시는 분은 바로 내 안에 사시는 아버지시다.

핵심구조 동사 believe + that +주어 I + 동사 am... / and + that + 주어 the Father + 동사 is

해설 ① believe의 종속접속사 that절이 2개다. 즉 I am in the Father와 the Father is in me는 believe의 목적어이다. ② the words와 I 사이에는 목적격관계대명사 that 또는 which가 생략돼 있다. ③ living in me에서 living은 현재분사로서 the Father를 수식한다. ④ it is the Father who is doing his work.에서 who 대신에 that을 쓸 수 있다. 이 문장은 it~that... 강조구문으로 the Father가 강조돼 있다.

의역 나는 아버지 안에 있고 아버지는 내 안에 계신 것을 네가 믿지 아니하느냐 내가 너희에게 이르는 말이 스스로 하는 것이 아니라 아버지께서 내 안에 계셔 그의 일을 하시는 것이라

87 **You heard me say, "I am going away and I am coming back to you." If you loved me, you would be glad that I am going to the Father, for the Father is greater than I.** (요14:28)

직역 너희는 내가 말하는 것을 들었다, / "나는 멀리 떠났다가 너희에게 돌아올 것이다."는 말을. / 만약 너희가 나를 사랑한다면, / 너희는 기뻐할 것이다 내가 아버지께로 가려는 것을. / 왜냐하면 아버지는 나보다 더 위대하시기 때문이다.

핵심구조 동사 would be + that + 주어 I + 동사 am going to

해설 ① that은 종속접속사로서 that 이하의 절 I am going to the Father는 be의목적어이다. ② hear는 지각동사이므로 목적어 me 다음에 동사원형 say가 사용되었다. ③ If you loved me, you would be glad...는 가정법과거로서 '~한다면~할 것이다'의 뜻이다. ④ 가정법과거의 공식: If + 주어 + were(be동사의 경우) 또는 일반동사의 과거형, 주어 + would/should/could/might + R

의역 내가 갔다가 너희에게로 온다 하는 말을 너희가 들었나니 나를 사랑하였더면 나의 아버지께로 감을 기뻐하였으리라 아버지는 나보다 크심이니라

88 **Jesus saw that they wanted to ask him about this, so he said to them, "Are you asking one another what I meant when I said, 'In a little while you will see me no more, and then after a little while you will see me?'** (요16:19)

직역 예수님은 아셨다 / 그들이 이것에 대하여 그에게 요청하고 싶어한다는 것을, / 그래서 그는 그들에게 말씀하셨다, / "너희는 내가 말할 때에 / 내 말의 의미를 서로에게 질문하느냐?"고. / 즉 '잠시 후면 너희는 나를 더 이상 보지 못할 것이다, / 그리고 조금 후에 너희가 나를 만날 것이다'라는 말의 의미를.

핵심구조 동사 saw + that + 주어 they + 동사 wanted to ask

단어 및 숙어의 확장 숙어 after a little while 잠시 후에 / no more 더 이상~아니다

해설 that은 종속접속사로서 that 이하의 절, 즉 they wanted to ask him about this는 saw의 목적어이다.

의역 예수께서 그 묻고자 함을 아시고 가라사대 내 말이 조금 있으면 나를 보지 못하겠고 또 조금 있으면 나를 보리라 하므로 서로 문의하느냐

89 **When they had finished eating, Jesus said to Simon Peter, "Simon son of John, do you truly love me more than these?" "Yes, Lord," he said, "you know that I love you." Jesus said, "Feed my lambs."** (요21:15)

직역 그들이 먹는 것을 끝냈을 때 / 예수님은 시몬 베드로에게 말씀하셨다, / "요한의 아들 시몬아, 너는 이 사람들보다도 더 나를 진실로 사랑하느냐?" / "네, 주님," 그가 말했다, / "당신은 아십니다 제가 당신을 사랑한다는 것을." / 예수님이 말씀하셨다, "나의 양들을 먹여라."

핵심구조 동사 know + that + 주어 I + 동사 love

해설 that은 종속접속사로서 that 이하의 절, 즉 I love you는 know의 목적어이다.

의역 저희가 조반 먹은 후에 예수께서 시몬 베드로에게 이르시되 요한의 아들 시몬아 네가 이 사람들보다 나를 더 사랑하느냐 하시니 가로되 주여 그러하외다 내가 주를 사랑하는 줄 주께서 아시나이다 가라사대 내 어린 양을 먹이라 하시고

〈이스라엘 베드로수위권 교회〉

90 **Peter turned and saw <u>that</u> the disciple whom Jesus loved was following them, (This was the one who had leaned back against Jesus at the supper and had said, "Lord, who is going to betray you?)** (요21:20)

직역 베드로는 몸을 돌렸고 보았다 / 예수님이 사랑했던 그 제자가 그들을 따라가고 있는 것을, / (이 사람은 만찬 때에 / 예수님에게 등을 돌려 기대면서 이렇게 말했던 자였다, "주님, 누가 당신을 배신할 예정인가요?)

핵심구조 동사 saw + that + 주어 the disciple + 동사 was following

단어 및 숙어의 확장 동사 lean 기대다 / betray 배신하다, 배반하다 숙어 be going to=will= ~할 예정이다, ~할 것이다

해설 ① that은 종속접속사로서 that 이하의 절, 즉 the disciple whom Jesus love was following them은 saw의 목적어다. ② whom Jesus loved는 목적격관계대명사 whom이 이끄는 형용사절로서 주어인 the disciple를 꾸며준다. 따라서 이 것은 수식어이다.

의역 베드로가 돌이켜 예수의 사랑하시는 그 제자가 따르는 것을 보니 그는 만찬석에서 예수의 품에 의지하여 주여 주를 파는 자가 누구오니이까 묻던 자러라

91 **But if I do it, even though you do not believe me, believe the miracles, that you may know and understand <u>that</u> the Father is in me, and I in the Father.** (요10:38)

직역 그러나 만약 내가 그것을 한다면, / 비록 너희가 나를 믿지 않는다 해도, / 기적을 믿어라, / 아버지가 내 안에 계시고 내가 아버지 안에 있다는 것을 / 너희가 알고 이해할 수 있도록.

핵심구조 동사 know and understand + that + 주어 the Father, I + 동사 is, am

단어 및 숙어의 확장 명사 miracle 기적

해설 ① that은 종속접속사로서 that 이하의 절은 know와 understand의 목적어이다. ② miracles와 that 사이에는 so가 생략돼 있다. ③ I와 in 사이에는 am이 생략돼 있다.

의역 내가 행하거든 나를 믿지 아니할찌라도 그 일은 믿으라 그러면 너희가 아버지께서 내 안에 계시고 내가 아버지 안에 있음을 깨달아 알리라 하신대

92 **Jesus did many other things as well. If every one of them were written down, I suppose that even the whole world would not have room for the books that would be written.** (요21:25)

직역 예수님은 또한 많은 다른 일을 하셨다. / 만약 그 일 중의 각각이 쓰여진다면 / 나는 생각한다 / 전세계조차도 쓰여질 책을 위한 공간을 가지지 못했을 것이라고.

핵심구조 동사 suppose + that + 주어 even the whole world + 동사 would not have

단어 및 숙어의 확장 [동사] suppose 생각하다, 가정하다 [명사] room 공간, 여지 [숙어] as well=too=또한, 역시

해설 ① suppose 다음의 that은 종속접속사로서 that 이하의 절은 suppose의 목적어이다. ② books 다음의 that은 주격관계대명사이다.

의역 예수의 행하신 일이 이외에도 많으니 만일 낱낱이 기록된다면 이 세상이라도 이 기록된 책을 두기에 부족할 줄 아노라

93 **His parents said this because they were afraid of the Jews, for already the Jews had decided that anyone who acknowledged that Jesus was the Christ would be put out of the synagogue.** (요9:22)

직역 그의 부모님은 이것을 말씀하셨다 / 왜냐하면 그들은 유대인을 두려워하기 때문이었다, / 왜냐하면 이미 유대인들은 결정했기 때문이다 예수님이 그리스도라는 것을 인정한 사람이면 누구나 / 회당으로부터 나오게 될 것이라는 것을.

핵심구조 동사 had decided + that + 주어 anyone...+동사 would be put

단어 및 숙어의 확장 [동사] acknowledge 인식하다, 알다, 깨닫다 [명사] synagogue 회당, 예배당

해설 ① 앞에 나온 that은 종속접속사로서 that 이하의 절 (...synagogue까지)은 decided의 목적어이다. ② 뒤에 나오는 that도 종속접속사로서 that 이하의 절 (Christ까지)은 acknowledged의 목적어이다.

의역 그 부모가 이렇게 말한 것은 이미 유대인들이 누구든지 예수를 그리스도로 시인하는 자는 출교하기로 결의하였으므로 저희를 무서워함이러라

94 **Because of this, the rumor spread among the brothers that this disciple would not die. But Jesus did not say that he would not die; he only said, "If I want him to remain, alive until I return, what is that to you?"** (요21:23)

직역 이것 때문에, / 그 소문은 형제들 사이에 퍼졌다 / 이 제자가 죽지 않으리라는. / 그러나 예수님은 말씀하지 않았다 / 그가 죽지 않을거라고; / 그는 오직 말씀하셨다, / "만약 내가 그가 살아남기를 원한다면 / 내가 돌아올 때까지, / 그것은 너에게 무엇이냐?"

핵심구조 동사 say + that + 주어 he + 동사 would be die

단어 및 숙어의 확장 동사 spread 퍼지다, 확산되다 spread-spread-spread
명사 disciple 제자 / rumor 소문, 풍문 숙어 because of ~때문에

해설 ① say 다음의 that은 종속접속사로서 that 이하의 절(die까지)은 say의 목적어이다. ② brothers 다음의 that은 동격의 that이다. the rumor와 that this disciple would not die는 동격이다. ③ what is that to you의 that은 지시대명사이다.

의역 이 말씀이 형제들에게 나가서 그 제자는 죽지 아니하겠다 하였으나 예수의 말씀은 그가 죽지 않겠다 하신 것이 아니라 내가 올 때까지 그를 머물게 하고자 할찌라도 네게 무슨 상관이냐 하신 것이러라

95 **I have testimony weightier than that of John. For the very work that the Father has given me to finish, and which I am doing, testifies that the Father has sent me.** (요5:36)

직역 나는 요한의 그것보다 더 무거운 증거를 갖고 있다. / 왜냐하면 아버지가 내게 끝내라고 주셨던 바로 그 일이, / 그리고 그 일을 나는 하는 중인데, / 아버지가 나를 보내셨다는 것을 증명한다.

핵심구조 동사 testifies + that + 주어 the Father +동사 has sent

단어 및 숙어의 확장 명사 testimony 증거, 증명, 간증 형용사 weighty 무거운 (weightier 더 무거운) (weight 몸무게) (weigh 무게를 재다) 동사 testify 증명하다, 증거하다, 간증하다 / send 보내다. send-sent-sent

해설 ① testifies that의 that은 종속접속사로서 that 이하의 절은 testifies의 목적어

이다. ② that of John의 that은 testimony를 의미하는 지시대명사이다. ③ ..the very work that의 that은 목적격관계대명사이다.

의역 내게는 요한의 증거보다 더 큰 증거가 있으니 아버지께서 내게 주사 이루게 하시는 역사(役事) 곧 나의 하는 그 역사가 아버지께서 나를 보내신 것을 나를 위하여 증거하는 것이요

96 I would not have known him, except <u>that</u> the one who sent me to baptize with water told me, "The man on whom you see the Spirit come down and remain is he who will baptize with the Holy Spirit." (요1:33)

직역 나는 그를 알지 못했었을 것이다, / 물로 세례를 주라고 / 나를 보냈던 자가 "성령이 내려와서 그에게 머무는 것을 너희가 본 바로 그 사람이 성령으로 세례를 주실 분"이라고 내게 말하지 않았다면

핵심구조 ...except + that + 주어 the one + 동사 told...

해설 ① that은 종속접속사로서 that 이하의 절은 전치사 except의 목적어가 된다. ② would not have+p.p.=가정법과거완료=몰랐었을 것이다. 즉 물로 세례를 주라고 나를 보내신 자가 내게 "~" 말하지 않았더라면, 나는 그를(예수님) 몰랐을 것이다.

의역 나도 그를 알지 못하였으나 나를 보내어 물로 세례를 주라 하신 그이가 나에게 말씀하시되 성령이 내려서 누구 위에든지 머무는 것을 보거든 그가 곧 성령으로 세례를 주는 이인 줄 알라 하셨기에

97 So Jesus said, "When you have lifted up the Son of Man, then you will know <u>that</u> I am the one I claim to be and <u>that</u> I do nothing on my own but speak just what the Father has taught me. (요8:28)

직역 그래서 예수님은 말씀하셨다, / "네가 사람의 아들을 들어올리면, / 너는 알게 될 것이다 / 내가 주장하는 바로 그 사람임과 / 내 자신으로 하는 것은 아무것도 없으나 / 아버지께서 내게 가르쳐주셨던 것만을 말한다는 것을."

핵심구조 동사 know + that + 주어 I + 동사 am / that + 주어 I + 동사 do / speak

해설 ① 종속접속사 that이 두 개다. know 다음의 2개의 that은 종속접속사로서 that 이하의 절들은 know의 목적어이다. ② the one과 I 사이에는 목적격관계대명사 that 또는 whom이 생략돼 있다.

의역 이에 예수께서 가라사대 너희는 인자를 든 후에 내가 그인 줄을 알고 또 내가 스스로 아무것도 하지 아니하고 오직 아버지께서 가르치신 대로 이런 것을 말하는 줄도 알리라

98 **They said to the woman, "We no longer believe just because of what you said; now we have heard for ourselves, and we know that this man really is the Savior of the world."** (요4:42)

직역 그들은 그 여자에게 말했다, / "우리는 더 이상 믿지 않소 / 그저 당신이 말한 것 때문에 그러나 이제 우리는 스스로 들었소, / 그리고 우리는 압니다 / 이 사람이 정말로 세상의 구원자라는 것을."

핵심구조 동사 know + that + 주어 this man + 동사 is

단어 및 숙어의 확장 명사 Savior 구원자, 구세주 숙어 no longer 더 이상~하지 않다 / for oneself 혼자의 힘으로, 스스로

해설 ① that은 종속접속사로서 that 이하의 절은 know의 목적어이다. ② semi-colon (;)은 but의 뜻이다.

의역 그 여자에게 말하되 이제 우리가 믿는 것은 네 말을 인함이 아니니 이는 우리가 친히 듣고 그가 참으로 세상의 구주신 줄 앎이니라 하였더라

99 **At this the Jews exclaimed, "Now we know that you are demon-possessed! Abraham died and so did the prophets, yet you say that if anyone keeps your word, he will never taste death.** (요8:52)

직역 이것에 대하여 유대인들은 외쳤다, / "이제 우리는 안다 / 네가 귀신들렸다는 것을 ! / 아브라함은 죽었고 예언자들도 죽었다, / 그러나 너는 아직도 말한다 만약 누군가가 너의 말을 지킨다면 / 그는 결코 죽음을 맛보지 않을 것이라고

핵심구조 ① 동사 know + that + 주어 you + 동사 are
② 동사 say + that + 주어 he + 동사 will taste

단어 및 숙어의 확장 동사 exclaim 외치다 / taste 맛보다 형용사 demon-possessed 귀신에 사로잡힌, 귀신들린 숙어 keep one's word 약속을 지키다

해설 know 다음의 that은 종속접속사로서 that 이하의 절은 know의 목적어이다. say 다음의 that도 종속접속사로서 that 이하의 절은 say의 목적어이다.

의역 유대인들이 가로되 지금 네가 귀신 들린 줄을 아노라 아브라함과 선지자들도 죽었거늘 네 말은 사람이 내 말을 지키면 죽음을 영원히 맛보지 아니하리라 하니

100 **The next day the crowd that had stayed on the opposite shore of the lake realized that only one boat had been there, and that Jesus had not entered it with his disciples, but that they had gone away alone.** (요6:22)

직역 다음 날 호수의 반대편에 머물렀던 군중은 깨달았다 / 배 한 척만이 그곳에 있었다는 것과 / 예수님이 그의 제자들과 함께 그 배에 들어가지 않으셨다는 것을, / 그러나 그들만 떠났다는 것을.

핵심구조 동사 realized + that + 주어 only one boat + 동사 had been
+ that + 주어 Jesus + 동사 had not entered
+ that + 주어 they + 동사 had gone

단어 및 숙어의 확장 형용사 opposite 반대편의 명사 crowd 군중

해설 ① 3개의 that은 전부 다 종속접속사로서 that 이하의 각 절들은 realized의 목적어이다. ② crowd 다음의 that은 주격관계대명사이다.

의역 이튿날 바다 건너편에 섰는 무리가 배 한 척밖에 다른 배가 거기 없는 것과 또 어제 예수께서 제자들과 함께 그 배에 오르지 아니하시고 제자들만 가는 것을 보았더니

5 종속접속사 that이 생략된 문장

중요포인트

S + V (that) S + V

예문 I know ✓ you are bright. (나는 네가 총명하다는 것을 안다)
He said ✓ he was very busy. (그는 매우 바쁘다고 말했다)

생략된 that의 바로 앞에는 명사(N)가 아니라 동사(V)가 온다는 점에 주의하라!

1 Jesus said, "You believe because I told you ✓ I saw you under the fig tree. You shall see greater things than that."

(요1:50)

직역 예수님이 말씀하셨다, / "너희는 믿는다 / 왜냐하면 내가 너희에게 말했기 때문에 / 내가 너를 보았다고 / 무화과나무 아래에서. / 너희는 그보다 더 큰 것들을 보게 될 것이다.

핵심구조 동사 told + 간접목적어 you + (that) + 주어 I + 동사 saw

단어 및 숙어의 확장 fig tree: 무화과나무

해설 ① you와 I 사이에 종속접속사 that이 생략돼 있다. ② You shall see는 I will let you see로 바꿀 수 있다. (2인칭과 3인칭에 쓰이는 shall은 말하는 사람, 즉 speaker의 의지를 나타내기 때문이다.)

TIP 우리나라의 시골집이나 일반주택의 마당에 대체로 감나무나 대추나무가 있는 것처럼 이스라엘과 터키의 시골집에는 무화과나무가 있다.

의역 예수께서 대답하여 가라사대 내가 너를 무화과나무 아래서 보았다 하므로 믿느냐 이보다 더 큰 일을 보리라

〈터키의 무화과나무〉

2 **He came to Jesus at night and said, "Rabbi, we know ✓ you are a teacher who has come from God. For no one could perform the miraculous signs you are doing if God were not with him."** (요3:2)

직역 그는 밤에 예수님께 와서 말했다, / "선생님, 우리는 압니다 / 당신이 하나님으로부터 오신 선생님이라는 것을. / 왜냐하면 아무도 당신이 행하신 기적적인 징표를 행할 수 있는 자가 없기 때문이죠 / 만약 하나님이 그와 함께 없다면.

핵심구조 동사 know + (that) + 주어 you + 동사 are

단어 및 숙어의 확장 형용사 miraculous 기적적인 (명사: miracle 기적) 숙어 at night 밤에

해설 ① know와 you 사이에는 종속접속사that 이 생략돼 있다. ② signs와 you 사이에 목적격관계대명사 that 또는 which가 생략돼 있다. ③ For 이하는 가정법과거의 문장이다. If God were not with him, no one could perform the miraculous signs you are doing.

의역 그가 밤에 예수께 와서 가로되 랍비여 우리가 당신은 하나님께로서 오신 선생인 줄 아나이다 하나님이 함께 하시지 아니하시면 당신의 행하시는 이 표적을 아무라도 할 수 없음이니이다

3 Do not think ✓ I will accuse you before the Father. (요5:45)

직역 생각하지 말라 / 내가 너를 비난할거라고 / 아버지 앞에서.

핵심구조 동사 think + (that) + 주어 I + 동사 will accuse

단어 및 숙어의 확장 동사 accuse 비난하다, 고소하다

해설 think와 I 사이에는 종속접속사 that이 생략돼 있다.

의역 내가 너희를 아버지께 고소할까 생각지 말라 너희를 고소하는 이가 있으니 곧 너희의 바라는 자 모세니라

4 "You mean ✓ he has deceived you also?" the Pharisees retorted. (요7:47)

직역 "너는 의미하느냐 / 그가 너도 속였다고?" / 바리새인들이 맞받아쳤다.

핵심구조 동사 mean + (that) + 주어 he + 동사 has deceived

단어 및 숙어의 확장 동사 deceive 속이다, 사기치다 / retort 보복하다, 앙갚음하다, 응수하다

해설 ① mean과 he 사이에는 종속접속사 that이 생략돼 있다. ② You는 성전을 지키는 자들(temple guards), he는 예수님을 가리킨다.

의역 바리새인들이 대답하되 너희도 미혹되었느냐

5 I know ✓ you are Abraham's descendants. Yet you are ready to kill me, because you have no room for my word. (요8:37)

직역 나는 안다 / 너희가 아브라함의 자손임을. / 그러나 너희는 나를 죽일 준비가 되어 있다 / 왜냐하면 너희가 내 말을 받아들일만한 여지를 갖고 있지 않기 때문이다.

핵심구조 동사 know + (that) + 주어 you + 동사 are

단어 및 숙어의 확장 명사 descendant 후손, 자손 / room (빈)장소, 공간, 여지
숙어 be ready to+R ~할 준비가 되어 있다

해설 know와 you 사이에는 종속접속사 that이 생략돼 있다.

의역 나도 너희가 아브라함의 자손인 줄 아노라 그러나 내 말이 너희 속에 있을 곳이 없으므로 나를 죽이려 하는도다

6 **Are you greater than our father Abraham? He died, and so did the prophets. Who do you think ✓ you are?** (요8:53)

직역 너는 우리 조상 아브라함보다 더 위대하냐? / 그는 죽었고, / 선지자들도 죽었다. / 너는 네가 누구라고 생각하느냐?

핵심구조 동사 think + (that) + 주어 you + 동사 are

단어 및 숙어의 확장 명사 prophet 예언자, 선지자 (동사: prophesy 예언하다 / 명사: prophecy 예언)

해설 think와 you 사이에 종속접속사 that이 생략돼 있다.

의역 너는 이미 죽은 우리 조상 아브라함보다 크냐 또 선지자들도 죽었거늘 너는 너를 누구라 하느냐

7 **"We know ✓ he is our son," the parents answered, "and we know ✓ he was born blind.** (요9:20)

직역 "우리는 안다 / 그가 우리 아들이라는 것을," 부모님이 대답하셨다, "그리고 우리는 안다 / 그가 눈이 먼 채로 태어났음을."

핵심구조 동사 know + (that) + 주어 he + 동사 is /
동사 know + (that) + 주어 he + 동사 was born

단어 및 숙어의 확장 형용사 blind 눈이 먼, 안 보이는 명사 소경 동사 눈멀게 하다

해설 know와 he 사이에 종속접속사 that이 생략돼 있다.

의역 그 부모가 대답하여 가로되 이가 우리 아들인 것과 소경으로 난 것을 아니이다

8 **A second time they summoned the man who had been blind. "Give glory to God," they said. "We know ✓ this man is a sinner."** (요9:24)

직역 두 번 째로 그들은 눈이 먼 사람을 소환하였다. / "하나님께 영광을 돌려라"고

그들이 말했다. / "우리는 압니다 이 사람이 죄인이라는 것을."

핵심구조 동사 know + (that) + 주어 this man + 동사 is

단어 및 숙어의 확장 동사 summon 소환하다, 호출하다

해설 know와 this man 사이에 종속접속사 that이 생략돼 있다.

의역 이에 저희가 소경 되었던 사람을 두번째 불러 이르되 너는 영광을 하나님께 돌리라 우리는 저 사람이 죄인인 줄 아노라

9 **Jesus said, "If you were blind, you would not be guilty of sin; but now that you claim ✓ you can see, your guilt remains.** (요9:41)

직역 예수님이 말씀하셨다, / "만약 네가 소경이라면, / 너는 원죄에 대한 죄가 없을 것이다; / 그러나 네가 볼 수 있다고 주장하기 때문에 / 너희 죄는 남아 있다.

핵심구조 동사 claim + (that) + 주어 you + 동사 can see

단어 및 숙어의 확장 동사 claim 주장하다 숙어 now that (= because / = since) ~이기 때문에

해설 claim과 you 사이에 종속접속사 that이 생략돼 있다.

의역 예수께서 가라사대 너희가 소경 되었더면 죄가 없으려니와 본다고 하니 너희 죄가 그저 있느니라

10 **Jesus had been speaking of his death, but his disciples thought ✓ he meant natural sleep.** (요11:13)

직역 예수님이 그의 죽음에 대하여 말씀해오셨다, / 그러나 그의 제자들은 생각했다 / 그가 자연스러운 잠을 의미한다고.

핵심구조 동사 thought + (that) + 주어 he + 동사 meant

해설 thought와 he 사이에 종속접속사 that이 생략돼 있다.

의역 예수는 그의 죽음을 가리켜 말씀하신 것이나 저희는 잠들어 쉬는 것을 가리켜 말씀하심인 줄 생각하는지라

11 So then he told them plainly, "Lazarus is dead, and for your sake I am glad ✓ I was not there, so that you may believe. But let us go to him." (요11:14-15)

직역 그래서 그때 그는 그들에게 명백히 말씀하셨다, / "나사로는 죽었다, 그리고 너희를 위하여 나는 기쁘다 / 내가 거기에 없었던 것이, 너희가 믿을 수 있도록. / 그러나 그에게 가보자"

핵심구조 동사 am glad + (that) + 주어 I + 동사 was

단어 및 숙어의 확장 [부사] plainly 솔직히, 명백히 [숙어] for your sake 너를 위하여

해설 ① glad와 I 사이에 종속접속사 that이 생략돼 있다. ② so that + S + may: ~할 수 있도록

의역 이에 예수께서 밝히 이르시되 나사로가 죽었느니라 내가 거기 있지 아니한 것을 너희를 위하여 기뻐하노니 이는 너희로 믿게 하려함이라 그러나 그에게로 가자 하신대

12 Martha answered, "I know ✓ he will rise again in the resurrection at the last day." (요11:24)

직역 마르다가 대답하였다, / "나는 압니다 그가 마지막 날에 부활하여 다시 살아나실 것을"

핵심구조 동사 know + (that) + 주어 he + 동사 will rise

단어 및 숙어의 확장 [명사] resurrection 부활

해설 know와 he 사이에 종속접속사 that이 생략돼 있다.

의역 마르다가 가로되 마지막 날 부활에는 다시 살 줄을 내가 아나이다

13 Since Judas had charge of the money, some thought ✓ Jesus was telling him to buy what was needed for the Feast, or to give something to the poor. (요13:28-29)

직역 유다가 돈을 담당했기 때문에 어떤 이는 생각했다 / 예수님이 그에게 축제를 위해서 필요한 것을 사라고 말씀하신 것으로, / 혹은 가난한 자들에게 무언가를

주라고 말씀하셨다고 생각했다.

핵심구조 동사 thought + (that) + 주어 Jesus + 동사 was telling

단어 및 숙어의 확장 [명사] the poor=poor people=가난한 사람들 (the + 형용사는 복수 보통명사가 된다. 예: the rich=rich people=부자들, the old=old people=노인들, the young=young people=젊은이들)

해설 thought와 Jesus 사이에 종속접속사 that이 생략돼 있다.

의역 어떤 이들은 유다가 돈궤를 맡았으므로 명절에 우리의 쓸 물건을 사라 하시는지 혹 가난한 자들에게 무엇을 주라 하시는 줄로 생각하더라

14 They will put you out of the synagogue; in fact, a time is coming when anyone who kills you will think ✓ he is offering a service to God. (요16:2)

직역 그들은 너를 회당으로부터 나오게 할 것이다; / 사실상, 때가 다가오고 있다 / 너를 죽이는 누군가가 그가 하나님께 서비스를 제공한다고 생각할 때가.

핵심구조 동사 think + (that) + 주어 he + 동사 is offering

단어 및 숙어의 확장 [명사] synagogue 유대교회당, 유대교인

해설 think와 he 사이에 종속접속사 that이 생략돼 있다.

의역 사람들이 너희를 출회(黜會)할 뿐 아니라 때가 이르면 무릇 너희를 죽이는 자가 생각하기를 이것이 하나님을 섬기는 예(例)라 하리라

성경해설 '하나님을 섬기는 예': 랍비전통에 따르면 '악인의 죄를 흘리는 자는 제물을 드리는 것과 동일하다'고 함. 유대인들은 이러한 사고방식에서 그리스도의 교회를 핍박하였다.

15 "You are a king, then!" said Pilate. Jesus answered, "You are right in saying ✓ I am a king. In fact, for this reason I was born, and for this I came into the world, to testify to the truth. Everyone on the side of truth listens to me." (요18:37)

직역 "그러면, 너는 왕이냐!" 라고 빌라도가 말했다. / 예수님이 대답하셨다. / "내가 왕이라고 네가 말하는 점에서 너는 옳다. / 사실, 이 이유 때문에 내가 태어났고

이 이유 때문에 세상으로 왔다, 진리에 대하여 증거하기 위하여. / 진리의 편에 선 모든 이들은 나의 말에 귀를 기울인다."

핵심구조 동사 saying + (that) + 주어 I + 동사 am

단어 및 숙어의 확장 숙어 in fact 사실상 / listen to ~에 귀 기울이다, 경청하다

해설 saying과 I 사이에 종속접속사 that이 생략돼 있다.

의역 빌라도가 가로되 그러면 네가 왕이 아니냐 예수께서 대답하시되 네 말과 같이 내가 왕이니라 내가 이를 위하여 났으며 이를 위하여 세상에 왔나니 곧 진리에 대하여 증거하려 함이로라 무릇 진리에 속한 자는 내 소리를 듣느니라 하신대

16 "Do you refuse to speak to me?" Pilate said. "Don't you realize ✓ I have power either to free you or to crucify you?"

(요19:10)

직역 "너는 나에게 말하기를 거절하느냐?" 빌라도가 말했다. / "너는 깨닫지 못하느냐 / 내가 권력이 있음을 / 너를 자유롭게 하기도 하고 / 너를 십자가에 못 박을 수도 있는?"

핵심구조 동사 realize + (that) + 주어 I + 동사 have

단어 및 숙어의 확장 동사 crucify 십자가에 못 박다

해설 realize와 I 사이에 종속접속사 that이 생략돼 있다.

의역 빌라도가 가로되 내게 말하지 아니하느냐 내가 너를 놓을 권세도 있고 십자가에 못 박을 권세도 있는 줄 알지 못하느냐

17 Jesus said to them, "Come and have breakfast." None of the disciples dared ask him, "Who are you?" They knew ✓ it was the Lord. (요21:12)

직역 예수님이 그들에게 말씀하셨다, / "와서 조반을 먹어라." / 제자 중에서 아무도 감히 그에게 "당신은 누구세요?"라고 물어볼 자가 없었다. / 그들은 알았다 그 분이 주님이라는 것을.

핵심구조 동사 knew + (that) + 주어 it + 동사 was

단어 및 숙어의 확장 동사 dare to + R 감히~하다

해설 knew와 it 사이에 종속접속사 that이 생략돼 있다.

의역 예수께서 가라사대 와서 조반을 먹으라 하시니 제자들이 주(主)신 줄 아는고로 당신이 누구냐 감히 묻는 자가 없더라

18 **The crowd that was there and heard it said ✓ it had thundered; others said ✓ an angel had spoken to him.** (요12:29)

직역 거기에 있다가 그것을 들었던 군중은 말했다 / 천둥이 쳤다고; / 다른 사람들은 말했다 / 천사가 그에게 말했다고.

핵심구조 ① 동사 said + (that) + 주어 it + 동사 had thundered
② 동사 said + (that) + 주어 angel + 동사 had spoken

단어 및 숙어의 확장 동사 thunder 천둥치다, 큰 소리를 내다

해설 ① 위 문장에는 it said 다음과 others said 다음에 각각 종속접속사 that이 생략돼 있다. ② the crowd 다음에 오는 that은 주격관계대명사이다.

의역 곁에 서서 들은 무리는 우뢰가 울었다고도 하며 또 어떤 이들은 천사가 저에게 말하였다고도 하니

6 관계대명사 that이 들어간 문장

중요포인트

관계대명사 that은 소유격은 없고 주격과 목적격의 형태는 똑같이 that이다. 따라서 주격인지 목적격인지 구분하는 법을 잘 알아두면 의미를 파악하는 데에 매우 도움이 될 것이다.

N + [that + V]: **관계대명사 뒤에 동사가 오면 주격관계대명사**
N + [that + S + V]: **관계대명사 뒤에 주어동사가 오면 목적격관계대명사**
N + [(✓) + S + V]: **목적격관계대명사는 생략할 수 있다.**

예문1 My brother is very smart. He sings well.

이 두 문장을 관계대명사로 연결하면, My brother that sings well is very smart. 이 된다 (노래를 잘 부르는 내 동생은 매우 총명하다)
(that의 바로 뒤에 동사가 왔으므로 that은 주격이다)

예문2 It is the book. I bought it in Hawaii.
이 두 문장을 관계대명사로 연결하면,
It is the book that I bought in Hawaii. 가 된다.
(그것은 내가 하와이에서 샀던 책이다)
(that 바로 뒤에 주어와 동사가 왔으므로 that은 목적격이다)
(that 대신에 which를 쓸 수도 있다)
그러나 목적격관계대명사는 생략될 수 있기 때문에 that을 생략하면 It is the book I bought in Hawaii.가 된다.

주격관계대명사 that

관계대명사 바로 뒤에 동사가 온다. 주격관계대명사는 생략될 수 없다.

1 Jesus, knowing all that was going to happen to him, went out and asked them, Who is it you want?" (요18:4)

직역 예수님은, 그에게 일어날 모든 일을 아신 후에, / 밖으로 나가시더니 그들에게 물었다, / 너희가 원하는 자가 누구냐?

핵심구조 ① 명사 all + that + 동사 was going to happen

단어 및 숙어의 확장 숙어 be going to ~하려고 하다

해설 ① that은 바로 뒤에 동사 was going to happen이 왔으므로 주격관계대명사이다. ② 의문사가 주어일 때 관계대명사는 반드시 that을 사용한다. Who is it you want?에서는 Who가 의문사이면서 동시에 주어이다. it과 you 사이에는 목적격관계대명사 that이 생략돼 있다.

의역 예수께서 그 당할 일을 다 아시고 나아가 가라사대 너희가 누구를 찾느냐

2 Through him all things were made: without him nothing was made that has been made. (요1:3)

직역 그를 통해서 모든 것들이 만들어졌다: 그가 없이는 만들어져온 그 어느 것도 만들어지지 않았다.

핵심구조 명사 nothing + that + 동사 has been made

해설 that 다음에 동사 has been made가 왔으므로 주격관계대명사이다.

의역 만물이 그로 말미암아 지은 바 되었으니 지은 것이 하나도 그가 없이는 된 것이 없느니라

3 The crowd that was there and heard it said it had thundered; others said an angel had spoken to him. (요12:29)

직역 거기에 있다가 그것을 들었던 군중은 말했다 / 천둥이 쳤다고; / 다른 사람들은 말했다 천사가 그에게 말했다고.

핵심구조 명사 the crowd + that + 동사 was and heard

단어 및 숙어의 확장 동사 thunder 천둥치다, 큰 소리를 내다

해설 ① that 다음에 동사 was와 heard가 왔으므로 주격관계대명사이다. ② said와 it 사이, others와 said 사이에 종속접속사 that이 생략돼 있다.

의역 곁에 서서 들은 무리는 우뢰가 울었다고도 하며 또 어떤 이들은 천사가 저에게 말하였다고도 하니

4 The true light that gives light to every man was coming into the world. (요1:9)

직역 진실한 빛은 모든 사람에게 빛을 주는데 세상으로 오시는 중이었다.

핵심구조 명사 the true light + that + 동사 gives

해설 that 다음에 동사 gives가 왔으므로 주격관계대명사이다.

의역 참빛 곧 세상에 와서 각 사람에게 비취는 빛이 있었나니

5 They did so, and the master of the banquet tasted the water that had been turned into wine. He did not realize where it had come from, though the servants who had drawn the water knew. Then he called the bridegroom aside. (요2:9)

직역 그들은 그렇게 하였다, / 그리고 연회의 주인은 그 물을 맛보았다 / 포도주로 변했던. / 그는 깨닫지 못하였다 / 그것이 어디에서 왔는지를, / 비록 그 물을 가져온 하인들은 알았지만. / 그때 그는 신랑을 옆으로 불렀다.

핵심구조 명사 the water + that + 동사 had been turned

단어 및 숙어의 확장 명사 banquet 연회, 축제, 잔치 / bridegroom 신랑 (bride: 신부) TIP groom은 '하인 (manservant)'이라는 뜻이다 숙어 turn into ~으로 변하다

해설 that 다음에 had been turned라는 동사가 왔으므로 주격관계대명사이다.

의역 연회장은 물로 된 포도주를 맛보고 어디서 났는지 알지 못하되 물 떠 온 하인들은 알더라 연회장이 신랑을 불러

〈가나의 혼인잔치: 돌항아리〉

6 The man who was healed had no idea who it was, for Jesus had slipped away into the crowd that was there. (요5:13)

직역 치료되었던 그 사람은 몰랐다 / 그분이 누구인지를, / 왜냐하면 예수님이 거기에 있었던 군중 속으로 슬그머니 나가셨기 때문이었다.

핵심구조 명사 the crowd + that + 동사 was

단어 및 숙어의 확장 동사 slip 미끄러지다, 슬그머니 떠나다 명사 crowd 군중

해설 that 다음에 동사 was가 왔으므로 주격관계대명사이다.

의역 고침을 받은 사람이 그가 누구신지 알지 못하니 이는 거기 사람이 많으므로 예수께서 이미 피하셨음이라

7 John was a lamp that burned and gave light, and you chose for a time to enjoy his light. (요5:35)

직역 요한은 등불이었다 / 타올랐다가 빛을 내보내는, / 그리고 너희는 선택하였다 / 그의 불빛을 즐길 시간을.

핵심구조 명사 a lamp + that + 동사 burned and gave

해설 that 다음에 burned and gave라는 동사가 왔으므로 주격관계대명사이다.

의역 요한은 켜서 비취는 등불이라 너희가 일시 그 빛에 즐거이 있기를 원하였거니와

8 How can you believe if you accept praise from one another, yet make no effort to obtain the praise that comes from the only God? (요5:44)

직역 너희는 어떻게 믿을 수 있느냐? / 너희가 서로로부터 칭찬은 받아들이면서도, / 그러나 유일한 하나님으로부터 오는 칭찬을 얻을 노력은 하지 않으니.

핵심구조 명사 the praise + that + 동사 comes

해설 that 다음에 동사 comes가 왔으므로 주격관계대명사이다

의역 너희가 서로 영광을 취하고 유일하신 하나님께로부터 오는 영광은 구하지 아니하니 어찌 나를 믿을 수 있느냐

9 When they had all had enough to eat, he said to his disciples, "Gather the pieces that are left over. Let nothing be wasted." (요6:12)

직역 그들이 먹을 것을 충분히 가졌을 때, / 그는 그의 제자들에게 말씀하셨다, / "남은 조각들을 모아라. / 아무것도 낭비되지 않게 하라."

핵심구조 명사 the pieces + that + 동사 are left

단어 및 숙어의 확장 동사 waste 낭비되다, 헛되이 되다

해설 that 다음에 동사 are left가 왔으므로 주격관계대명사이다. (그러나 주격관계대명사 다음에 be동사가 왔으므로 이 주격관계대명사와 be동사는 함께 생략될 수 있다. 따라서 that are가 생략되면 Gather the pieces left over가 된다)

의역 저희가 배부른 후에 예수께서 제자들에게 이르시되 남은 조각을 거두고 버리는 것이 없게 하라 하시므로

10 Do not work for food that spoils, but for food that endures to eternal life, which the Son of Man will give you. (요6:27)

직역 일하지 마라 망치게 될 음식을 위하여, / 그러나 영생을 위하여 지탱할 음식을 위해서 일해라, / 인자가 너희에게 줄.

핵심구조 명사 food + that + 동사 spoils / 명사 food + that + 동사 endures

단어 및 숙어의 확장 동사 spoil 망치다, 못쓰게 되다 형용사 eternal 영원한

해설 ① 이 문장에서는 주격관계대명사 that이 두 개다. that 다음에 동사 spoils, 동사 endures가 왔으므로 주격관계대명사이다. ② which는 관계대명사의 계속적용법이다.

의역 썩는 양식을 위하여 일하지 말고 영생하도록 있는 양식을 위하여 하라 이 양식은 인자가 너희에게 주리니

11 At this the Jews began to grumble about him because he said, "I am the bread that came down from heaven." (요6:41)

직역 이 말을 듣고 유대인들은 그에 대하여 투덜대기 시작하였다. / 왜냐하면 그가 말했기 때문이었다. / "나는 빵이다 하늘에서 내려온"이라고.

핵심구조 명사 the bread + that + 동사 came

단어 및 숙어의 확장 동사 grumble 투덜거리다, 투덜대다

해설 that 다음에 동사 came이 왔으므로 주격관계대명사이다.

의역 자기가 하늘로서 내려온 떡이라 하시므로 유대인들이 예수께 대하여 수군거려

12 **Here is the bread that comes down from heaven, which a man may eat and not die.** (요6:50)

직역 여기에 빵이 있다 / 하늘에서 내려온, / 그것을 사람이 먹을 수 있고 죽지 않을 수 있다.

핵심구조 명사 the bread + that + 동사 comes

해설 ① that 다음에 동사 comes가 왔으므로 주격관계대명사이다. ② which는 관계대명사의 계속적용법이다.

의역 이는 하늘로서 내려오는 떡이니 사람으로 하여금 먹고 죽지 아니하게 하는 것이니라

13 **I am the living bread that came down from heaven. If anyone eats of this bread, he will live forever. This bread is my flesh, which I will give for the life of the world.** (요6:51)

직역 나는 하늘에서 내려 온 살아 있는 빵이다. / 누구라도 이 빵을 먹으면, / 그는 영원히 살 것이다. / 이 빵은 나의 살이다, / 그것을 나는 세상의 생명을 위하여 주겠다.

핵심구조 명사 living bread + that + 동사 came

단어 및 숙어의 확장 명사 flesh 살, 육체

해설 ① that 다음에 동사 came가 왔으므로 주격관계대명사이다. ② which는 관계대명사의 계속적용법이다.

의역 나는 하늘로서 내려온 산 떡이니 사람이 이 떡을 먹으면 영생하리라 나의 줄 떡은 곧 세상의 생명을 위한 내 살이로라 하시니라

14 **This is the bread that came down from heaven. Your forefathers ate manna and died, but he who feeds on this**

bread will live forever. (요6:58)

직역 이것은 하늘에서 내려 온 빵이다. / 너의 조상들이 만나를 먹었고 죽었으나 / 이 빵을 먹는 사람은 영원히 살 것이다.

핵심구조 명사 the bread + that + 동사 came

단어 및 숙어의 확장 명사 forefather 조상 / manna 만나 (Hebrew어로 "그게 대체 무엇인가?"라는 뜻이다)

해설 that 다음에 동사 came이 왔으므로 주격관계대명사이다.

의역 이것은 하늘로서 내려온 떡이니 조상들이 먹고도 죽은 그것과 같지 아니하여 이 떡을 먹는 자는 영원히 살리라

15 Has any of the rulers or of the Pharisees believed in him? No! but this mob that knows nothing of the law—there is a curse on them. (요7:48-49)

직역 지도자들이나 바리새인들 중에서 어느 누가 그를 믿어본 적이 있더냐? / 아무도 없다! /그러나 법에 대하여 아무것도 모르는 이 폭도를 제외하고는—그들에게 저주가 있다.

핵심구조 명사 this mob + that + 동사 knows

단어 및 숙어의 확장 명사 mob 군중, 폭도 / curse 저주 / but은 except(~을 제외하고)의 뜻이다.

해설 that 다음에 동사 knows가 왔으므로 주격관계대명사이다.

TIP NLT version의 요한복음7:48-49 영어원문은 다음과 같이 되어 있다.
"Is there a single one of us rulers or Pharisees who believes in him? This foolish crowd follows him, but they are ignorant of the law. God's curse is on them!"
직역 지도자나 바리새인 중 단 한 명이라도 그를 믿은 자가 있더냐? (아무도 없다) 그러나 이 어리석은 군중은 그를 따르는구나, 하지만 그들은 율법을 모른다. 하나님의 저주가 그들 위에 있기를!

의역 당국자들이나 바리새인 중에 그를 믿는 이가 있느냐 율법을 알지 못하는 이 무리는 저주를 받은 자로다

성경해설 이 성경구절은 바리새인들이 하속(부하)들에게 한 말이다. 여기에서 'him'

은 예수님이며, 'mob'은 예수님이 그리스도인인지 아닌지를 논하던 무리들을 의미한다.

16 **I have other sheep that are not of this sheep pen. I must bring them also. They too will listen to my voice, and there shall be one flock and one shepherd.** (요10:16)

직역 나는 다른 양떼를 갖고 있다 / 이 양우리가 아닌. / 나는 그들도 데리고 와야 한다. / 그들도 나의 목소리에 귀 기울일 것이다, / 그리고 하나의 양떼와 한 사람의 양치기가 있게 할 것이다.

핵심구조 명사 other sheep + that + 동사 are

단어 및 숙어의 확장 명사 flock 양떼 / shepherd 양치기 / pen 우리, 축사, 우리 안의 동물

해설 that 다음에 동사 are가 왔으므로 주격관계대명사이다.

의역 또 이 우리에 들지 아니한 다른 양들이 내게 있어 내가 인도하여야 할 터이니 저희도 내 음성을 듣고 한 무리가 되어 한 목자에게 있으리라

17 **Now the crowd that was with him when he called Lazarus from the tomb and raised him from the dead continued to spread the word.** (요12:17)

직역 그와 함께 있던 군중은 / 그가 무덤으로부터 나사로를 불렀을 때 / 그리고 그를 죽은 자들로부터 살리셨을 때 / 그 말을 계속해서 확산시켰다.

핵심구조 명사 the crowd + that + 동사 was

단어 및 숙어의 확장 동사 spread 확산시키다, 퍼뜨리다

해설 ① that 다음에 동사 was가 왔으므로 주격관계대명사이다. 그러나 여기에서 주격관계대명사 다음에 be동사가 왔으므로 that are를 둘 다 한꺼번에 생략할 수 있다. 생략하면, Now, the crowd with him이 된다. ② 이 문장의 전체주어는 the crowd, 전체동사는 continued to spread이다. that was with him when he called Lazarus from the tomb and raised him from the dead는 the crowd를 꾸며주는 형용사절이다. 이 형용사절 안에는 when이 이끄는 부사절이 있다. 즉 when부터

from the dead까지는 부사절이다.

의역 나사로를 무덤에서 불러 내어 죽은 자 가운데서 살리실 때에 함께 있던 무리가 증거한지라

18 **He cuts off every branch in me that bears no fruit, while every branch that does bear fruit he prunes so that it will be even more fruitful.** (요15:2)

직역 그는 내 안에서 열매가 없는 모든 가지를 잘라낸다, / 한편 모든 가지는 열매를 맺는데 그는 그 가지를 쳐 준다 / 그 가지가 훨씬 더 열매를 많이 맺을 수 있도록.

핵심구조 명사 every branch + that + 동사 bears / does bear

단어 및 숙어의 확장 동사 prune (가지, 뿌리 등을) 잘라내다, 치다

해설 ① 주격관계대명사가 2개다. that 다음에 동사 bears가 왔으며 동사 does bear가 왔으므로 주격관계대명사이다. ② in me는 수식어로서 부사구이다.

의역 무릇 내게 있어 과실을 맺지 아니하는 가지는 아버지께서 이를 제(除)해버리시고 무릇 과실을 맺는 가지는 더 과실을 맺게 하려 하여 이를 깨끗케 하시느니라

19 **If anyone does not remain in me, he is like a branch that is thrown away and withers; such branches are picked up, thrown into the fire and burned.** (요15:6)

직역 만약 누군가가 내 안에 남아 있지 않다면, / 그는 던져져서 시들어버린 가지와 같다; / 그런 가지들은 집어져서 불 속에 던져지고 태워진다.

핵심구조 명사 branch + that + 동사 is thrown

단어 및 숙어의 확장 동사 wither 시들다

해설 that 다음에 동사 is thrown이 왔으므로 주격관계대명사이다. (그러나 주격관계대명사 다음에 be동사가 오면 그 관계대명사와 be동사를 한꺼번에 생략할 수 있으므로 he is like a branch thrown away가 된다.)

의역 사람이 내 안에 거하지 아니하면 가지처럼 밖에 버리워 말라지나니 사람들이 이것을 모아다가 불에 던져 사르느니라

20 You did not choose me, but I chose you and appointed you to go and bear fruit—fruit that will last. Then the Father will give you whatever you ask in my name. (요15:16)

직역 너희는 나를 선택하지 않았다./ 그러나 나는 너희를 선택하였고 너희를 지명하여 가서 열매를 맺으라고 하였다—즉 지속될 열매를. / 그때 아버지는 너희에게 주실 것이다 / 너희가 나의 이름으로 요청하는 것이면 무엇이든지.

핵심구조 명사 fruit + that + 동사 will last

단어 및 숙어의 확장 동사 last 지속하다 (=continue) / appoint 임명하다

해설 that 다음에 동사 will last가 왔으므로 주격관계대명사이다.

의역 너희가 나를 택한 것이 아니요 내가 너희를 택하여 세웠나니 이는 너희로 가서 과실을 맺게 하고 또 너희 과실이 항상 있게 하여 내 이름으로 아버지께 무엇을 구하든지 다 받게 하려 함이니라

21 All that belongs to the Father is mine. That is why I said the Spirit will take from what is mine and make it known to you. (요16:15)

직역 아버지께 속한 모든 것이 나의 것이다. / 그것은 내가 말했던 이유이다 / 성령이 나의 것으로부터 가져갈 것이며 / 그것을 너희에게 알릴 것이라고.

핵심구조 명사 all + that + 동사 belongs

단어 및 숙어의 확장 숙어 belong to ~에 속하다

해설 ① that 다음에 동사 belongs가 왔으므로 주격관계대명사이다. ② what is mine에서 what은 관계대명사로서 the thing which와 같다. ③ why는 이유를 나타내는 관계부사이다.

의역 무릇 아버지께 있는 것은 다 내 것이라 그러므로 내가 말하기를 그가 내 것을 가지고 너희에게 알리리라 하였노라

22 The next day the great crowd that had come for the Feast heard that Jesus was on his way to Jerusalem. (요12:12)

직역 다음날 큰 군중은 축제를 위해서 왔는데 / 들었다 예수님이 예루살렘으로 가는 중이라고.

핵심구조 명사 crowd + that + 동사 had come

해설 ① that 다음에 동사 had come이 왔으므로 주격관계대명사이다. ② heard 다음에 나오는 that은 종속접속사이다.

의역 그 이튿날에는 명절에 온 큰 무리가 예수께서 예루살렘으로 오신다 함을 듣고

23 **'as well as the burial cloth that had been around Jesus' head. The cloth was folded up by itself, separate from the linen.** (요20:7)

직역 예수님의 머리 둘레에 있었던 매장의복 뿐만 아니라. /그 옷은 홀로 접혀져 있었고, 린넷으로부터 떨어져 있었다.

핵심구조 명사 the burial cloth + that + 동사 had been

단어 및 숙어의 확장 명사 / 동사 fold 주름 /접히다, 접다, 걷어올리다
형용사 / 동사 separate 따로 떨어져, 분리된, 갈라진/분리되다, 갈라지다
숙어 by itself (딴 것과 떨어져) 홀로, 자동적으로, 그것만으로

해설 that 다음에 동사 had been이 왔으므로 주격관계대명사이다.

의역 또 머리를 쌌던 수건은 세마포와 함께 놓이지 않고 딴 곳에 개켜 있더라

24 **Jesus did many other things as well. If every one of them were written down, I suppose that even the whole world would not have room for the books that would be written.** (요21:25)

직역 예수님은 또한 많은 다른 일을 하셨다. / 만약 그 일 중의 각각이 쓰여진다면 / 나는 생각한다 / 전 세계조차도 쓰여질 책을 위한 공간을 가지지 못했을 것이라고.

핵심구조 명사 books + that + 동사 would be written

단어 및 숙어의 확장 동사 suppose 생각하다, 가정하다 명사 room 공간, 여지
숙어 as well=too=또한, 역시

해설 ① that 다음에 동사 would be written이 왔으므로 주격관계대명사이다.
② suppose 다음에 오는 that은 종속접속사이다.

의역 예수의 행하신 일이 이외에도 많으니 만일 낱낱이 기록된다면 이 세상이라도 이 기록된 책을 두기에 부족할 줄 아노라

25 **The next day the crowd that had stayed on the opposite shore of the lake realized that only one boat had been there, and that Jesus had not entered it with his disciples, but that they had gone away alone.** (요6:22)

직역 다음날 호수의 반대편에 머물렀던 군중은 깨달았다 / 배 한 척만이 그곳에 있었다는 것과 / 예수님이 그의 제자들과 함께 그 배에 들어가지 않으셨다는 것을, /그러나 그들만 떠났다는 것을.

핵심구조 명사 crowd + that + 동사 had stayed

단어 및 숙어의 확장 형용사 opposite 반대편의 명사 crowd 군중

해설 ① that 다음에 동사 had stayed가 왔으므로 주격관계대명사이다. ② realized 다음과 and 다음과 but 다음에 오는 각각의 that은 종속접속사이다.

의역 이튿날 바다 건너편에 섰는 무리가 배 한 척밖에 다른 배가 거기 없는 것과 또 어제 예수께서 제자들과 함께 그 배에 오르지 아니하시고 제자들만 가는 것을 보았더니

목적격관계대명사 that

관계대명사 다음에 '주어+동사'가 오면 그 관계대명사는 목적격이다.

1 **I have testimony weightier than that of John. For the very work that the Father has given me to finish, and which I am doing, testifies that the Father has sent me.** (요5:36)

직역 나는 요한의 그것보다 더 무거운 증거를 갖고 있다. / 왜냐하면 아버지가 내게 끝내라고 주셨던 바로 그 일이, / 그리고 그 일을 나는 하는 중인데, / 아버지가

나를 보내셨다는 것을 증명하기 때문이다.

핵심구조 명사 the work + that + 주어 the Father + 동사 has given

단어 및 숙어의 확장 명사 testimony 증거, 증명, 간증 형용사 weighty 무거운 (weightier 더 무거운) (weight 몸무게) (weigh 무게를 재다) 동사 testify 증명하다, 증거하다, 간증하다 / send 보내다. send-sent-sent

해설 ①...the very work 다음에 오는 that은 다음에 주어+동사가 왔으므로 목적격관계대명사이다. ② that of John의 that은 testimony를 의미하는 지시대명사이다. ③ testifies 다음에 오는 that은 종속접속사이다.

의역 내게는 요한의 증거보다 더 큰 증거가 있으니 아버지께서 내게 주사 이루게 하시는 역사(役事) 곧 나의 하는 그 역사가 아버지께서 나를 보내신 것을 나를 위하여 증거하는 것이요

2 **After he was raised from the dead, his disciples recalled what he had said. Then they believed the Scripture and the words that Jesus had spoken.** (요2:22)

직역 그가 죽은 자들로부터 살아나신 후에, / 그의 제자들은 그가 말했던 것을 상기했다. / 그때 그들은 성경과 예수님이 말씀하셨던 그 말씀들을 믿었다.

핵심구조 명사 the words + that + 주어 Jesus + 동사 had spoken

단어 및 숙어의 확장 동사 raise 들어 올리다, 살아나다, 부활하다 / recall 상기시키다, 기억나다 명사 the Scripture 성경

해설 that 다음에 주어+ 동사가 왔으므로 목적격관계대명사이다.

의역 죽은 자 가운데서 살아나신 후에야 제자들이 이 말씀하신 것을 기억하고 성경과 및 예수의 하신 말씀을 믿었더라

3 **But he said to them, "I have food to eat that you know nothing about."** (요4:32)

직역 그러나 그는 그들에게 말했다, / "나는 먹을 음식을 갖고 있다 / 너희가 알지 못하는."

핵심구조 명사 food + that + 주어 you + 동사 know

해설 ① that 다음에 주어+동사가 왔으므로 목적격관계대명사이다. ② 따옴표 안의 문장을 두 개의 문장으로 나누면 다음과 같다. I have food to eat. / You know nothing about it. 여기에서 food와 it은 같은 뜻이므로 it 대신에 목적격관계대명사 that (또는 which)를 넣어서 한 개의 문장으로 만들면, I have food to eat that you know nothing about.이 된다.

의역 가라사대 내게는 너희가 알지 못하는 먹을 양식이 있느니라

4 **When he arrived in Galilee, the Galileans welcomed him. They had seen all that he had done in Jerusalem at the Passover Feast, for they also had been there.** (요4:45)

직역 그가 갈릴리에 도착했을 때, / 갈릴리사람들은 그를 환영하였다. / 그들은 보았다 / 그가 유월절에 예루살렘에서 행했던 모든 일을, / 왜냐하면 그들도 거기에 있었기 때문이었다.

핵심구조 명사 all + that + 주어 he + 동사 had done

단어 및 숙어의 확장 동사 welcome 환영하다 명사 Passover 유월절

해설 that 다음에 주어+동사가 왔으므로 목적격관계대명사이다.

의역 갈릴리에 이르시매 갈릴리인들이 그를 영접하니 이는 자기들도 명절에 갔다가 예수께서 명절 중 예루살렘에서 하신 모든 일을 보았음이더라

5 **This was the second miraculous sign that Jesus performed, having come from Judea to Galilee.** (요4:54)

직역 이것은 두 번째 기적의 징표였다 / 예수님이 행하셨던, / 유대로부터 갈릴리로 오신 후로.

핵심구조 명사 sign + that + 주어 Jesus + 동사 performed

단어 및 숙어의 확장 형용사 miraculous 기적적인 (miracle 기적) 동사 perform 행하다

해설 ① that 다음에 주어+동사가 왔으므로 목적격관계대명사이다. ② having은 분사구문이다.

의역 이것은 예수께서 유대에서 갈릴리로 오신 후 행하신 두 번째 표적이니라

6 After the people saw the miraculous sign that Jesus did, they began to say, "Surely this is the Prophet who is to come into the world." (요6:14)

직역 사람들이 그 기적적 징표를 본 이후 예수님이 행하셨던, / 그들은 말하기 시작했다, "틀림없이 이분이 예언자이다 세상 안으로 들어오실"

핵심구조 명사 sign + that + 주어 Jesus + 동사 did

단어 및 숙어의 확장 명사 prophet 예언자

해설 that 다음에 주어+동사가 왔으므로 목적격관계대명사이다.

의역 그 사람들이 예수의 행하신 이 표적을 보고 말하되 이는 참으로 세상에 오실 그 선지자라 하더라

7 All that the Father gives me will come to me, and whoever comes to me I will never drive away. (요6:37)

직역 아버지가 나에게 주신 모든 사람이 나에게 올 것이다, / 그리고 내게로 오는 자는 누구든지 나는 결코 쫓아내지 않을 것이다.

핵심구조 명사 All + that + 주어 the Father + 동사 gives

단어 및 숙어의 확장 숙어 drive away 쫓아내다

해설 ① that 다음에 주어+동사가 왔으므로 목적격관계대명사이다. ② whoever는 복합관계대명사로서 '누구든지'

의역 아버지께서 내게 주시는 자는 다 내게로 올 것이요 내게 오는 자는 내가 결코 내어 쫓지 아니하리라

8 And this is the will of him who sent me, that I shall lose none of all that he has given me, but raise them up at the last day. (요6:39)

직역 그리고 이것은 나를 보내신 그의 뜻이다, / 그가 내게 주셨던 모든 것 중 아무것도 잃지 않도록, / 그러나 마지막 날에 그들 모두를 들어 올리도록.

핵심구조 명사 all + that + 주어 he + 동사 has given

단어 및 숙어의 확장 명사 will 의지, 뜻 동사 raise 들어 올리다, 부활하다

해설 ① that 다음에 주어+동사가 왔으므로 목적격관계대명사이다. ② me와 that사이에 so가 생략돼 있다. (so) that I shall lose ~ but I shall raise...

TIP NLT version의 요한복음6:39 영어원문은 다음과 같이 되어 있다.

"And this is the will of God, that I should not lose even one of all those he has given me, but that I should raise them up at the last day"

직역 이것이 하나님의 뜻이다, / 나는 그가 내게 주셨던 모든 사람 중 한 명까지도 잃어서는 안 되며 / 마지막 날에 그들 모두를 들어 올려야만 한다.

의역 나를 보내신 이의 뜻을 행하려 함이니라 나를 보내신 이의 뜻은 내게 주신 자 중에 내가 하나도 잃어버리지 아니하고 마지막 날에 다시 살리는 이것이니라

9 **As it is, you are determined to kill me, a man who has told you the truth that I heard from God. Abraham did not do such things.** (요8:40)

직역 그런데 실상은, 너희는 기어코 나를 죽이려고 한다, / 너희에게 내가 하나님으로부터 들었던 진리를 말한 사람을 / 아브라함은 그러한 일을 하지 않았다.

핵심구조 명사 the truth + that + 주어 I + 동사 heard

단어 및 숙어의 확장 as it is: ① (文頭에서)그런데 실상은(그렇지 않으므로), 실제로는 ② (文中, 文尾에서) 현재 상태로, 지금 상태로도(이미)

예문1 The situation is bad enough as it is. (상황은 현상태로도 꽤 나쁘다)

예문2 You have too many friends as it is. (너에게는 이미 친구가 너무 많다)

동사 determine 결정을 내리다

해설 ① that 다음에 주어+동사가 왔으므로 목적격관계대명사이다. ② me와 a man은 동격이다. ③ who has told you the truth that I heard from God은 a man을 꾸며주는 형용사절이다.

의역 지금 하나님께 들은 진리를 너희에게 말한 사람인 나를 죽이려 하는도다 아브라함은 이렇게 하지 아니하였느니라

10 **...many people came to him. They said, "Though John never performed a miraculous sign, all that John said about**

this man was true." (요10:41)

직역 …많은 사람들이 그에게 왔다. / 그들은 말했다, / "비록 요한이 기적적인 징표를 결코 행하지 않았더라도, / 요한이 이 사람에 대하여 말한 모든 것은 진실이었다."

핵심구조 명사 all + that + 주어 John + 동사 said

단어 및 숙어의 확장 동사 perform 행하다 형용사 miraculous 기적적인 (miracle 기적)

해설 that 다음에 주어+동사가 왔으므로 목적격관계대명사이다.

의역 많은 사람이 왔다가 말하되 요한은 아무 표적도 행치 아니하였으나 요한이 이 사람을 가리켜 말한 것은 다 참이라 하더라

11 I have set you an example that you should do as I have done for you. (요13:15)

직역 나는 너희에게 한 가지 예를 마련했다 / 너희가 행해야 하는 / 내가 너희를 위하여 행했던 것처럼

핵심구조 명사 example + that + 주어 you + 동사 should do

해설 that 다음에 주어+동사가 왔으므로 목적격관계대명사이다.

의역 내가 너희에게 행한 것같이 너희도 행하게 하려 하여 본을 보였노라

12 I no longer call you servants, because a servant does not know his master's business. Instead, I have called you friends, for everything that I learned from my Father I have made known to you. (요15:15)

직역 나는 더 이상 너희를 종이라고 부르지 않는다, / 왜냐하면 종은 그의 주인의 일을 알지 않기 때문이다. / 그 대신, 나는 너희를 친구라고 불렀다, / 왜냐하면 내가 나의 아버지로부터 배웠던 모든 것을 너희에게 알게 해주었기 때문이다.

핵심구조 명사 everything + that + 주어 I + 동사 learned

단어 및 숙어의 확장 명사 master 주인 / servant 하인 숙어 no longer 더 이상~하지 않다 (=not ...any longer)

해설 ① that 다음에 주어+동사가 왔으므로 목적격관계대명사이다. ② everything that I learned from my Father I have made known to you에서는 목적어인 everything이 문장의 앞에 나옴으로써 도치되었다. 이 문장을 원래대로 고치면 다음과 같다.
I have made everything that I learned from my Father known to you.

의역 이제부터는 너희를 종이라 하지 아니하리니 종은 주인의 하는 것을 알지 못함이라 너희를 친구라 하였노니 내가 내 아버지께 들은 것을 다 너희에게 알게 하였음이니라

13 **I have given them the glory that you gave me, that they may be one as we are one:** (요17:22)

직역 나는 그들에게 영광을 주었다 / 당신이 나에게 주었던, / 그들이 하나가 될 수 있도록 / 우리가 하나인 것처럼.

핵심구조 명사 glory + that + 주어 you + 동사 gave

해설 ① that 다음에 주어+동사가 왔으므로 목적격관계대명사이다. ② me와 that 사이에는 so가 생략돼 있다. so that + S + may + R= ~하기 위하여

의역 내게 주신 영광을 내가 저희에게 주었사오니 이는 우리가 하나가 된 것같이 저희도 하나가 되게 하려 함이니이다

7 관계대명사 that이 생략된 문장

중요포인트

■목적격관계대명사가 생략된 경우
목적격관계대명사는 생략할 수 있다. 생략할 경우의 문장의 구조는 다음과 같다.

N + (관계대명사) + 〔S + V〕

목적격이 되는 that은 생략된다. 특히 구어체에서는 더욱 자주 생략된다.

예문1 This is the soap. I bought it in Israel.
This is the soap (that) I bought in Israel.

이 문장에서 that은 목적격이므로 생략할 수 있다.
(이것은 내가 이스라엘에서 산 비누이다)

예문2 He bought a digital camera in Japan. It is very good.
The digital camera (that) he bought in Japan is very good.
이 문장에서 that은 목적격이므로 생략할 수 있다.
(그가 일본에서 산 디카는 매우 좋다)

▸ 생략된 종속접속사와 생략된 관계대명사 that을 구별하는 법 !

1) 종속접속사 that의 경우 핵심구조: V + (that) + S + V

I know (that) he is a doctor.
(나는 그가 의사라는 것을 안다)

2) 목적격관계대명사 that의 경우 핵심구조: N + (that) + S + V

This is the cellphone (that) he lost yesterday.
(이것은 그가 어제 잃어버린 휴대전화이다)

▸ 생략할 수 없는 주격관계대명사 that의 경우 핵심구조: N + that + V(일반동사)

Do you know the woman that sings the gospel song?
(너는 복음성가를 부르는 그 여자를 아느냐?)

목적격관계대명사가 생략된 경우

1 **Now while he was in Jerusalem at the Passover Feast, many people saw the miraculous signs ✓ he was doing and believed in his name.** (요2:23)

직역 유월절 축제 때에 그가 예루살렘에 있는 동안, / 많은 사람들은 보았다 / 기적적인 징표를 / 그가 행했던 / 그리고 그의 이름으로 믿었다.

핵심구조 명사 signs + (that) + 주어 he + 동사 was doing

단어 및 숙어의 확장 명사 Passover 유월절 / feast 축제

해설 signs와 he 사이에 목적격관계대명사 that 또는 which가 생략돼 있다.

의역 유월절에 예수께서 예루살렘에 계시니 많은 사람이 그 행하시는 표적을 보고 그 이름을 믿었으나

2 **He came to Jesus at night and said, "Rabbi, we know you are a teacher who has come from God. For no one could perform the miraculous signs ✓ you are doing if God were not with him."** (요3:2)

직역 그는 밤에 예수님께 와서 말했다, / "선생님, 우리는 압니다 / 당신이 하나님으로부터 오신 선생님이라는 것을. 왜냐하면 아무도 당신이 행하신 기적적인 징표를 행할 수 있는 자가 없기 때문이죠 만약 하나님이 그와 함께 없다면.

핵심구조 명사 signs + (that) + 주어 you + 동사 are doing

단어 및 숙어의 확장 형용사 miraculous 기적적인 (명사: miracle 기적) 숙어 at night 밤에

해설 ① signs와 you 사이에 목적격관계대명사 that 또는 which가 생략돼 있다. ② know와 you 사이에는 종속접속사that이 생략돼 있다. ③ For 이하는 가정법 과거의 문장이다.

의역 그가 밤에 예수께 와서 가로되 랍비여 우리가 당신은 하나님께로서 오신 선생인 줄 아나이다 하나님이 함께 하시지 아니하시면 당신의 행하시는 이 표적을 아무라도 할 수 없음이니이다

3 **So Jesus said, "When you have lifted up the Son of Man, then you will know that I am the one ✓ I claim to be and that I do nothing on my own but speak just what the Father has taught me.** (요8:28)

직역 그래서 예수님은 말씀하셨다, "네가 사람의 아들을 들어 올리면, 너는 알게 될 것이다 / 내가 주장하는 바로 그 사람임과 내 자신으로 하는 것은 아무것도 없으나 아버지께서 내게 가르쳐주셨던 것만을 말한다는 것을."

핵심구조 명사 the one + (that) + 주어 I + 동사 claim to be

단어 및 숙어의 확장 동사 lift 들어 올리다 / claim 주장하다 / teach 가르치다 teach-taught-taught

해설 ① the one과 I 사이에 목적격관계대명사 that 또는 whom이 생략돼 있다.
② know 다음에 나오는 that과 and 다음에 오는 that은 종속접속사이다.
③ what은 관계대명사로서 the thing which와 같다.

의역 이에 예수께서 가라사대 너희는 인자를 든 후에 내가 그인 줄을 알고 또 내가 스스로 아무것도 하지 아니하고 오직 아버지께서 가르치신 대로 이런 것을 말하는 줄도 알리라

4 **I told you that you would die in your sins; if you do not believe that I am the one ✓ I claim to be, you will indeed die in your sins.** (요8:24)

직역 나는 너희에게 말했다 / 너희는 너희의 죄로 죽을 것이라고; / 만약 너희가 믿지 않는다면 / 내가 주장하는 바로 그 사람이라는 것을, / 너희는 진실로 너희 죄로 죽을 것이다.

핵심구조 명사 the one + (that) + 주어 I + 동사 claim to be

해설 ① the one과 I 사이에 목적격관계대명사 that 또는 whom이 생략돼 있다.
② believe 다음에 오는 that과 told you 다음에 오는 that은 종속접속사로서 생략할 수 있다.

의역 이러므로 내가 너희에게 말하기를 너희가 너희 죄 가운데서 죽으리라 하였노라 너희가 만일 내가 그인 줄 믿지 아니하면 너희 죄 가운데서 죽으리라

5 **While I was with them, I protected them and kept them safe by that name ✓ you gave me. None has been lost except the one doomed to destruction so that Scripture would be fulfilled.** (요17:12)

직역 내가 그들과 함께 있는 동안, / 나는 그들을 보호하고 당신이 내게 준 그 이름으로 그들을 안전하게 지켜주었다. / 그 누구도 상실되지 않았다 / 성경이 이행되기 위해서 / 파멸로 운명지워진 자를 제외하고는.

핵심구조 명사 name + (that) + 주어 you + 동사 gave

단어 및 숙어의 확장 [동사] protect 보호하다 / keep 지키다. keep-kept-kept / lose 잃다 lose-lost-lost / doom 운명지워지다 / fulfill 충족되다 [명사] destruction 파멸, 파괴

해설 ① name과 you사이에 목적격관계대명사 that 또는 which가 생략돼 있다. ② that name의 that은 name을 수식하는 지시형용사이다. ③ the one과 doomed 사이에는 주격관계대명사 that과 was가 생략돼 있다. ④ so that + S + would + R= ~하기 위해서

의역 내가 저희와 함께 있을 때에 내게 주신 아버지의 이름으로 저희를 보전하와 지키었나이다 그중에 하나도 멸망치 않고 오직 멸망의 자식뿐이오니 이는 성경을 응하게 함이니이다

6 Jesus, knowing all that was going to happen to him, went out and asked them, Who is it ✓ you want?" (요18:4)

직역 예수님은, 그에게 일어날 모든 일을 아신 후에, / 밖으로 나가시더니 그들에게 물었다, / 너희가 원하는 자가 누구냐?

핵심구조 it + (that) + 주어 you + 동사 want

단어 및 숙어의 확장 [숙어] be going to ~하려고 하다

해설 ① 의문사가 주어일 때 관계대명사는 반드시 that을 사용한다. 이 문장에서는 Who가 의문사이면서 동시에 주어이다. 그런데 목적격관계대명사 that이 생략돼 있다. ② all 다음에 오는 that은 주격관계대명사이다. ③ knowing all that was going to happen to him은 분사구문이다.

의역 예수께서 그 당할 일을 다 아시고 나아가 가라사대 너희가 누구를 찾느냐

7 "I baptize with water," John replied, "but among you stands one ✓ you do not know." (요1:26)

직역 "나는 물로 세례를 준다," / 요한이 대답하였다, / "그러나 너희 중에는 한 사람이 서 있다 / 너희가 모르는."

핵심구조 명사 one + (that) + 주어 you + 동사 do not know

단어 및 숙어의 확장 동사 baptize 세례를 주다 / reply 대답하다

해설 among you stands one you do not know의 원래의 순서를 올바르게 고치면 다음과 같다. One (that) you do not know stands among you. 이 문장에서 주어는 one이고 one과 you 사이에 목적격관계대명사 that 또는 whom이 생략돼 있다.

의역 요한이 대답하되 나는 물로 세례를 주거니와 너희 가운데 너희가 알지 못하는 한 사람이 섰으니

8 **This is the one ✓ I meant when I said, "A man who comes after me has surpassed me because he was before me."** (요1:30)

직역 이 사람은 내가 의미한 사람이다 / 내가 말할 때, "나의 뒤에 오는 사람은 나를 능가했다 / 왜냐하면 그는 내 앞에 있었던 자였기 때문이다."

핵심구조 명사 the one + (that) + 주어 I + 동사 meant

단어 및 숙어의 확장 동사 surpass ~보다 낫다, ~을 능가하다, 뛰어나다

해설 the one과 I 사이에 목적격관계대명사 that 또는 whom이 생략돼 있다.

의역 내가 전에 말하기를 내 뒤에 오는 사람이 있는데 나보다 앞선 것은 그가 나보다 먼저 계심이라 한 것이 이 사람을 가리킴이라

9 **The first thing ✓ Andrew did was to find his brother Simon and tell him, "We have found the Messiah." (that is, the Christ)** (요1:41)

직역 안드레가 행했던 첫 번째 일은 그의 형 시몬을 찾아서 그에게 말해야 하는 것이었다. / "우리는 메시아를 찾았다" (즉 그리스도를)

핵심구조 명사 thing + (that) + 주어 Andrew + 동사 did

해설 ① the first thing과 Andrew 사이에 목적격관계대명사 that이 생략돼 있다.
② to find / to tell은 의무를 나타내는 부정사의 형용사적용법의 be to 용법이다.
(김복희, 『Upgrade 영문법』, p. 77. 참고)

의역 그가 먼저 자기의 형제 시몬을 찾아 말하되 우리가 메시야를 만났다 하고 (메시아는 번역하면 그리스도라)

10 **For I gave them the words ✓ you gave me and they accepted them. They knew with certainty that I came from you, and they believe that you sent me.** (요17:8)

직역 왜냐하면 내가 그들에게 그 말을 했기 때문이었다 / 당신이 내게 주셨던. 그리고 그들은 그 말들을 받아들였다. / 그들은 알았다 확실하게 / 내가 당신으로부터 왔다는 것을. / 그리고 그들은 믿는다. 당신이 나를 보냈음을

핵심구조 명사 the words + (that) + 주어 you + 동사 gave

단어 및 숙어의 확장 숙어 with certainty 확실하게, 확실히(certainly)

해설 ① the words와 you 사이에 목적격관계대명사 that이나 which가 생략돼 있다. ② knew 다음에 오는 that은 종속접속사이다. ③ believe 다음에 오는 that도 종속접속사이다. ④ 전치사+ 추상명사는 부사로서 with certainty는 certainly와 같다.

의역 나는 아버지께서 내게 주신 말씀들을 저희에게 주었사오며 저희는 이것을 받고 내가 아버지께로부터 나온 줄을 참으로 아오며 아버지께서 나를 보내신 줄도 믿었사옵나이다

11 **Philip found Nathanael and told him, "We have found the one ✓ Moses wrote about in the Law, and about whom the prophets also wrote—Jesus of Nazareth, the son of Joseph."** (요1:45)

직역 빌립은 나타나엘을 찾아서 그에게 말했다, / "우리는 그 사람을 찾았소 / 모세가 율법에서 써놓았던, / 그리고 예언자들도 그에 관해서 써놓았던 사람을—/ 즉 나자렛 예수, 요셉의 아들을."

핵심구조 명사 the one + (that) + 주어 Moses + 동사 wrote

단어 및 숙어의 확장 명사 prophet 예언자 / the Law 율법

해설 ① the one과 Moses 사이에 목적격관계대명사 that 또는 whom이 생략돼 있다. ② Jesus of Nazareth와 the son of Joseph은 동격이다.

의역 빌립이 나다나엘을 찾아 이르되 모세가 율법에 기록하였고 여러 선지자가 기록한 그이를 우리가 만났으니 요셉의 아들 나사렛 예수니라

12 But the temple ✓ he had spoken of was his body. (요2:21)

직역 그러나 성전은 / 그가 말했던 / 그의 몸이었다.

핵심구조 명사 the temple + (that) + 주어 he + 동사 had spoken

단어 및 숙어의 확장 명사 temple 성전, 사원

해설 the temple과 he 사이에 목적격관계대명사 that이나 which가 생략돼 있다.

의역 그러나 예수는 성전 된 자기 육체를 가리켜 말씀하신 것이라

13 Jesus answered, "Everyone who drinks this water will be thirsty again, but whoever drinks the water ✓ I give him will never thirst. Indeed, the water ✓ I give him will become in him a spring of water welling up to eternal life." (요4:13-14)

직역 예수님은 대답하셨다, / "이 물을 마시는 사람은 누구나 또 다시 목이 마를 것이다, / 그러나 내가 그에게 주는 물을 마시는 자는 누구라도 결코 목이 마르지 않을 것이다. / 정말이지, / 내가 그에게 주는 그 물은 그의 안에서 샘물이 될 것이다 영생까지 솟아나는

핵심구조 명사 the water + (that) + 주어 I + 동사 give

단어 및 숙어의 확장 숙어 up to ~까지 동사 well 솟아나다

해설 the water와 I 사이에 목적격관계대명사 that 또는 which가 생략돼 있다.

의역 예수께서 대답하여 가라사대 이 물을 먹는 자마다 다시 목마르려니와 내가 주는 물을 먹는 자는 영원히 목마르지 아니하리니 나의 주는 물은 그 속에서 영생하도록 솟아나는 샘물이 되리라

14 The fact is, you have had five husbands, and the man ✓ you now have is not your husband. What you have just said is quite true." (요4:18)

직역 사실은, 네가 5명의 남편을 가졌었다, / 그리고 네가 지금 갖고 있는 그 남자는 너의 남편이 아니다. / 네가 방금 말했던 것은 매우 사실이다.

핵심구조 명사 the man + (that) + 주어 you + 동사 have

해설 ① the man과 you 사이에 목적격관계대명사 that 또는 whom이 생략돼 있다. ② what you have just said는 명사절로서 주어의 역할을 한다. what은 관계대명사이다.

의역 네가 남편 다섯이 있었으나 지금 있는 자는 네 남편이 아니니 네 말이 참되도다

성경해설 **<Jesus talks with a Samaritan woman>** (예수께서 사마리아 여인과 대화하시다) 4:1-26 예수께서 유다를 떠나 갈릴리로 가는 도중 사마리아에서 전도하신 이야기이다. 앗수르에 의한 사마리아 함락 이래(B.C.722년)(왕하17:6)유대와 사마리아 두 지방간에는 오랜 세월 동안 뿌리 깊은 반목이 형성되어 있었던 관계로 유대인들은 통상 사마리아를 거치지 않고 우회하였으나, 예수는 의도적으로 사마리아 땅에 들러 그것도 부정한 과거를 지닌 한 여인에게 전도하심으로써 육체의 혈통이나 신분을 초월한 구원의 은총을 밝히 드러냈다(롬10:11-13). 여기서 예수는 자연스러운 일상적 대화를 통해 이른바 '생명수'(사12:;44:3;55:1; 렘2:13; 겔47:1-12;계7:17;21:6)에 관한 메시지를 유도해 내셨으며 더불어 참예배의 본질(요12:20)을 가르치셨다.

15 Now they know that everything ✓ you have given me comes from you. (요17:7)

직역 이제 그들은 알고 있다 / 당신이 나에게 주셨던 모든 것이 / 당신으로부터 온다는 것을.

핵심구조 명사 everything + (that) + 주어 you + 동사 have given

해설 ① everything과 you 사이에는 목적격관계대명사 that이 생략돼 있다. ② know 다음의 that은 종속접속사이다.

의역 지금 저희는 아버지께서 내게 주신 것이 다 아버지께로서 온 것인 줄 알았나이다

16 Yet a time is coming and has now come when the true worshipers will worship the Father in spirit and truth, for they are the kind of worshipers ✓ the Father seeks. (요4:23)

직역 그러나 때가 오고 있고 / 지금은 진실한 예배자들이 신령과 진실로 아버지를 예배할 때가 왔다, / 왜냐하면 그들은 아버지가 추구하는 종류의 예배자들이기 때문이다.

핵심구조 명사 the kind of worshipers + (that) + 주어 the Father + 동사 seeks

단어 및 숙어의 확장 숙어 in spirit and truth 신령과 진정으로

해설 ① worshippers와 the Father 사이에 목적격관계대명사 that 또는 whom이 생략돼 있다. ② for는 because와 같다.

의역 아버지께 참으로 예배하는 자들은 신령과 진정으로 예배할 때가 오나니 곧 이때라 아버지께서는 이렇게 자기에게 예배하는 자들을 찾으시느니라

17 "Come, see a man who told me everything ✓ I ever did. Could this be the Christ?" (요4:29)

직역 "와서, 내가 일찍이 했던 모든 일을 / 나에게 말해준 사람을 보아라. 이 사람이 그리스도일까?"

핵심구조 명사 everything + (that) + 주어 I + 동사 ever did

해설 ① everything과 I 사이에는 목적격관계대명사 that이 생략돼 있다. ② Come and see 와서 보라: come to see라고 표현할 수도 있다.

의역 나의 행한 모든 일을 내게 말한 사람을 와 보라 이는 그리스도가 아니냐 하니

18 For the Father loves the Son and shows him all ✓ he does. Yes, to your amazement he will show him even greater things than these. (요5:20)

직역 왜냐하면 아버지가 아들을 사랑하고 그에게 그가 하는 모든 일을 보이시기 때문이다. / 그렇다, 네가 놀랍게도 / 그는 그에게 이것들보다도 훨씬 더 위대한 것들을 보여줄 것이다.

핵심구조 명사 all + (that) + 주어 he + 동사 does

단어 및 숙어의 확장 숙어 to your amazement 네가 놀랍게도

해설 all과 he 사이에 목적격관계대명사 that이 생략돼 있다.

TIP "to + one's + 추상명사"는 " ~가~하게도"라는 뜻이다.

예1 to my surprise: 내가 깜짝 놀랍게도

예2 to her joy: 그녀가 기쁘게도

예3 to their disappointment: 그들이 실망하게도

의역 아버지께서 아들을 사랑하사 자기의 행하시는 것을 다 아들에게 보이시고 또 그보다 더 큰 일을 보이사 너희로 기이히 여기게 하시리라

19 ...nor does his word dwell in you, for you do not believe the one ✓ he sent. (요5:38)

직역 …그의 말도 너희 안에 거주하지 않는다, / 왜냐하면 너희는 그가 보냈던 사람을 믿지 않기 때문이다.

핵심구조 명사 the one + (that) + 주어 he + 동사 sent

단어 및 숙어의 확장 동사 dwell 거주하다, 머물다, 살다

해설 one과 he 사이에 목적격관계대명사 that 또는 whom이 생략돼 있다.

의역 그 말씀이 너희 속에 거하지 아니하니 이는 그의 보내신 자를 믿지 아니함이니라

20 and a great crowd of people followed him because they saw the miraculous signs ✓ he had performed on the sick. (요6:2)

직역 그리고 굉장히 많은 무리의 사람들이 그를 따라갔다 / 왜냐하면 그들은 기적적인 징표를 보았기 때문이었다 / 그가 병자들에게 행했던.

핵심구조 명사 signs + (that) + 주어 he + 동사 had performed

단어 및 숙어의 확장 동사 perform 행하다 / the sick=sick people=병자들, 아픈 사람들

해설 signs과 he 사이에 목적격관계대명사 that 또는 which가 생략돼 있다.

의역 큰 무리가 따르니 이는 병인들에게 행하시는 표적을 봄이러라

21 Then they asked him, "What must we do to do the works ✓ God requires?" (요6:28)

직역 그때 그들은 그에게 물었다, / "우리는 무엇을 해야합니까? / 하나님이 요구하시는 일을 하기 위하여"

핵심구조 명사 the works + (that) + 주어 God + 동사 requires

해설 works와 God 사이에 목적격관계대명사 that 또는 which가 생략돼 있다.

의역 저희가 묻되 우리가 어떻게 하여야 하나님의 일을 하오리이까

22 **Jesus answered, "The work of God is this: to believe in the one ✓ he has sent."** (요6:29)

직역 예수님은 대답하셨다, / "하나님의 일은 이것이다. 즉 그가 보낸 사람을 믿는 것이다"

핵심구조 명사 the one + (that) + 주어 he + 동사 has sent

해설 the one과 he 사이에 목적격관계대명사 that 또는 whom이 생략돼 있다.

의역 예수께서 대답하여 가라사대 하나님의 보내신 자를 믿는 것이 하나님의 일이니라 하시니

23 **The Spirit gives life; the flesh counts for nothing. The words ✓ I have spoken to you are spirit and they are life.** (요6:63)

직역 영은 생명을 준다. / 그러나 육은 하잘것없다. / 내가 너희에게 말했던 말은 영이며 그들은 생명이다.

핵심구조 명사 words + (that) + 주어 I + 동사 have spoken

단어 및 숙어의 확장 명사 flesh 육, 살, 육신 숙어 count for nothing (또는 little) 하잘것없다, 중요하지 않다

해설 ① words와 I 사이에 목적격관계대명사 that 또는 which가 생략돼 있다.
② 세미콜론(;)은 '그러나(but)'의 뜻이다.

의역 살리는 것은 영이니 육은 무익하니라 내가 너희에게 이른 말이 영이요 생명이라

24 **When the Jewish Feast of Tabernacles was near, Jesus' brothers said to him, "You ought to leave here and go to Judea, so that your disciples may see the miracles ✓ you do.** (요7:2-3)

직역 유대인의 축제 초막절이 가까워져 왔을 때, / 예수님의 형제들이 그에게 말했다, / "당신은 이곳을 떠나서 유대로 가야합니다, / 당신의 제자들이 당신이 행한

기적을 볼 수 있도록."

핵심구조 명사 miracles + (that) + 주어 you + 동사 do

단어 및 숙어의 확장 명사 feast 축제, 향연 / Tabernacles 초막절 형용사 Jewish 유대인의, 유대의 숙어 ought to ~해야하다 (=should) (=must)

해설 ① miracles와 you 사이에 목적격관계대명사 that 또는 which가 생략돼 있다.
② so that + S + may + R: ~하기 위하여

의역 유대인의 명절인 초막절이 가까운지라 그 형제들이 예수께 이르되 당신의 행하는 일을 제자들도 보게 여기를 떠나 유대로 가소서

25 **"Abraham is our father," they answered. "If you were Abraham's children," said Jesus, "then you would do the things ✓ Abraham did.** (요8:39)

직역 "아브라함은 우리의 조상입니다," 그들이 대답하였다. / "만약 너희들이 아브라함의 자녀들이라면," / 예수님이 말씀하셨다, / "너희들은 할 것이다 아브라함이 했던 일을"

핵심구조 명사 things + (that) + 주어 Abraham + 동사 did

해설 ① things와 Abraham사이에 목적격관계대명사 that 또는 which가 생략돼 있다.
② If you were Abraham's children, you would do the things Abraham did.는 가정법과거의 문장이다.

의역 대답하여 가로되 우리 아버지는 아브라함이라 하니 예수께서 가라사대 너희가 아브라함의 자손이면 아브라함의 행사(行事)를 할 것이어늘

26 **You are doing the things ✓ your own father does. We are not illegitimate children," they protested. "The only Father ✓ we have is God himself."** (요8:41)

직역 너희들은 너희들 자신의 아버지가 행한 일들을 행하는 중이다. / 우리는 사생아가 아니다,"라고 그들은 항의하였다. / "우리가 가지는 유일한 아버지는 하나님 자신이다"

핵심구조 ① 명사 things + (that) + 주어 your own father + 동사 does

②명사 Father + (that) + 주어 we + 동사 have

단어 및 숙어의 확장 형용사 illegitimate 불법의, 위법의 (명사: 사생아) 동사 protest 항의하다, 저항하다

해설 ① things와 your own father 사이에 목적격관계대명사 that 또는 which가 생략돼 있다. ② Father와 we 사이에 목적격관계대명사 that 또는 whom이 생략돼 있다.

의역 너희는 너희 아비의 행사를 하는도다 대답하되 우리가 음란한 데서 나지 아니하였고 아버지는 한 분뿐이시니 곧 하나님이시로다

27 **He replied, "The man ✓ they call Jesus made some mud and put it on my eyes. He told me to go to Siloam and wash. So I went and washed, and then I could see."** (요9:11)

직역 그는 대답하였다, / "그들이 예수라고 부르는 사람은 / 약간의 진흙을 만들었고 그것을 나의 눈에 붙여주었다. / 그는 내게 말했다 / 실로암으로 가서 씻으라고. / 그래서 나는 가서 씻었다, / 그리고 나서 볼 수 있었다."

핵심구조 명사 man + (that) + 주어 they + 동사 call

단어 및 숙어의 확장 동사 reply 대답하다 명사 mud 진흙

해설 man과 they 사이에 목적격관계대명사 that 또는 whom이 생략돼 있다.

의역 대답하되 예수라 하는 그 사람이 진흙을 이겨 내 눈에 바르고 나더러 실로암에 가서 씻으라 하기에 가서 씻었더니 보게 되었노라

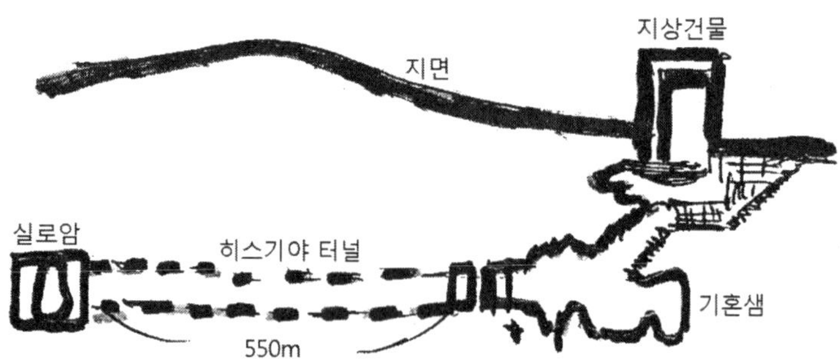

〈실로암 Siloam〉

28 Finally they turned again to the blind man, "What have you to say about him? It was your eyes ✓ he opened. The man replied, "He is a prophet." (요9:17)

직역 마침내 그들은 다시 그 눈먼 자에게 몸을 돌렸다, / "당신은 그에 관해서 무엇을 말해야합니까? / 그가 연 것은 당신의 눈이었어요. / 그 사람이 대답했다. "그는 예언자입니다."

핵심구조 명사 eyes + (that) + 주어 he + 동사 opened

단어 및 숙어의 확장 [형용사] blind 눈이 먼, 안 보이는 [명사] prophet 예언자, 선지자

해설 eyes와 he 사이에 목적격관계대명사 that 또는 which가 생략돼 있다.

의역 이에 소경 되었던 자에게 다시 묻되 그 사람이 네 눈을 뜨게 하였으니 너는 그를 어떠한 사람이라 하느냐 대답하되 선지자니이다 한대

29 Jesus answered, "I did tell you, but you do not believe. The miracles ✓ I do in my Father's name speak for me, (요10:25)

직역 예수님이 대답하셨다, / "나는 너희들에게 말했다, / 그러나 너희들은 믿지 않는다. / 내가 나의 아버지의 이름으로 행한 기적들은 나를 대변해준다.

핵심구조 명사 miracles + (that) + 주어 I + 동사 do

단어 및 숙어의 확장 [숙어] speak for ~을 대변(증명, 변호, 요청)하다, ~을 나타내다

해설 miracles와 I 사이에 목적격관계대명사 that 또는 which가 생략돼 있다.

의역 예수께서 대답하시되 내가 너희에게 말하였으되 믿지 아니하는도다 내가 내 아버지의 이름으로 행하는 일들이 나를 증거하는 것이어늘

30 So the sister sent word to Jesus, "Lord, the one ✓ you love is sick."(요11:3)

직역 그래서 그 자매는 예수님께 말(言)을 보냈다, / "주님, 당신이 사랑하는 자가 아픕니다."

핵심구조 명사 one + (that) + 주어 you + 동사 love

해설 one과 you 사이에 목적격관계대명사 that 또는 whom이 생략돼 있다.

의역 이에 그 누이들이 예수께 사람을 보내어 가로되 주여 보시옵소서 사랑하시는 자가 병들었나이다 하니

31 He said this to show the kind of death ✓ he was going to die. (요12:33)

직역 그는 말했다 이것을 / 그가 죽을 예정이었던 종류의 죽음을 보여주기 위해서.

핵심구조 명사 the kind of death + (that) + 주어 he + 동사 was going to die

단어 및 숙어의 확장 숙어 be going to ~할 예정이다

해설 death와 he 사이에 목적격관계대명사 that 또는 which가 생략돼 있다.

의역 이렇게 말씀하심은 자기가 어떠한 죽음으로 죽을 것을 보이심이러라

32 "I am not referring to all of you; I know those ✓ I have chosen. but this is to fulfill the scripture: 'He who shares my bread has lifted up his heel against me.' (요13:18)

직역 "나는 너희 모두를 언급하는 것이 아니다; / 나는 내가 선택했던 자들을 안다. / 그러나 이것은 성경을 이행하려고 하는 것이다: / '나의 빵을 나누는 자가 나에게 대항하여 그의 발 뒷꿈치를 들어올렸다'

핵심구조 명사 those + (that) + 주어 I + 동사 have chosen

단어 및 숙어의 확장 동사 fulfill 이행하다, 완수하다, 성취하다, 충족시키다
숙어 refer to 지시하다, 언급하다, ..의 탓으로 돌리다, 관련하다, 적용시키다

해설 those와 I 사이에 목적격관계대명사 that 또는 whom이 생략돼 있다.

의역 내가 너희를 다 가리켜 말하는 것이 아니라 내가 나의 택한 자들이 누구인지 앎이라 그러나 내 떡을 먹는 자가 내게 발꿈치를 들었다 한 성경을 응하게 하려는 것이니라

33 I tell you the truth, whoever accepts anyone ✓ I send accepts me; and whoever accepts me accepts the one who sent me. (요13:20)

직역 내가 너희에게 진실을 말한다, / 내가 보내는 자를 받아들이는 자는 누구라도 나를 받아들이는 것이다; / 그리고 나를 받아들이는 자는 누구든지 나를 보내셨던 자를 받아들인 것이다.

핵심구조 명사 anyone + (that) + 주어 I + 동사 send

해설 anyone과 I 사이에 목적격관계대명사 that이 생략돼 있다.

의역 내가 진실로 진실로 너희에게 이르노니 나의 보낸 자를 영접하는 자는 나를 영접하는 것이요 나를 영접하는 자는 나를 보내신 이를 영접하는 것이니라

34 **He who does not love me will not obey my teaching. These words ✓ you hear are not my own; they belong to the Father who sent me.** (요14:24)

직역 나를 사랑하지 않는 그는 나의 가르침에 복종하지 않을 것이다. / 너희들이 듣는 이 말은 내 자신의 것이 아니다; / 그들은(그 말들) 나를 보내신 아버지에게 속해 있다.

핵심구조 명사 words + (that) + 주어 you + 동사 hear

단어 및 숙어의 확장 동사 obey 복종하다 숙어 belong to ~에게 속하다

해설 words와 you 사이에 목적격관계대명사 that 또는 which가 생략돼 있다.

의역 나를 사랑하지 아니하는 자는 내 말을 지키지 아니하나니 너희의 듣는 말은 내 말이 아니요 나를 보내신 아버지의 말씀이니라

35 **But the Counselor, the Holy Spirit, whom the Father will send in my name, will teach you all things and will remind you of everything ✓ I have said to you.** (요14:26)

직역 그러나 카운슬러인 성령은, / 아버지께서 나의 이름으로 보내실, / 너희들에게 모든 것들을 가르치실 것이며 / 내가 너희들에게 말했던 모든 것에 대하여 / 너희들에게 상기시켜주실 것이다.

핵심구조 명사 everything + (that) + 주어 I + 동사 have said

단어 및 숙어의 확장 [명사] counselor 카운슬러, 상담자 [동사] remind 상기시켜주다, 기억나게 해주다

해설 everything과 I 사이에 목적격관계대명사 that이 생략돼 있다.

의역 보혜사 곧 아버지께서 내 이름으로 보내실 성령 그가 너희에게 모든 것을 가르치시고 내가 너희에게 말한 모든 것을 생각나게 하시리라

36 You are already clean because of the word ✓ I have spoken to you. (요15:3)

직역 너희들은 이미 깨끗해졌다 / 내가 너희에게 말했던 말 때문에.

핵심구조 명사 word + (that) + 주어 I + 동사 have spoken

단어 및 숙어의 확장 [숙어] because of ~때문에

해설 word와 I 사이에 목적격관계대명사 that 또는 which가 생략돼 있다.

의역 너희는 내가 일러준 말로 이미 깨끗하였으니

37 Remember the words ✓ I spoke to you; 'No servant is greater than his master.' If they persecuted me, they will persecute you also. If they obeyed my teaching, they will obey yours also. (요15:20)

직역 내가 너희에게 말했던 말들을 기억하라; / '그 어떤 하인도 그의 주인보다 더 위대하지 못하다.' / 만약 그들이 나를 핍박한다면, / 그들은 너희를 또한 핍박할 것이다. / 만약 그들이 나의 가르침에 복종한다면 / 그들은 너희 가르침에도 복종할 것이다.

핵심구조 명사 words + (that) + 주어 I + 동사 spoke

단어 및 숙어의 확장 [동사] persecute 박해하다, 학대하다, 괴롭히다, 성가시게 요구하다 / obey 복종하다

해설 words와 I 사이에 목적격관계대명사 that 또는 which가 생략돼 있다.

의역 내가 너희더러 종이 주인보다 더 크지 못하다 한 말을 기억하라 사람들이 나를 핍박하였은즉 너희도 핍박할 터이요 내 말을 지켰은즉 너희 말도 지킬 터이라

38 **For you granted him authority over all people that he might give eternal life to all those ✓ you have given him.** (요17:2)

직역 왜냐하면 당신이 그에게 권위를 허락하였기 때문이다 모든 사람들에 대한 / 그가 영생을 주기위하여 당신이 그에게 주었던 모든 사람들에게.

핵심구조 명사 those + (that) + 주어 you + 동사 have given

단어 및 숙어의 확장 동사 grant 허락하다

해설 ① those와 you 사이에 목적격관계대명사 that이 생략돼 있다. ② people과 that 사이에 so가 생략돼 있다. (so) that + S + may: ~하기 위하여

의역 아버지께서 아들에게 주신 모든 자에게 영생을 주게 하시려고 만민을 다스리는 권세를 아들에게 주셨음이로소이다

39 **Don't you believe that I am in the Father, and that the Father is in me? The words ✓ I say to you are not just my own. Rather, it is the Father, living in me, who is doing his work.** (요14:10)

직역 너희는 믿지 않느냐 / 내가 아버지 안에 있으며 아버지가 내 안에 계심을? /내가 너희에게 하는 그 말들은 단지 내 자신의 말이 아니다. / 오히려 그의 일을 하시는 분은 바로 내 안에 사시는 아버지시다.

핵심구조 명사 words + (that) + 주어 I + 동사 say

해설 ① the words와 I 사이에는 목적격관계대명사 that 또는 which가 생략돼 있다. ② believe의 종속접속사 that이 2개다. ③ living in me에서 living은 현재분사로서 the Father를 수식한다. ④ it is the Father who is doing his work.에서 who 대신에 that을 쓸 수 있다. 이 문장은 it~that 강조구문으로 the Father가 강조돼 있다.

의역 나는 아버지 안에 있고 아버지는 내 안에 계신 것을 네가 믿지 아니하느냐 내가 너희에게 이르는 말이 스스로 하는 것이 아니라 아버지께서 내 안에 계셔 그의 일을 하시는 것이라

40 I have brought you glory on earth by completing the work ✓ you gave me to do. (요17:4)

직역 나는 가져왔다 당신에게 영광을 / 이 지상에서 그 일을 완성함으로써 / 당신이 나에게 하라고 했던.

핵심구조 명사 the work + (that) + 주어 you + 동사 gave .

단어 및 숙어의 확장 동사 complete 완성하다, 완결하다, 달성하다

해설 work와 you 사이에 목적격관계대명사 that 또는 which가 생략돼 있다.

의역 아버지께서 내게 하라고 주신 일을 내가 이루어 아버지를 이 세상에서 영화롭게 하였사오니

41 And now, Father, glorify me in your presence with the glory ✓ I had with you before the world began. (요17:5)

직역 그리고 이제, 아버지여, 나를 영광스럽게 하시옵소서 / 당신 앞에서 / 세상이 시작되기 전에 / 제가 당신과 함께 있었던 영광으로.

핵심구조 명사 glory + (that) + 주어 I + 동사 had

단어 및 숙어의 확장 동사 glorify 영광스럽게 하다 숙어 in your presence 당신 앞에서

해설 glory와 I 사이에 목적격관계대명사 that 또는 which가 생략돼 있다.

의역 아버지여 창세 전에 내가 아버지와 함께 가졌던 영화로써 지금도 아버지와 함께 나를 영화롭게 하옵소서

42 All ✓ I have is yours, and all ✓ you have is mine. And glory has come to me through them. (요17:10)

직역 내가 가진 모든 것은 당신의 것이다, / 그리고 당신이 가진 모든 것은 나의 것이다. / 그리고 영광이 그들을 통해서 나에게 왔다.

핵심구조 ① 명사 all + (that) + 주어 I + 동사 have ② 명사 all + (that) + 주어 you + 동사 have

해설 all과 I, all과 you 사이에는 각각 목적격관계대명사 that이 생략돼 있다.

의역 내 것은 다 아버지의 것이요 아버지의 것은 내 것이온데 내가 저희로 말미암아 영광을 받았나이다

43 So he came to a town in Samaria called Sychar, near the plot of ground ✓Jacob had given to his son Joseph. (요4:5)

직역 그래서 그는 수가라고 불리는 사마리아의 어느 마을에 왔다, / 그곳은 야곱이 그의 아들 요셉에게 주었던 땅의 소구획 근처에 있었다.

핵심구조 명사 the plot of ground + (that) + 주어 Jacob + 동사 had given

단어 및 숙어의 확장 명사 plot 소구획, 소지구, a garden plot 정원지

해설 ① ground와 Jacob 사이에 목적격관계대명사 that 또는 which가 생략돼 있다. ② called 앞에 주격관계대명사와 be동사, 즉 that was 또는 which was가 생략돼 있다.

의역 사마리아에 있는 수가라 하는 동네에 이르시니 야곱이 그 아들 요셉에게 준 땅이 가깝고

성경해설 Sychar: 생명수의 진리가 설파된 곳 / '소개하는'이란 의미를 지닌 사마리아의 성읍이다 / 야곱의 아들 요셉에게 준 땅의 일부인 사마리아성읍으로 근처에 야곱의 우물이 있었다(창48:21-22;요4:5) / 이곳 야곱의 우물 곁에서 예수님은 사마리아 여인에게 복음을 설파했다.

44 They came to John and said to him, "Rabbi, that man who was with you on the other side of the Jordan—the one ✓ you testified about—well, he is baptizing, and everyone is going to him." (요3:26)

직역 그들은 요한에게 와서 그에게 말했다, / "선생님, 요단의 저쪽 편에 있는 당신과 함께 있던 그 사람—즉 당신이 증거했던 사람—자, 그가 세례를 주고 있는 중이고, 모든 사람이 그에게 가는 중입니다."

핵심구조 명사 the one + (that) + 주어 you + 동사 testified

단어 및 숙어의 확장 명사 rabbi 유대의 율법박사; 랍비, 선생(존칭), 선생님(어원: 나의 큰 자, 나의 존경할 분) 동사 baptize 세례를 주다 / testify 증거하다, 증명하다

숙어 be going to ~할 예정이다

해설 ① the one과 you 사이에는 목적격관계대명사 that 또는 whom이 생략돼 있다. ② that man의 that은 man을 수식하는 지시형용사이다.

의역 저희가 요한에게 와서 가로되 랍비여 선생님과 함께 요단강 저편에 있던 자 곧 선생님이 증거하시던 자가 세례를 주매 사람이 다 그에게로 가더이다

45 I will remain in the world no longer, but they are still in the world, and I am coming to you. Holy Father, protect them by the power of your name—the name ✓ you gave me—so that they may be one as we are one. (요17:11)

직역 나는 이 세상에 더 이상 머물지 않을 것이다, / 그러나 그들은 아직도 이 세상에 있다. / 그리고 나는 너희에게 갈 것이다. / 거룩하신 아버지여, 그들을 당신의 이름의 능력으로 보호하시옵소서—당신이 저에게 주셨던 이름으로—/ 우리가 하나인 것처럼 그들이 하나가 될 수 있도록.

핵심구조 명사 name + (that) + 주어 you + 동사 gave

해설 name과 you 사이에 목적격관계대명사 that 또는 which가 생략돼 있다.

의역 나는 세상에 더 있지 아니하오나 저희는 세상에 있사옵고 나는 아버지께로 가옵나니 거룩하신 아버지여 내게 주신 아버지의 이름으로 저희를 보전하사 우리와 같이 저희도 하나가 되게 하옵소서

46 Father, I want those ✓ you have given me to be with me where I am, and to see my glory, the glory ✓ you have given me because you loved me before the creation of the world. (요17:24)

직역 아버지, 저는 당신이 저에게 주셨던 저 사람들이 제가 가는 곳에 함께 있기를 원합니다, / 그리고 나의 영광을 보기를 원합니다, / 당신이 제게 주셨던 영광을 왜냐하면 당신은 세상을 창조하시기 전에 저를 사랑하셨기 때문입니다.

핵심구조 ① 명사 those + (that) + 주어 you + 동사 have given ② 명사 glory + (that) + 주어 you + 동사 have given

해설 those와 you 사이, glory와 you 사이에는 각각 목적격관계대명사 that 또는 whom, which가 생략돼 있다.

의역 아버지여 내게 주신 자도 나 있는 곳에 나와 함께 있어 아버지께서 창세전부터 나를 사랑하시므로 내게 주신 나의 영광을 저희로 보게 하시기를 원하옵나이다

47 This happened so that the words ✓ he had spoken would be fulfilled: "I have not lost one of those ✓ you gave me.

(요18:9)

직역 이것은 일어났다 / 그가 말했던 그 말들이 이행될 수 있도록: / "나는 당신이 나에게 주었던 그 사람들 중의 한 명도 잃지 않았다.

핵심구조 ① 명사 words + (that) + 주어 he + 동사 had spoken
② 명사 those + (that) + 주어 you + 동사 gave

단어 및 숙어의 확장 [동사] fulfill 이행하다, 완수하다, 성취하다, 충족시키다 / lose 잃어버리다 lose-lost-lost

해설 ① words와 he 사이, those와 you 사이에 각각 목적격관계대명사 that이 생략돼 있다. ② so that + S + would + R = ~하기 위하여

의역 이는 아버지께서 내게 주신 자 중에서 하나도 잃지 아니하였삽나이다 하신 말씀을 응하게 하려 함이러라

48 Jesus commanded Peter, "Put your sword away! Shall I not drink the cup ✓ the Father has given me?" (요18:11)

직역 예수님은 베드로에게 명령하셨다, / "너의 칼을 치워라! / 아버지께서 내게 주셨던 잔을 내가 마시지 말까?"

핵심구조 명사 cup + (that) + 주어 Father + 동사 has given

단어 및 숙어의 확장 [동사] command 명령하다 [명사] sword 검, 칼

해설 cup과 Father 사이에 목적격관계대명사 that 또는 which가 생략돼 있다.

의역 예수께서 베드로더러 이르시되 검을 집에 꽂으라 아버지께서 주신 잔을 내가 마시지 아니하겠느냐 하시니라

49 **It was cold, and the servants and officials stood around a fire ✓ they had made to keep warm. Peter also was standing with them, warming himself.** (요18:18)

직역 날씨는 추웠다, / 그리고 하인들과 병사들은 불 주변에 서 있었다 / 그들을 따뜻하게 만들어주기 위해서 만들었던. / 베드로도 그들과 함께 서 있었다, / 자신을 따뜻하게 하면서.

핵심구조 명사 fire + (that) + 주어 they + 동사 had made

해설 fire와 they 사이에 목적격관계대명사 that 또는 which가 생략돼 있다.

의역 그 때가 추운고로 종과 하속들이 숯불을 피우고 서서 쬐니 베드로도 함께 서서 쬐더라

50 **When Jesus said this, one of the officials nearby struck him in the face. "Is this the way ✓ you answer the high priest?" he demanded.** (요18:22)

직역 예수님이 이 말씀을 하셨을 때, / 근처에 있던 병사 중의 한 명이 그의 얼굴을 내리쳤다. / "이것이 네가 대제사장에게 대답하는 방법이냐?" / 라고 그가 물었다.

핵심구조 명사 way + (that) + 주어 you + 동사 answer

단어 및 숙어의 확장 동사 strike 내리치다, 때리다 strike-struck-struck / demand 요구하다 명사 high priest 대제사장

해설 ① way와 you 사이에 목적격관계대명사 that이 생략돼 있다. ② 원래는 the way 다음에는 관계부사 how가 생략돼 있다. the way와 how는 함께 쓸 수 없다.

의역 이 말씀을 하시매 곁에 섰는 하속 하나가 손으로 예수를 쳐 가로되 네가 대제사장에게 이같이 대답하느냐 하니

51 **This happened so that the words ✓ Jesus has spoken indicating the kind of death ✓ he was going to die would be fulfilled.** (요18:32)

직역 이것은 발생하였다 / 예수님께서 돌아가시리라는 / 죽음의 종류를 지적하시면서 / 말씀하셨던 그 말씀이 이행되기 위하여.

핵심구조 ① 명사 words + (that) + 주어 Jesus + 동사 has spoken
② 명사 the kind of death + (that) + 주어 he + 동사 was going to die

해설 words와 Jesus 사이, the kind of death와 he 사이에 각각 목적격관계대명사 that 또는 which가 생략돼 있다.

의역 이는 예수께서 자기가 어떠한 죽음으로 죽을 것을 가리켜 하신 말씀을 응하게 하려 함이러라

52 **and, as another scripture says, "They will look on the one ✓ they have pierced.** (요19:37)

직역 그리고, 또 다른 성경이 말씀하신 것처럼, / "그들은 그들이 찔렀던 사람을 쳐다볼 것이다."

핵심구조 명사 one + (that) + 주어 they + 동사 have pierced

단어 및 숙어의 확장 동사 pierce 꿰뚫다, 관통하다, (마음을) 찌르다

해설 one과 they 사이에 목적격관계대명사 that 또는 whom이 생략돼 있다.

의역 또 다른 성경에 저희가 그 찌른 자를 보리라 하였느니라

53 **So she came running to Simon Peter and the other disciple, the one ✓ Jesus loved, and said, "They have taken the Lord out of the tomb, and we don't know where they have put him."** (요20:2)

직역 그래서 그녀는 시몬 베드로와 다른 제자, / 즉 예수님이 사랑하셨던, / 에게 뛰어왔다. 그리고 말했다, / "그들이 주님을 무덤 밖으로 데리고 나갔어요, / 그런데 우리는 그들이 그를 어디에 두었는지 몰라요."

핵심구조 명사 one + (that) + 주어 Jesus + 동사 loved

단어 및 숙어의 확장 명사 tomb 무덤

해설 one과 Jesus 사이에 목적격관계대명사 that 또는 whom이 생략돼 있다.

의역 시몬 베드로와 예수의 사랑하시던 그 다른 제자에게 달려가서 말하되 사람이 주를 무덤에서 가져다가 어디 두었는지 우리가 알지 못하겠다 하니

54 **"Woman," he said, "why are you crying? Who is it ✓ you are looking for?" Thinking he was the gardener, she said, "Sir, if you have carried him away, tell me where you have put him, and I will get him."** (요20:15)

직역 "여자여," 그가 말했다, / "왜 너는 울고 있느냐? 네가 찾는 자는 누구냐?" / 그가 정원사라고 생각하고, 그녀는 말했다, "선생님, 만약 당신이 그를 데리고 갔다면, 제게 말해주세요 / 당신이 그를 어디에 두셨는지, 그러면 제가 그를 데리고 가겠습니다."

핵심구조 명사 it + (that) + 주어 you + 동사 are looking

단어 및 숙어의 확장 명사 gardener 정원사 숙어 look for ~을 찾다

해설 의문사가 주어일 경우에는 관계대명사 that을 사용한다. Who is it that you are looking for?에서 주어가 의문사 Who이므로 관계대명사 that을 사용하였다. 또한 관계대명사 that은 목적격이므로 생략되었다.

의역 예수께서 가라사대 여자여 어찌하여 울며 누구를 찾느냐 하시니 마리아는 그가 동산지기인 줄로 알고 가로되 주여 당신이 옮겨 갔거든 어디 두었는지 내게 이르소서 그리하면 내가 가져가리이다

55 **Many of the Samaritans from that town believed in him because of the woman's testimony, "He told me everything ✓ I ever did."** (요4:39)

직역 그 마을에서 온 많은 사마리아인들은 그를 믿었다 / 그 여인의 간증 때문에, / "그는 내가 일찍이 내가 했던 모든 일을 내게 말했다."

핵심구조 명사 everything + (that) + 주어 I + 동사 did

단어 및 숙어의 확장 명사 testimony 증언, 간증 숙어 believe in (~의 존재를) 믿다 / because of ~때문에

해설 ① everything과 I 사이에는 목적격관계대명사 that이 생략돼 있다. ② that town의 that은 town을 수식하는 지시형용사이다.

의역 여자의 말이 그가 나의 행한 모든 것을 내게 말하였다 증거하므로 그 동네 중에 많은 사마리아인이 예수를 믿는지라

56 Jesus said to them, "Bring some of the fish ✓ you have just caught." (요21:10)

직역 예수님이 그들에게 말씀하셨다, / "너희가 방금 잡은 물고기를 몇 마리 가져오너라."

핵심구조 명사 fish + (that) + 주어 you + 동사 have just caught

해설 fish와 you 사이에 목적격관계대명사 that이 생략돼 있다.

의역 예수께서 가라사대 지금 잡은 생선을 좀 가져오라 하신대

〈베드로수위권교회 내부: 부활하신 예수님께서 제자들을 위해 생선을 구웠던 반석〉

주격관계대명사+be동사가 함께 생략된 경우

원래 주격관계대명사는 생략될 수 없다. 그러나 주격관계대명사가 바로 뒤에 be동사를 데리고 올 경우에는 그 주격관계대명사와 be동사는 둘 다 생략될 수 있다.

명사 + (주격관계대명사 + be동사) + p.p.

예문1 I have smart phone ✓ made in Korea.
(나는 한국에서 만든 스마트폰을 가지고 있다)

예문2 He received an email ✓ written in English.
(그는 영어로 쓰인 이메일을 받았다)

예문3 The little dog has a nickname ✓ called 'ttoja.'
(그 어린 강아지에게는 '또자'라는 별명이 있다)
*①을 두 문장으로 나누면 I have a smart phone. / It is made in Korea.가 된다. 이 때 a smart phone과 It은 같은 뜻이므로 두 문장을 연결시켜주는 관계대명사 that이나 which를 It 대신에 써준다.
I have a smart phone that is made in Korea.
위 문장을 자세히 보면, 관계대명사 that 다음에 동사가 왔으므로 관계대명사 that은 주격이다. 주격관계대명사와 그 다음에 오는 be동사는 생략이 가능하다.
(주격관계대명사 + be동사)는 통째로 생략가능!
따라서 I have a smart phone made in Korea가 된다.
예문 ②와 예문 ③의 문장에서도 email (which was), nickname (that is)가 된다.

1 children ✓ born not of natural descent, nor of human decision or a husband's will, but ✓ born of God. (요1:13)

직역 자연의 혈통으로 태어나지도 않았고, / 인간의 결단으로 태어나지도 않았고 / 혹은 남편의 의지로 태어나지도 않았으나, / 하나님에게서 태어난 자녀들.

핵심구조 명사 children + (that 또는 who were) + 과거분사 born

단어 및 숙어의 확장 [명사] descent 가계, 혈통, 출신 / decision 결심, 결단 / will 의지, 의지력 [숙어] not A but B=A가 아니라 B이다 [동사] bear 태어나다, 낳다 bear-bore-born

해설 born 앞에 주격관계대명사와 be동사 that(who) were가 생략돼 있다.

의역 이는 혈통으로나 육정으로나 사람의 뜻으로 나지 아니하고 오직 하나님께로서 난 자들이니라

2 But others said, "These are not the sayings of a man ✓ possessed by a demon. Can a demon open the eyes of the blind? (요10:21)

직역 그러나 다른 사람들이 말했다, / "이것들은 마귀에 의해서 사로잡힌 사람의 말이 아니다. / 마귀가 눈먼 사람의 눈을 뜨게 할 수 있는가?"

핵심구조 명사 a man + (that 또는 who is) + 과거분사 possessed

단어 및 숙어의 확장 동사 possess 소유하다 명사 demon 악마, 귀신

해설 possessed 앞에 주격관계대명사와 be동사 that(who) is가 생략돼 있다.

의역 혹은 말하되 이 말은 귀신 들린 자의 말이 아니라 귀신이 소경의 눈을 뜨게 할 수 있느냐 하더라

3 **The teachers of the law and the Pharisees brought in a woman ✓ caught in adultery. They made her stand before the group** (요8:3)

직역 서기관들과 바리새인들은 어떤 여자를 데리고 왔다 / 간음하다 잡힌. / 그들은 그녀를 무리 앞에 서게 하였다.

핵심구조 명사 a woman + (that 또는 who was) + 과거분사 caught

단어 및 숙어의 확장 동사 bring 데리고 오다 bring-brought-brought / catch 잡다 catch-caught-caught / make 만들다, 시키다 make-made-made 명사 adultery 간음

해설 ① caught 앞에 주격관계대명사와 be동사 that(who) was가 생략돼 있다.
② made는 사역동사이므로 목적어 her 다음에는 동사원형 stand를 사용해야 한다.

의역 서기관들과 바리새인들이 간음 중에 잡힌 여자를 끌고 와서 가운데 세우고

4 **Nearby stood six stone water jars, the kind ✓ used by the Jews for ceremonial washing, each holding from twenty to thirty gallons.** (요2:6)

직역 근처에 6개의 돌로 된 물항아리가 서 있었는데, / 유대인들이 축제 때에 씻기 위하여 사용하던 종류의 것이었고, / 각각에는 20에서 30갤론까지 담을 수 있었다.

핵심구조 명사 the kind + (that 또는 which was) + 과거분사 used

단어 및 숙어의 확장 명사 jar 단지, 항아리 형용사 ceremonial 축제의

해설 ① used 앞에 주격관계대명사와 be동사 that(which) was가 생략돼 있다. ② each (was) holding from twenty to thirty gallons)=각 항아리에 20-30갤론까지 물을 채울 수 있다. ③ 정결의식에 사용되는 큰 돌항아리: 식사 전후에 손 씻는 예식을 위한 것으로 몸을 정화하는 의미가 있다. 이것은 장로들의 遺傳이다. (마15:2)

*King James Version: 2:6

And there were set there six waterpots of stone, after the manner of the purifying of the Jews, containing two or three firkins apiece.

*NLT: 2:6

Standing nearby were six stone water jars, used for Jewish ceremonial washing. Each could hold twenty to thirty gallons.

의역 거기 유대인의 결례(潔禮)를 따라 두세 통 드는 돌항아리 여섯이 놓였는지라

5 Now there was a man of the Pharisees ✓ named Nicodemus, a member of the Jewish ruling council. (요3:1)

직역 이제 니고데모라는 이름을 가진 바리세인 중의 한 사람 있었는데, / 그는 유대인의 유력한 평의회의 한 구성원이었다.

핵심구조 Phariesees + (that 또는 who was) + 과거분사 named

해설 ① named 앞에 주격관계대명사와 be동사 that(who) was가 생략돼 있다. ② Nicodemus와 a member of the Jewish ruling council은 동격이다.

의역 바리새인 중에 니고데모라 하는 사람이 있으니 유대인의 관원이라

6 Then Thomas ✓ (called Didymus) said to the rest of the disciples, "Let us also go, that we may die with him. (요11:16)

직역 그때 도마는 (디다이머스라고 불리는) 남은 제자들에게 말했다, / "우리도 가게 해주시오, 우리가 그와 함께 죽을 수 있도록."

핵심구조 ① 명사 Thomas + (that 또는 who was) + 과거분사 called

해설 ① called 앞에 주격관계대명사와 be동사 that(who) was가 생략돼 있다. ② so that + S + may + R= ~하기 위하여

의역 디두모라 하는 도마가 다른 제자들에게 말하되 우리도 주와 함께 죽으러 가자 하니라

7 So he came to a town in Samaria ✓ called Sychar, near the plot of ground Jacob had given to his son Joseph. (요4:5)

직역 그래서 그는 수가라고 불리는 사마리아의 어느 마을에 왔다, / 그곳은 야곱이 그의 아들 요셉에게 주었던 땅의 소구획 근처에 있었다.

핵심구조 명사 a woman + (that 또는 who was) + 과거분사 called

단어 및 숙어의 확장 명사 plot 소구획, 소지구, a garden plot 정원지

해설 ① called 앞에 주격관계대명사와 be동사 that(which) was가 생략돼 있다.
② ground와 Jacob 사이에 목적격관계대명사 that 또는 which가 생략됨.

의역 사마리아에 있는 수가라 하는 동네에 이르시니 야곱이 그 아들 요셉에게 준 땅이 가깝고

8 "Do not be afraid, O Daughter of Zion; see, your king is coming, ✓ seated on a donkey's colt. (요12:15)

직역 "두려워하지 마라, 오 시온의 딸이여; / 보라, 너의 왕이 오신다, / 나귀의 망아지를 타고"

핵심구조 명사 your king + (that + is) + 과거분사 seated

단어 및 숙어의 확장 동사 be seated 앉다 명사 donkey 당나귀 / colt 어린 당나귀, 망아지 숙어 be afraid of ~을 두려워하다

해설 seated 앞에 주격관계대명사와 be동사 that(who) is가 생략돼 있다.

의역 이는 기록된 바 시온 딸아 두려워 말라 보라 너의 왕이 나귀 새끼를 타고 오신다 함과 같더라

9 So they gathered them and filled twelve baskets with the pieces of the five barley loaves ✓ left over by those who had eaten. (요6:13)

직역 그래서 그들은 그들을 모았고 / 12개의 바구니에 5개의 보리빵조각을 가득 채웠다 / 먹은 사람들에 의해서 남겨진.

핵심구조 명사 loaves + (that + were) + 과거분사 left

단어 및 숙어의 확장 명사 barley 보리 / loaf 덩어리 (pl: loaves)

해설 left 앞에 주격관계대명사와 be동사 that (which) were가 생략돼 있다.

의역 이에 거두니 보리떡 다섯 개로 먹고 남은 조각이 열두 바구니에 찼더라

〈오병이어〉

10 Is this the one ✓ you say was born blind? How is it that now he can see? (요9:19)

직역 이 자가 눈이 먼 상태로 태어났다고 / 네가 말한 사람이냐? 지금 그가 볼 수 있는 것은 어찌 된 것이냐?

핵심구조 명사 the one + (that) + 삽입절 you say + be동사 was + 과거분사 born

해설 선행사 the one과 주격관계대명사 who 또는 that 사이에 'you say'가 삽입돼있다. 이 문장에서는 주격관계대명사 that 또는 who는 생략되고 be동사 was는 생략되지 않고 그대로 쓰였다.

의역 이는 너희 말에 소경으로 났다 하는 너희 아들이냐 그러면 지금은 어떻게 되어 보느냐

11 Nobody has ever heard of opening the eyes of a man ✓ born blind. (요9:32)

직역 아무도 일찍이 눈 먼 채로 태어난 사람의 눈이 뜨였다는 것을 / 들은 적이

없었다.

핵심구조 명사 a man + (that 또는 who) + 과거분사 born

해설 born 앞에 주격관계대명사와 be동사 that(who) was가 생략돼 있다.

의역 창세 이후로 소경으로 난 자의 눈을 뜨게 하였다 함을 듣지 못하였으니

12 **When Pilate heard this, he brought Jesus out and sat down on the judge's seat at a place ✓ known as the Stone Pavement (which in Aramaic is Gabbatha).** (요19:13)

직역 빌라도가 이 말을 들었을 때, / 그는 예수님을 데리고 와서 돌길(아람어로 그것은 가바타이다) 이라고 알려진 장소에 있는 재판관의 좌석에 앉았다.

핵심구조 명사 a place + (that + was) + 과거분사 known

해설 known 앞에 주격관계대명사와 be동사 that was가 생략돼 있다.

의역 빌라도가 이 말을 듣고 예수를 끌고 나와서 박석(薄石)(히브리말로 가바다)이란 곳에서 재판석에 앉았더라

13 **The dead man came out, his hands and feet ✓ wrapped with strips of linen, and a cloth around his face. Jesus said to them, "Take off the grave clothes and let him go."** (요11:44)

직역 죽은 사람이 나왔다, / 그의 손과 발이 린넨천으로 감싸인 채로, / 그리고 그의 얼굴 주변에는 천으로 싸인 채로. / 예수님이 그들에게 말했다, / "저 수의를 벗기고 그로 하여금 가게 하라."

핵심구조 명사 hands and feet + (that + were) + 과거분사 wrapped

단어 및 숙어의 확장 동사 wrap 감싸다, 싸다, 포장하다 명사 grave clothes (pl) 시체에 입히는 옷, 수의 숙어 take off 벗기다

해설 wrapped 앞에 주격관계대명사와 be동사 that (which) were가 생략돼 있다.

의역 죽은 자가 수족을 베로 동인 채로 나오는데 그 얼굴은 수건에 싸였더라 예수께서 가라사대 풀어 놓아 다니게 하라 하시니라

14 **Now a man ✓ named Lazarus was sick. He was from Bethany, the village of Mary and her sister Martha.** (요11:1)

직역 이제 나사로라고 불리는 사람이 아팠다. / 그는 베다니에서 왔는데, / 그곳은 마리아와 그녀의 여동생 마르타의 마을이었다.

핵심구조 명사 a man + (that + was) + 과거분사 named

해설 named 앞에 주격관계대명사와 be동사 that(who) was가 생략돼 있다.

의역 어떤 병든 자가 있으니 이는 마리아와 그 형제 마르다의 촌(村) 베다니에 사는 나사로라

성경해설 베다니(Bethany)는 무덤에서 살아난 나사로가 살던 곳으로서 어원은 '슬픔의 집' 또는 '가난한 자의 집'이다

15 **Then one of them, ✓ named Caiaphas, who was high priest that year, spoke up, "You know nothing at all!** (요11:49)

직역 그때 그들 중의 한 명, / 가이아파스라는 이름의 사람이 그 해에 대제사장이었는데, 크게 말했다, / "너희는 아무것도 모른다"고.

핵심구조 명사 one + (that + was) + 과거분사 named

해설 named 앞에 주격관계대명사와 be동사 that(who) was가 생략돼 있다.

의역 그 중에 한 사람 그 해 대제사장인 가야바가 저희에게 말하되 너희가 아무것도 알지 못하는도다

16 **After that, he poured water into a basin and began to wash his disciples' feet, drying them with the towel that was wrapped around him.** (요13:5)

직역 그 후, 그는 대야에 물을 부어 그의 제자들의 발을 씻겨주기 시작했다, / 그의 주변에 감싸여있던 수건으로 그들을 (발) 말리면서.

핵심구조 명사 the towel + (that + was) + 과거분사 wrapped

단어 및 숙어의 확장 명사 basin 대야 / disciple 제자 / foot 발 (pl: feet) / towel 수건
동사 pour 붓다, 퍼붓다 / wrap 싸다, 감싸다 (w는 묵음)

해설 ① wrapped 앞에 주격관계대명사와 be동사 that (which) was가 생략되어도 되지만 이 문장에서는 생략하지 않고 그냥 쓰였다. ② after 다음의 that은 지시대명사이다. ③ drying은 분사구문의 동시동작이다. ④ them은 feet를 의미한다.

의역 이에 대야에 물을 담아 제자들의 발을 씻기시고 그 두르신 수건으로 씻기기를 시작하여

17 **Therefore Jesus no longer moved about publicly among the Jews. Instead he withdrew to a region near the desert, to a village ✓ called Ephraim, where he stayed with his disciples.** (요11:54)

직역 그러므로 예수님은 공개적으로 더 이상 유대인들 주변에서 움직이지 않았다. 그 대신 그는 사막에 가까운 한 지역으로 물러나셨는데, / 그 마을은 에프레임이라고 불린 지역인데, / 거기에서 그는 그의 제자들과 함께 머물렀다.

핵심구조 명사 a village + (that + was) + 과거분사 called

단어 및 숙어의 확장 [동사] withdraw 후퇴하다, 물러서다 withdraw-withdrew-withdrawn [부사] publicly 공개적으로 [숙어] no longer 더 이상~하지 않다

해설 called 앞에 주격관계대명사와 be동사 that(which) was가 생략돼 있다.

의역 그러므로 예수께서 다시 유대인 가운데 드러나게 다니지 아니하시고 여기를 떠나 빈 들 가까운 곳인 에브라임이라는 동네에 가서 제자들과 함께 거기 유하시니라

18 **While I was with them, I protected them and kept them safe by that name you gave me. None has been lost except the one ✓ doomed to destruction so that Scripture would be fulfilled.** (요17:12)

직역 내가 그들과 함께 있는 동안, / 나는 그들을 보호하고 당신이 내게 준 그 이름으로 그들을 안전하게 지켜주었다. / 그 누구도 상실되지 않았다 / 성경이 이행되기 위해서 / 파멸로 운명지워진 자를 제외하고는.

핵심구조 명사 the one + (that + was) + 과거분사 doomed

해설 ① doomed 앞에 주격관계대명사와 be동사 that(whom) was가 생략돼 있다.

② name과 you 사이에 목적격관계대명사 that 또는 which가 생략돼 있다. ③ that name의 that은 name을 수식하는 지시형용사이다. ④ so + that + S + would + R: ~하기 위해서

의역 내가 저희와 함께 있을 때에 내게 주신 아버지의 이름으로 저희를 보전하와 지키었나이다 그중에 하나도 멸망치 않고 오직 멸망의 자식뿐이오니 이는 성경을 응하게 함이니이다

19 When the soldiers crucified Jesus, they took his clothes, dividing them into four shares, one for each of them, with the undergarment remaining. This garment was seamless, ✓ woven in one piece from top to bottom. (요19:23)

직역 병졸들이 예수님을 십자가에 못 박았을 때 / 그들은 그의 옷을 가져다가, 4개로 나눠서, / 각각 한 개씩 가져갔다, 속옷을 남겨둔 채로. / 이 옷은 이음새가 없었고, / 위에서부터 아래에까지 한 통으로 엮어진 것이었다.

핵심구조 명사 garment + (that + was) + 과거분사 woven

단어 및 숙어의 확장 명사 soldier 군인, 병사 / share 몫, 나눔 / undergarment 속옷 / seam 이음매, 솔기, 접합선, 주름 형용사 seamless 이음매 없는, 솔기 없는 (-less는 부정의 뜻을 나타내는 접미사)

해설 woven 앞에 주격관계대명사와 be동사 that(which) was가 생략돼 있다.

의역 군병들이 예수를 십자가에 못박고 그의 옷을 취하여 네 깃에 나눠 각각 한 깃씩 얻고 속옷도 취하니 이 속옷은 호지 아니하고 위에서부터 통으로 짠 것이라

8 so~that 관용구

구어체에서는 that이 생략될 수도 있다

- so + Adj + (that) + S + can + R로 된 문장
- such + a (an) + Adj + N + (that) + S + can + R로 된 문장
- so (that) + S + may (can) + R로 된 문장
- such (that) + S + may (can) + R로 된 문장

■ 목적을 나타내는 종속접속사 that (~하기 위하여)

so that + S + may(can)(will) + R

예문1 He got up early so that he might catch the first subway.
(그는 첫지하철을 타기 위하여 일찍 일어났다)
[got이 과거형이므로 may의 과거형 might가 되었다]

예문2 She worked hard so that she might not fail in the examination.
(그녀는 시험에 실패하지 않으려고 열심히 공부하였다
[that 이하가 부정문인 경우 not은 동사원형(R) 바로 앞에 온다]
[worked가 과거형이므로 may의 과거형 might가 되었다]

■ 정도나 결과를 나타내는 종속접속사 that (매우~해서~하다)

- so + Adj + that + S + can + R
- such + a (an) + Adj + N + that + S + can + R

예문1 I was so tired that I went to bed early. (너무 피곤해서 일찍 잤다)

예문2 He was so sad that he could not speak.
(그는 몹시 슬퍼서 말도 못 할 정도였다)

예문3 It was such a strong wind that it could break all the houses.
(그것은 너무도 강한 바람이어서 모든 집을 부숴버릴 수 있었다)

TIP so와 such의 구별법!
so 다음에 부정관사 a(an)이 올 수 없다. 그러나 such 다음에는 반드시 a(an)이 와야 한다. 따라서 such a(an) 로 외우면 된다. 이것은 TOEIC이나 TOEFL 등의 시험에도 가끔 출제되는 문제에 속한다.

목적을 나타내는 so~that

so that + S + may (might) + R (~하기 위해서)

1 "Who is he, sir?" the man asked. "Tell me so that I may believe in him." (요9:36)

직역 "선생님, 그는 누구인가요?" / 그 사람이 물었다. / "저에게 말씀해주세요 / 제가 그를 믿을 수 있도록."

핵심구조 so that + 주어 I + may + 동사원형 believe

의역 대답하여 가로되 주여 그가 누구시오니이까 내가 믿고자 하나이다

2 And I will do whatever you ask in my name, so that the Son may bring glory to the Father. (요14:13)

직역 나는 너희가 나의 이름으로 구하는 것이면 무엇이든지 할 것이다, / 아들이 아버지께 영광을 가져다 주기 위하여.

핵심구조 so that + 주어 the Son + may + 동사원형 bring

의역 너희가 내 이름으로 무엇을 구하든지 내가 시행하리니 이는 아버지로 하여금 아들을 인하여 영광을 얻으시게 하려 함이라

3 Even now the reaper draws his wages, even now he harvests the crop for eternal life, so that the sower and the reaper may be glad together. (요4:36)

직역 지금까지도 추수하는 사람은 그의 임금을 받는다, / 지금까지도 그는 곡식을 수확한다 / 영원한 생명을 위하여, / 씨 뿌리는 자와 거두는 자가 함께 기뻐할 수 있도록.

핵심구조 so that + 주어 the sower and the reaper + may + 동사원형 be

단어 및 숙어의 확장 동사 saw 씨 뿌리다 / reap 거둬들이다, 수확하다 / draw (임금, 급료를) 얻다, 받다 명사 harvest 수확 / eternal life 영생

해설 뿌리는 자=말씀을 전파하는 복음전파자 (고전3:16) / 거두는 자=사람들을 결신시키는 제자들 (모든 주의 종들)을 의미한다 (고전16:15)

의역 거두는 자가 이미 삯도 받고 영생에 이르는 열매를 모으나니 이는 뿌리는 자와 거두는 자가 함께 즐거워하게 하려 함이니라

4 The man who saw it has given testimony, and his testimony is true. He knows that he tells the truth, and he testifies so that you also may believe. (요19:35)

직역 그것을 본 그 사람은 증언을 하였고, / 그의 증언은 사실이다. / 그는 알고 있다 그가 진실을 말함을, / 그리고 그는 증언한다 너희도 믿을 수 있도록.

핵심구조 so that + 주어 you + may + 동사원형 believe

단어 및 숙어의 확장 명사 testimony 증언, 간증 동사 testify 증언하다, 간증하다

해설 knows 다음의 that은 종속접속사이다.

의역 이를 본 자가 증거하였으니 그 증거가 참이라 저가 자기의 말하는 것이 참인 줄 알고 너희로 믿게 하려 함이니라

5 I have told you these things, so that in me you may have peace. In this world you will have trouble. But take heart ! I have overcome the world. (요16:33)

직역 나는 이것들을 너희에게 말했다, / 내 안에서 너희가 평화를 가질 수 있도록. / 이 세상에서 너희는 괴로움을 가질 것이다. / 그러나 용기를 내라! 나는 세상을 극복하였다.

핵심구조 so that + 주어 you + may + 동사원형 have

단어 및 숙어의 확장 동사 overcome 극복하다, 이기다 overcome – overcame – overcome
숙어 take heart 마음을 다시 먹다, 용기를(기운을)내다

해설 in me는 so that과 you 사이에 들어간 수식어로서 부사구이다.

의역 이것을 너희에게 이름은 너희로 내 안에서 평안을 누리게 하려 함이라 세상에서는 너희가 환난을 당하나 담대하라 내가 세상을 이기었노라 하시니라

6 I am coming to you now, but I say these things while I am still in the world, so that they may have the full measure of my joy within them. (요17:13)

직역 나는 이제 너희에게 갈 것이다, / 그러나 나는 이것들을 말한다 / 내가 아직 세상에 있는 동안, / 그들이 나의 기쁨을 넉넉히 가질 수 있도록 그들 안에서.

핵심구조 so that + 주어 they + may + 동사원형 have

단어 및 숙어의 확장 [명사] measure 척도 [숙어] full measure 넉넉히

의역 지금 내가 아버지께로 가오니 내가 세상에서 이 말을 하옵는 것은 저희로 내 기쁨을 저희 안에 충만히 가지게 하려 함이니이다

7 But whoever lives by the truth comes into the light, so that it may be seen plainly that what he has done has been done through God." (요3:21)

직역 그러나 진리에 의해서 살아가는 사람이면 누구든지 빛으로 들어온다, / 평범하게 보여질 수 있도록 / 그가 행해 온 일이 하나님을 통해서 행해졌다는 것을."

핵심구조 so that + 주어 it + may + 동사원형 be seen

단어 및 숙어의 확장 [부사] plainly 평범하게

해설 ① so that + S + may ~하기 위하여 ② plainly 다음의 that은 종속접속사 ③ what은 관계대명사이다

의역 진리를 좇는 자는 빛으로 오나니 이는 그 행위가 하나님 안에서 행한 것임을 나타내려 함이라 하시니라

8 So then he told them plainly, "Lazarus is dead, and for your sake I am glad I was not there, so that you may believe. But let us go to him." (요11:14-15)

직역 그래서 그때 / 그는 그들에게 명백하게 말씀하셨다 / "나사로는 죽었다, / 그리고 너희를 위하여 나는 기쁘다 / 내가 거기에 없었던 것이, / 너희가 믿을 수 있도록. / 그러나 그에게 가보자"

핵심구조 so that + 주어 you + may + 동사원형 believe

단어 및 숙어의 확장 [부사] plainly 솔직히, 명백히 [숙어] for your sake 너를 위하여

해설 ① so that + S + may: ~할 수 있도록 ② glad와 I 사이에 종속접속사 that이 생략돼 있다.

의역 이에 예수께서 밝히 이르시되 나사로가 죽었느니라 내가 거기 있지 아니한 것

을 너희를 위하여 기뻐하노니 이는 너희로 믿게 하려함이라 그러나 그에게로 가자 하신대

9 **He came as a witness to testify concerning that light, so that through him all men might believe.** (요1:7)

직역 그는 왔다 / 증인으로서. / 증거하기 위해서 / 그 빛에 대하여, / 그를 통해서 / 모든 사람들이 믿을 수 있도록.

핵심구조 so that + 주어 all men + might + 동사원형 believe

단어 및 숙어의 확장 전치사 concerning: ~에 대하여 명사 witness 증인, 목격자

의역 저가 증거하러 왔으니 곧 빛에 대하여 증거하고 모든 사람으로 자기를 인하여 믿게 하려 함이라

10 **"Neither this man nor his parents sinned," said Jesus, "but this happened so that the work of God might be displayed in his life.** (요9:3)

직역 "이 사람도 그의 부모님도 죄를 짓지 않았다,"라고 예수님이 말씀하셨다, / "그러나 이것은 발생하였다 / 하나님의 사역이 그의 일생에서 전시되어지기 위해서."

핵심구조 so that + 주어 the work of God + might + 동사원형 be displayed

단어 및 숙어의 확장 동사 display 전시하다, 나타내다 / sin 죄를 짓다 / happen 우연히 발생하다 명사 work 사역 숙어 neither A nor B~A도 아니고 B도 아니다

의역 예수께서 대답하시되 이 사람이나 그 부모가 죄를 범한 것이 아니라 그에게서 하나님의 하시는 일을 나타내고자 하심이니라

11 **When he heard this, Jesus said, "This sickness will not end in death. No, it is for God's glory so that God's Son may be glorified through it."** (요11:4)

직역 그가 이 말을 들었을 때, / 예수님은 말씀하셨다, / "이 병은 끝나지 않을 것이다 / 죽음으로. / 아니다, 그것은 하나님의 영광을 위하여 있다 / 하나님의 아들이

영광을 받으실 수 있도록 하기 위하여 / 그것을 통하여."

핵심구조 so that + 주어 God's Son + may + 동사원형 be glorified

단어 및 숙어의 확장 동사 end 끝내다, 끝나다

의역 예수께서 들으시고 가라사대 이 병은 죽을 병이 아니라 하나님의 영광을 위함이요 하나님의 아들로 이를 인하여 영광을 얻게 하려 함이라 하시더라

12 **But the chief priests and Pharisees had given orders that if anyone found out where Jesus was, he should report it so that they might arrest him.** (요11:57)

직역 그러나 대제세장들과 바리새인들은 / 명령을 했다. / 만약 누군가가 발견하면 / 예수님이 있었던 곳을 /, 그는 그것을 보고해야한다고 / 그들이 그를 체포할 수 있도록.

핵심구조 so that + 주어 they + might + 동사원형 arrest

단어 및 숙어의 확장 동사 arrest 체포하다 명사 chief priest 대제사장

해설 orders 다음에 오는 that은 동격의 that이다, 즉 누구든지 예수님이 있는 곳을 발견하는 자는 그들이 그를 체포할 수 있도록 그것을 보고해야만 한다는 명령을 했다.

의역 이는 대제사장들과 바리새인들이 누구든지 예수 있는 곳을 알거든 고하여 잡게 하라 명령하였음이러라

13 **Put your trust in the light while you have it, so that you may become sons of light." When he had finished speaking, Jesus left and hid himself from them.** (요12:36)

직역 너희의 신뢰를 불빛 속에 넣어라 / 너희가 그것을 갖고 있는 동안 / 너희가 빛의 아들들이 될 수 있도록." / 말하는 것을 끝냈을 때 / 예수님은 떠났고 / 자신을 숨겼다 / 그들로부터.

핵심구조 so that + 주어 you + may + 동사원형 become

단어 및 숙어의 확장 동사 hide 숨기다 hide – hid – hidden / finish 끝내다 (finish 다음에는 반드시 동명사(~ing)가 온다: finish speaking 말하는 것을 끝내다)

의역 너희에게 아직 빛이 있을 동안 빛을 믿으라 그리하면 빛의 아들이 되리라 예수께서 이 말씀을 하시고 저희를 떠나가서 숨으시니라

14 **Now if a child can be circumcised on the Sabbath so that the law of Moses may not be broken, why are you angry with me for healing the whole man on the Sabbath?** (요7:23)

직역 이제 만약 한 아이가 / 할례를 받을 수 있다면 / 안식일에 / 모세의 율법이 깨지지 않도록 하기 위해서 / 왜 너희들은 나에게 화를 내느냐 / 안식일에 온전한 인간을 치료한 것에 대하여?

핵심구조 so that + 주어 the law of Moses + may + 동사원형 be

단어 및 숙어의 확장 동사 circumcise 할례를 주다 (be circumcised 할례를 받다) / heal 치료하다

의역 모세의 율법을 폐하지 아니하려고 사람이 안식일에도 할례를 받는 일이 있거든 내가 안식일에 사람의 전신을 건전(健全)케 한 것으로 너희가 나를 노여워하느냐

15 **When the Jewish Feast of Tabernacles was near, Jesus' brothers said to him, "You ought to leave here and go to Judea, so that your disciples may see the miracles you do.** (요7:2-3)

직역 유대인의 축제 초막절이 가까워져 왔을 때, / 예수님의 형제들이 말했다 / 그에게, / "당신은 이곳을 떠나서 유대로 가야합니다, / 당신의 제자들이 볼 수 있도록 / 기적들을 / 당신이 행한."

핵심구조 so that + 주어 your disciples + may + 동사원형 see

단어 및 숙어의 확장 명사 feast 축제, 향연 / Tabernacles 초막절 형용사 Jewish 유대인의, 유대의

해설 miracles와 you 사이에 목적격관계대명사 that이 생략돼 있다.

의역 유대인의 명절인 초막절이 가까운지라 그 형제들이 예수께 이르되 당신의 행하는 일을 제자들도 보게 여기를 떠나 유대로 가소서

16 I will remain in the world no longer, but they are still in the world, and I am coming to you. Holy Father, protect them by the power of your name—the name you gave me—so that they may be one as we are one. (요17:11)

직역 나는 더 이상 머물지 않을 것이다 이 세상에, / 그러나 그들은 아직도 이 세상에 있다, / 그리고 나는 너희에게 올 것이다. / 거룩하신 아버지여, / 그들을 보호하시옵소서 / 당신의 이름의 능력으로—/ 그 이름으로 / 당신이 저에게 주셨던—/ 그들이 하나가 될 수 있도록 / 우리가 하나이듯이.

핵심구조 so that + 주어 they + may + 동사원형 be

해설 name과 you 사이에는 목적격관계대명사 that이 생략돼 있다.

의역 나는 세상에 더 있지 아니하오나 저희는 세상에 있사옵고 나는 아버지께로 가옵나니 거룩하신 아버지여 내게 주신 아버지의 이름으로 저희를 보전하사 우리와 같이 저희도 하나가 되게 하옵소서

may를 쓰지 않고 can, will, would, shall, should를 쓰는 경우

1 All this I have told you so that you will not go astray. (요16:1)

직역 이 모든 것을 / 나는 너희에게 말했다 / 너희가 길을 잃지 않도록.

핵심구조 so that + 주어 you + will + 동사원형 go

단어 및 숙어의 확장 숙어 go astray 길을 잃다, 잘못하다 타락하다

해설 목적어 All this가 문장의 맨 앞에 나왔다. 원래의 문장으로 고치면, I have told you all this so that you will not go astray.가 된다.

의역 내가 이것을 너희에게 이름은 너희로 실족지 않게 하려 함이니

2 "I am telling you now before it happens, so that when it does happen you will believe that I am He. (요13:19)

직역 "나는 지금 말한다 / 너희에게 / 그 일이 일어나기 전에, / 그것이 일어나면 / 너희가 믿을 수 있도록 / 내가 그라는 것을."

핵심구조 so that + 주어 you + will + 동사원형 believe

해설 ① so that you will ~하기 위하여 ② believe 다음의 that은 종속접속사이다.

의역 지금부터 일이 이루기 전에 미리 너희에게 이름은 일이 이룰 때에 내가 그인줄 너희로 믿게 하려 함이로라

3 **He cuts off every branch in me that bears no fruit, while every branch that does bear fruit he prunes so that it will be even more fruitful.** (요15:2)

직역 그는 잘라낸다 / 내 안에 있는 / 열매가 없는, 모든 가지를 / 한편 그는 열매를 맺는 모든 가지를 / 쳐 준다 / 그 가지가 훨씬 더 열매를 많이 맺을 수 있도록.

핵심구조 so that + 주어 it + will + 동사원형 be

단어 및 숙어의 확장 동사 prune (가지, 뿌리 등을) 잘라내다, 치다

해설 ① so that it will be ~하기 위하여 ② 주격관계대명사가 2개다. every branch in me 다음에 오는 that은 주격이다. 또 while every branch 다음에 오는 that도 주격이다. ③ in me는 수식어로서 부사구이다.

의역 무릇 내게 있어 과실을 맺지 아니하는 가지는 아버지께서 이를 제(除)해버리시고 무릇 과실을 맺는 가지는 더 과실을 맺게 하려 하여 이를 깨끗케 하시느니라

4 **The woman said to him, "Sir, give me this water so that I won't get thirsty and have to keep coming here to draw water."** (요4:15)

직역 그 여자는 말했다 그에게, / "선생님, 주십시오 저에게 이 물을 / 제가 목마르지 않고 / 이곳에 계속 와서 / 물을 길을 수 있도록."

핵심구조 so that + 주어 I + won't + 동사원형 get / have

단어 및 숙어의 확장 keep ~ing=계속해서~하다

의역 여자가 가로되 주여 이런 물을 내게 주사 목마르지도 않고 또 여기 물 길러 오지도 않게 하옵소서

5 I have told you now before it happens, so that when it does happen you will believe. (요14:29)

직역 나는 너희에게 지금 말했다 / 그것이 일어나기 전에, / 그것이 정말 일어나면 너희가 믿을 수 있도록.

핵심구조 so that + 주어 you + will + 동사원형 believe

해설 when it does happen은 부사절이다. does는 happen을 강조하기 위하여 쓰였다.

의역 이제 일이 이루기 전에 너희에게 말한 것은 일이 이룰 때에 너희로 믿게 하려 함이라

6 I have told you this, so that when the time comes you will remember that I warned you. I did not tell you this at first because I was with you. (요16:4)

직역 내가 너희에게 이것을 말했다, / 때가 오면 / 너희가 기억할 수 있도록 / 내가 너희에게 경고하였던 것을./ 내가 말하지 않았다 / 너희에게 / 이것을 / 처음에 / 왜냐하면 내가 너희와 함께 있었기 때문이다.

핵심구조 so that + 주어 you + will + 동사원형 remember

단어 및 숙어의 확장 동사 warn 경고하다

해설 ① so that + 주어 you + 동사 will remember = ~하기 위하여 ② remember 다음의 that은 종속접속사이다. ③ so that과 you will 사이에 when이 이끄는 부사절 when the time comes가 들어있다.

의역 오직 너희에게 이 말을 이른 것은 너희로 그 때를 당하면 내가 너희에게 이 말 한 것을 기억나게 하려 함이요 처음부터 이 말을 하지 아니한 것은 내가 너희와 함께 있었음이니라

7 Jesus said, "For judgment I have come into this world, so that the blind will see and those who see will become blind." (요9:39)

직역 예수님이 말씀하셨다, / "심판을 위해서 / 나는 이 세상에 왔다, / 눈먼 자들이

볼 수 있도록 / 그리고 보는 자들이 눈이 멀도록."

핵심구조 so that + 주어 the blind + will + 동사원형 see / so that + 주어 those who see + will + 동사원형 become

단어 및 숙어의 확장 the blind=blind people=눈이 먼 사람들

해설 those 다음에는 people이 생략돼 있다.

의역 예수께서 가라사대 내가 심판하러 이 세상에 왔으니 보지 못하는 자들은 보게 하고 보는 자들은 소경 되게 하려 함이라 하시니

8 **Later, knowing that all was now completed, and so that the Scripture would be fulfilled, Jesus said, "I am thirsty."**

(요19:28)

직역 나중에, / 알고 난 후에 / 모든 것이 이제 완성되었음을, / 그리고 성경이 성취될 수 있도록, / 예수님은 말씀하셨다, / "목이 마르다."고.

핵심구조 so that + 주어 the Scripture + would + 동사원형 be fulfilled

단어 및 숙어의 확장 형용사 complete 완벽한, 완전한, 전부의, 철저한 (be completed 완성되다) / thirsty 목마른, 갈증 나는

해설 ① 동사 know 다음의 that은 종속접속사이다. ② knowing은 분사구문이다.

의역 이후에 예수께서 모든 일이 이미 이룬 줄 아시고 성경으로 응하게 하려 하사 가라사대 내가 목마르다 하시니

9 **This happened so that the words Jesus has spoken indicating the kind of death he was going to die would be fulfilled.** **(요18:32)**

직역 이것은 발생하였다 / 그 말씀이 / 예수님께서 하셨던 / 죽음의 그 종류를 지적하시면서 / 그가 죽으리라는 / 성취될 수 있도록.

핵심구조 so that + 주어 the words + would + 동사원형 be fulfilled

해설 ① words와 Jesus 사이에는 목적격관계대명사 that이 생략돼 있다. ② the kind of death와 he 사이에는 목적격관계대명사 that이 생략돼 있다.

의역 이는 예수께서 자기가 어떠한 죽음으로 죽을 것을 가리켜 하신 말씀을 응하게 하려 함이러라

10 This happened so that the words he had spoken would be fulfilled: "I have not lost one of those you gave me. (요18:9)

직역 이것은 일어났다 / 그가 말했던 / 그 말들이 / 이행될 수 있도록: / "나는 잃지 않았다 / 그 사람들 중의 한 명도 / 당신이 나에게 주었던.

핵심구조 so that + 주어 the words + would + 동사원형 be fulfilled

단어 및 숙어의 확장 동사 fulfill 이행하다, 완수하다, 성취하다, 충족시키다

해설 ① words와 he 사이에는 목적격관계대명사 that 또는 which가 생략돼 있다. ② those와 you 사이에는 목적격관계대명사 that 또는 whom이 생략돼 있다.

의역 이는 아버지께서 내게 주신 자 중에서 하나도 잃지 아니하였삽나이다 하신 말씀을 응하게 하려 함이러라

11 These things happened so that the scripture would be fulfilled: "Not one of his bones will be broken," (요19:36)

직역 이러한 일들이 발생하였다 / 성경이 이루어질 수 있도록: / "그의 뼈 중 단 한 개도 부서지지 않을 것이다."

핵심구조 so that + 주어 the scripture + would + 동사원형 be fulfilled

단어 및 숙어의 확장 명사 the Scripture 성경 동사 fulfill 충족하다 (be fulfilled 충족시키다, 이루어지다)

해설 주절의 동사가 과거형 happened이므로 will도 과거형 would가 되었다.

의역 이 일이 이룬 것은 그 뼈가 하나도 꺾이우지 아니하리라 한 성경을 응하게 하려 함이라

12 I have come into the world as a light, so that no one who believes in me should stay in darkness. (요12:46)

직역 나는 이 세상에 왔다 / 빛으로서, / 나를 믿는 사람은 아무도 / 머물러서는 안

되기 위하여 / 어둠 속에.

핵심구조 so that + 주어 no one + should + 동사원형 stay

해설 who believes in me는 no one을 꾸며주는 형용사절이다.

의역 나는 빛으로 세상에 왔나니 무릇 나를 믿는 자로 어두움에 거하지 않게 하려함이로라

13 While I was with them, I protected them and kept them safe by that name you gave me. None has been lost except the one doomed to destruction so that Scripture would be fulfilled. (요17:12)

직역 내가 그들과 함께 있는 동안, / 나는 그들을 보호했다 / 그리고 그들을 안전하게 지켜주었다 / 당신이 내게 준 그 이름으로. / 그 누구도 상실되지 않았다 / 한 사람을 제외하고 / 파멸로 떨어질 운명이 지워진 / 성경이 이행되기 위해서.

핵심구조 so that + 주어 Scripture + would + 동사원형 be

해설 ① that name의 name을 수식하는 지시형용사. ② name과 you사이에 목적격관계대명사 that이나 which가 생략돼 있다. ③ the one과 doomed 사이에는 주격관계대명사 that과 was가 생략돼 있다.

의역 내가 저희와 함께 있을 때에 내게 주신 아버지의 이름으로 저희를 보전하와 지키었나이다 그중에 하나도 멸망치 않고 오직 멸망의 자식뿐이오니 이는 성경을 응하게 함이니이다

so가 생략된 문장

1 ✓ that everyone who believes in him may have eternal life. (요3:15)

직역 모든 사람이 / 그를 믿는 / 영원한 생명을 가질 수 있도록.

핵심구조 (so) that + 주어 everyone + may + 동사원형 have

단어 및 숙어의 확장 [형용사] eternal 영원한

해설 that 앞에 so가 생략돼 있다.

의역 이는 저를 믿는 자마다 영생을 얻게 하려 하심이니라

2 For them I sanctify myself, ✓ that they too may be truly sanctified. (요17:19)

직역 그들을 위하여 / 나는 내 자신을 성화한다, / 그들도 진심으로 성화될 수 있도록.

핵심구조 (so) that + 주어 they + may + 동사원형 be sanctified

단어 및 숙어의 확장 [동사] sanctify 성화시키다, 거룩하다 (be sanctified 성화되다, 거룩하게 되다) [부사] truly 진심으로, 진실로, 정말로

해설 that 앞에 so가 생략돼 있다.

의역 또 저희를 위하여 내가 나를 거룩하게 하오니 이는 저희도 진리로 거룩함을 얻게 하려 함이니이다

3 Not that I accept human testimony; but I mention it ✓ that you may be saved. (요5:34)

직역 내가 인간적 간증을 받아들이는 것이 아니라, / 그러나 나는 그것을 언급한다 / 너희가 구원받을 수 있도록.

핵심구조 (so) that + 주어 you + may + 동사원형 be saved

단어 및 숙어의 확장 [명사] testimony 증거, 간증 [동사] mention 언급하다, 말하다

해설 that 앞에 so가 생략돼 있다.

의역 그러나 나는 사람에게서 증거를 취하지 아니하노라 다만 이 말을 하는 것은 너희로 구원을 얻게 하려 함이니라

4 And if I go and prepare a place for you, I will come back and take you to be with me ✓ that you also may be where I am. (요14:3)

직역 만약 내가 가서 / 너희를 위한 장소를 준비한다면 / 나는 돌아와서 / 너희를 데리고 가겠다 / 나와 함께 / 너희도 있을 수 있도록 / 내가 있는 곳에.

핵심구조 (so) that + 주어 you + may + 동사원형 be

해설 that 앞에 so가 생략돼 있다.

의역 가서 너희를 위하여 처소를 예비하면 내가 다시 와서 너희를 내게로 영접하여 나 있는 곳에 너희도 있게 하리라

5 But these are written ✓ that you may believe that Jesus is the Christ, the Son of God, and ✓ that by believing you may have life in his name. (요20:31)

직역 그러나 이것들은 쓰여졌다 / 너희가 믿을 수 있도록 / 예수님이 그리스도, 하나님의 아들이라는 것을, / 그리고 믿음으로써 / 너희가 생명을 얻을 수 있도록 /그의 이름으로.

핵심구조 (so) that + 주어 you + may + 동사원형 believe

해설 ① 2개의 that 앞에 so가 생략돼 있다. ② believe와 Jesus 사이의 that은 종속접속사이다.

의역 오직 이것을 기록함은 너희로 예수께서 하나님의 아들 그리스도이심을 믿게 하려 함이요 또 너희로 믿고 그 이름을 힘입어 생명을 얻게 하려 함이니라

6 So they asked him, "What miraculous sign then will you give ✓ that we may see it and believe you? What will you do?" (요6:30)

직역 그래서 그들은 그에게 물었다, / "어떤 기적적 징표를 / 그러면 / 당신은 줄겁니까 / 우리가 그것을 보고 / 당신을 믿을 수 있도록? / 당신은 / 무슨 일을 하실겁니까?"

핵심구조 (so) that + 주어 we + may + 동사원형 see / believe

단어 및 숙어의 확장 형용사 miraculous 기적적인 (miracle 기적)

해설 that 앞에 so가 생략돼 있다.

의역 저희가 묻되 그러면 우리로 보고 당신을 믿게 행하시는 표적이 무엇이니이까 하시는 일이 무엇이니이까

7 **I knew that you always hear me, but I said this for the benefit of the people standing here, ✓ that they may believe that you sent me.** (요11:42)

직역 나는 알았다 / 당신이 항상 나를 듣는다는 것을. / 그러나 나는 이것을 말했다 / 사람들의 이익을 위하여 / 이곳에 서 있는, / 그들이 믿을 수 있도록 / 당신이 나를 보냈다는 것을.

핵심구조 (so) that + 주어 they + may + 동사원형 believe

해설 ① that 앞에 so가 생략돼 있다. ② knew 다음에 오는 that은 종속접속사이다. ③ believe 다음에 오는 that도 종속접속사이다.

의역 항상 내 말을 들으시는 줄을 내가 알았나이다 그러나 이 말씀하옵는 것은 둘러선 무리를 위함이니 곧 아버지께서 나를 보내신 것을 저희로 믿게 하려 함이니이다

8 **I myself did not know him, but the reason I came baptizing with water was ✓ that he might be revealed to Israel."** (요1:31)

직역 내 자신도 그를 알지 못했다, / 그러나 그 이유는 / 내가 왔던 / 물로 세례를 주러 / 그가 이스라엘에게 드러날 수 있도록 하는 것이었다

핵심구조 (so) that + 주어 he + might + 동사원형 be revealed

단어 및 숙어의 확장 동사 baptize 세례를 주다 (be baptized 세례를 받다) / reveal 드러내다 (be revealed 드러나다)

해설 ① that 앞에 so가 생략돼 있다. ② myself는 재귀대명사의 강조적용법, I를 강조한다. ③ the reason과 I 사이에 관계부사 why가 생략돼 있다.

의역 나도 그를 알지 못하였으나 내가 와서 물로 세례를 주는 것은 그를 이스라엘에게 나타내려 함이라 하니라

9 **After Jesus said this, he looked toward heaven and prayed: "Father, the time has come. Glorify your Son, ✓ that your Son may glorify you.** (요17:1)

직역 예수님께서 이 말씀을 하신 후에, / 그는 하늘을 향해 쳐다보시고 기도하셨다. / "아버지, 때가 왔습니다. / 영광스럽게 하시옵소서 당신의 아들을, / 당신의 아들이 당신을 영광스럽게 할 수 있도록."

핵심구조 (so) that + 주어 your Son + may + 동사원형 glorify

해설 that 앞에 so가 생략돼 있다.

의역 예수께서 이 말씀을 하시고 눈을 들어 하늘을 우러러 가라사대 아버지여 때가 이르렀사오니 아들을 영화롭게 하사 아들로 아버지를 영화롭게 하게 하옵소서

10 Now this is eternal life: ✓ that they may know you, the only true God, and Jesus Christ, whom you have sent. (요17:3)

직역 자, 이것은 영원한 생명이다. / 즉 그들이 당신, 즉 유일하게 진실한 하나님이시며, 예수 그리스도를 알 수 있도록, / 당신이 보내셨던.

핵심구조 (so) that + 주어 they + may + 동사원형 know

해설 that 앞에 so가 생략돼 있다.

의역 영생은 곧 유일하신 참하나님과 그의 보내신 자 예수 그리스도를 아는 것이니이다

11 And this is the will of him who sent me, ✓ that I shall lose none of all that he has given me, but raise them up at the last day. (요6:39)

직역 그리고 이것은 나를 보내신 그의 뜻이다 / 그가 내게 주셨던 모든 것 중 아무것도 잃지 않도록, / 그러나 마지막 날에 그들 모두를 들어올리도록

핵심구조 (so) that + 주어 I + shall + 동사원형 lose

해설 ① that 앞에 so가 생략돼 있다. ② all과 he 사이의 that은 목적격관계대명사이다.

의역 나를 보내신 이의 뜻을 행하려 함이니라 나를 보내신 이의 뜻은 내게 주신 자 중에 내가 하나도 잃어버리지 아니하고 마지막 날에 다시 살리는 이것이니라

12 Then Thomas (called Didymus) said to the rest of the

disciples, "Let us also go, ✓ that we may die with him. (요11:16)

직역 그때 도마는 (디다이머스라고 불리는) 말했다 / 남은 제자들에게, / "우리도 가게 해주시오, / 우리가 그와 함께 죽을 수 있도록."

핵심구조 (so) that + 주어 we + may + 동사원형 die

해설 ① that 앞에 so가 생략돼 있다. ② called 앞에는 주격관계대명사 who 또는 that was가 생략돼 있다.

의역 디두모라 하는 도마가 다른 제자들에게 말하되 우리도 주와 함께 죽으러 가자 하니라

13 For you granted him authority over all people ✓ that he might give eternal life to all those you have given him. (요17:2)

직역 왜냐하면 / 당신이 허락하였기 때문이다 / 그에게 권위를 / 모든 사람들에 대한 / 그가 영생을 줄 수 있도록 / 그들 모든 사람들에게 / 당신이 그에게 주었던.

핵심구조 (so) that + 주어 he + might + 동사원형 give

단어 및 숙어의 확장 동사 grant 허락하다

해설 ① that 앞에 so가 생략돼 있다. ② those와 you 사이에 목적격관계대명사 that이 생략돼 있다.

의역 아버지께서 아들에게 주신 모든 자에게 영생을 주게 하시려고 만민을 다스리는 권세를 아들에게 주셨음이로소이다

14 I have given them the glory that you gave me, ✓ that they may be one as we are one: (요17:22)

직역 나는 주었다 / 그들에게 / 영광을 / 당신이 나에게 주었던, / 그들이 하나가 될 수 있도록 / 우리가 하나인 것처럼:

핵심구조 (so) that + 주어 they + may + 동사원형 be

해설 ① that 앞에 so가 생략돼 있다. ② glory다음에 오는 that은 목적격관계대명사이다.

의역 내게 주신 영광을 내가 저희에게 주었사오니 이는 우리가 하나가 된 것같이 저희도 하나가 되게 하려 함이니이다

15 I have told you this so that my joy may be in you and ✓ that your joy may be complete. (요15:11)

직역 나는 너희에게 이것을 말하였다 / 나의 기쁨이 너희 안에 있게 하기 위하여 / 그리고 / 너희의 기쁨이 완전한 것이 될 수 있도록.

핵심구조 (so) that + 주어 your joy + may + 동사원형 be

단어 및 숙어의 확장 형용사 complete 완전한, 완벽한, 충만한

해설 that 앞에 so가 생략돼 있다.

의역 내가 이것을 너희에게 이름은 내 기쁨이 너희 안에 있어 너희 기쁨을 충만하게 하려 함이니라

16 But if I do it, even though you do not believe me, believe the miracles, ✓ that you may know and understand that the Father is in me, and I in the Father. (요10:38)

직역 그러나 만약 내가 그것을 한다면, / 비록 너희가 나를 믿지 않는다 해도, / 기적을 믿어라, / 너희가 알고 이해할 수 있도록 / 아버지가 내 안에 계시고, / 내가 아버지 안에 있다는 것을.

핵심구조 (so) that + 주어 you + may + 동사원형 know / understand

단어 및 숙어의 확장 명사 miracle 기적

해설 ① that 앞에 so가 생략돼 있다. ② understand 다음의 that은 종속접속사이다.

의역 내가 행하거든 나를 믿지 아니할찌라도 그 일은 믿으라 그러면 너희가 아버지께서 내 안에 계시고 내가 아버지 안에 있음을 깨달아 알리라 하신대

17 My prayer is not for them alone. I pray also for those who will believe in me through their message, ✓ that all of them may be one, Father, just as you are in me and I am in you. (요17:20-21)

직역 나의 기도는 아니다 / 그들만을 위한 것이. / 나는 또한 기도한다 / 사람들을 위하여 / 나를 믿을 / 그들의 메시지를 통하여, / 그들 모두가 하나가 될 수 있도

록. / 아버지여, / 당신이 제 안에 계시고 / 제가 당신 안에 있는 것처럼.

핵심구조 (so) that + 주어 all of them + may + 동사원형 be

단어 및 숙어의 확장 숙어 believe in ~의 존재를 믿다

해설 that 앞에 so가 생략돼 있다.

의역 내가 비옵는 것은 이 사람들만 위함이 아니요 또 저희 말을 인하여 나를 믿는 사람들도 위함이니 아버지께서 내 안에, 내가 아버지 안에 있는 것같이 저희도 다 하나가 되어 우리 안에 있게 하사 세상으로 아버지께서 나를 보내신 것을 믿게 하옵소서

18 **The Jews said to one another, "Where does this man intend to go ✓ that we cannot find him? Will he go where our people live scattered among the Greeks, and teach the Greeks?** (요7:35)

직역 유대인들은 서로 말했다 / "어디로 / 이 사람은 / 갈 작정이냐? / 우리가 그를 찾을 수 없도록 / 그는 갈거냐? / 우리 민족이 흩어져 사는 곳으로 / 그리스인들 사이에서 / 그리고 그리스인들을 가르칠 것인가?

핵심구조 (so) that + 주어 we + cannot + 동사원형 find

단어 및 숙어의 확장 동사 scatter 흩어지다 숙어 intend to+R= ~할 의도이다, ~할 작정이다 / one another 서로서로

해설 that 앞에 so가 생략돼 있다.

의역 이에 유대인들이 서로 묻되 이 사람이 어디로 가기에 우리가 저를 만나지 못하리요 헬라인 중에 흩어져 사는 자들에게로 가서 헬라인을 가르칠 터인가

19 **Moreover, the Father judges no one, but has entrusted all judgment to the Son, ✓ that all may honor the Son just as they honor the Father. He who does not honor the Son does not honor the Father, who sent him.** (요5:22-23)

직역 더구나, 아버지는 아무도 심판하지 않는다, / 그러나 맡겼다 모든 심판을 아들에게, / 모든 사람이 아들을 공경할 수 있도록 / 마치 그들이 아버지를 공경하듯이. / 아들을 공경하지 않는 / 그는 / 아버지를 공경하지 않는다, / 그를 보냈던.

핵심구조 (so) that + 주어 all + may + 동사원형 honor

단어 및 숙어의 확장 동사 entrust 신뢰하다 부사 moreover 더구나, 게다가

해설 that 앞에 so가 생략돼 있다.

의역 아버지께서 아무도 심판하지 아니하시고 심판을 다 아들에게 맡기셨으니 이는 모든 사람으로 아버지를 공경하는 것같이 아들을 공경하게 하려 하심이라 아들을 공경치 아니하는 자는 그를 보내신 아버지를 공경치 아니하느니라

20 "Let's not tear it," they said to one another. "Let's decide by lot who will get it." This happened ✓ that the scripture might be fulfilled which said, "They divided my garments among them and cast lots for my clothing." So this is what the soldiers did. (요19:24)

직역 "그것을 찢지 맙시다" / 그들은 서로에게 말했다 / "결정합시다 / 제비뽑기에 의해서 / 누가 그것을 가질 것인지를." / 이것은 우연히 생겼다 / 성경말씀이 성취되기 위하여 / 그것은 말했다, "그들이 나누었다 / 나의 옷을 / 그들 가운데서 /그리고 / 던졌다 주사위를 / 내 옷을 놓고." / 그래서 이것이 바로 / 그 군인들이 했던 일이다.

핵심구조 (so) + that + 주어 the scripture + might +동사원형 be fulfilled

단어 및 숙어의 확장 명사 garment 의복(특히 긴 웃옷, 외투 등), 의복 한 벌 / lot 제비뽑기, 추첨, 몫

해설 that 앞에 so가 생략돼 있다.

의역 군병들이 서로 말하되 이것을 찢지 말고 누가 얻나 제비뽑자 하니 이는 성경에 저희가 내 옷을 나누고 내 옷을 제비뽑나이다 한 것을 응하게 하려 함이러라 군병들은 이런 일을 하고

21 The thief comes only to steal and kill and destroy: I have come ✓ that they may have life, and have it to the full. (요10:10)

직역 도둑은 와서 오직 훔치고 살해하고 파괴할 뿐이다: / 나는 왔다 / 그들이 생명을

가질 수 있도록, / 그리고 그것을 마음껏 가질 수 있도록 하기 위해서.

핵심구조 (so) that + 주어 they + may + have / and + (may) + 동사원형 have

단어 및 숙어의 확장 동사 steal 훔치다 / destroy 파괴하다 숙어 to the full 철저하게, 마음껏

해설 that 앞에 so가 생략돼 있다.

의역 도적이 오는 것은 도적질하고 죽이고 멸망시키려는 것뿐이요 내가 온 것은 양으로 생명을 얻게 하고 더 풍성히 얻게 하려는 것이라

22 "For God so loved the world that he gave his one and only Son, ✓ that whoever believes in him shall not perish but have eternal life. (요3:16)

직역 "왜냐하면 하나님은 세상을 너무도 사랑하셔서 / 그의 유일한 아들을 주셨다, / 그를 믿는 자는 누구든지 / 멸망하지 않고 / 영생을 가질 수 있도록.

핵심구조 (so) that + 주어 whoever believes in him + shall not + 동사원형 perish / have

단어 및 숙어의 확장 for=because / so～that… 너무～해서…하다

해설 ① that whoever 앞에는 so가 생략돼 있다. ② 앞부분 God so loved the world that he gave his one and only son은 결과적으로 해석한다. 즉 "세상을 너무도 사랑하셔서 독생자를 주셨다" ③ whoever believes in him shall not...2인칭과 3인칭의 shall은 화자의 의지를 나타낸다: I will not let whoever believes in him perish...

의역 하나님이 세상을 이처럼 사랑하사 독생자를 주셨으니 이는 저를 믿는 자마다 멸망치 않고 영생을 얻게 하려 하심이니라

that이 생략된 문장

1 "He has blinded their eyes and deadened their hearts, so ✓ they can neither see with their eyes, nor understand with their hearts, nor turn—and I would heal them." (요12:40)

직역 "그는 멀게 했다 그들의 눈을 / 그리고 / 죽게 했다 그들의 마음을, / 그들이 그들의 눈으로 볼 수도 없고, / 그들의 마음으로 이해할 수도 없고, / 돌아볼 수도 없게 하기 위하여—/ 그래서 나는 그들을 치료하려고 한다."

핵심구조 so (that) + 주어 they + can + 동사원형 see / understand / turn

단어 및 숙어의 확장 숙어 neither A nor B=A도 아니고 B도 아니다

해설 so 다음에 that이 생략되기도 한다.

의역 저희 눈을 멀게 하시고 저희 마음을 완고하게 하셨으니 이는 저희로 하여금 눈으로 보고 마음으로 깨닫고 돌이켜 내게 고침을 받지 못하게 하려 함이니라 하였음이더라

so와 may가 함께 생략되는 경우도 있다.

1 This is to my Father's glory, ✓ that you ✓ bear much fruit, showing yourselves to be my disciples. (요15:8)

직역 이것은 나의 아버지의 영광을 위하여서다, / 너희가 많은 열매를 맺을 수 있도록, / 보이면서 너희 자신이 나의 제자임을.

핵심구조 (so) that + 주어 you + (may) + 동사원형 bear

단어 및 숙어의 확장 동사 bear 열매를 맺다

의역 너희가 과실을 많이 맺으면 내 아버지께서 영광을 받으실 것이요 너희가 내 제자가 되리라

so 대신에 in order를 쓸 수 있다.

1 I have made you known to them, and will continue to make you known in order that the love you have for me may be in them and ✓ that I myself may be in them. (요17:26)

직역 나는 너희들을 알렸다 / 그들에게, / 그리고 계속할 것이다 / 너희들을 알리도록 / 사랑이 / 너희가 나에 대해 갖고 있는 / 그들 안에 있을 수 있도록 / 그리고 내 자신도 / 그들 안에 있을 수 있도록 하기 위해서.

핵심구조 in order that + 주어 the love + may + 동사원형 be / (in order) that + 주어 I + may + 동사원형 be

해설 ① and와 that 사이에는 in order가 생략돼 있다. ② love와 you 사이에 목적격 관계대명사 that 또는 which가 생략돼 있다.

의역 내가 아버지의 이름을 저희에게 알게 하였고 또 알게 하리니 이는 나를 사랑하신 사랑이 저희 안에 있고 나도 저희 안에 있게 하려 함이니이다

9 그 밖의 that의 용법

It + 강조할 부분 + that + S + V

■ It ~ that 강조구문

예문1 It was he that brought a flower yesterday.
(어제 꽃 한 송이를 가져온 사람은 바로 그였다) (he를 강조함)

예문2 It was a flower that he brought yesterday.
(어제 그가 가져온 것은 꽃 한 송이었다) (a flower를 강조함)

예문3 It was yesterday that he brought a flower.
(그가 꽃 한 송이를 가져온 것은 어제였다) (yesterday를 강조함)

1 ,although in fact it was not Jesus who baptized, but his disciples. (요4:2)

직역 ,비록 사실상 / 세례를 주는 자가 예수님이 아니라 그의 제자들이었을지라도

핵심구조 it was + 강조부분 not Jesus but his disciples + that (who) + 동사 baptized

단어 및 숙어의 확장 동사 baptize 세례를 주다 (be baptized 세례를 받다) 숙어 in fact 사실상 / not Ⓐ bot Ⓑ A가 아니라 B이다

해설 it~who는 강조용법/ who대신에 that을 쓸 수 있다.

의역 예수께서 친히 세례를 주신 것이 아니요 제자들이 준 것이라

2 **It is when he walks by night that he stumbles, for he has no light.** (요11:10)

직역 그가 넘어진 것은 / 그가 밤에 걸을 때이다, / 왜냐하면 그는 빛을 가지고 있지 않기 때문이다.

핵심구조 It is + 강조부분 when he walks by night + that + 주어 he + 동사 stumbles

단어 및 숙어의 확장 동사 stumble (실족하여)넘어지다, 비틀거리다

해설 for는 because의 뜻이다.

의역 밤에 다니면 빛이 그 사람 안에 없는고로 실족하느니라

3 **The man went away and told the Jews that it was Jesus who had made him well.** (요5:15)

직역 그 사람은 가서 유대인들에게 말했다 / 그를 낫게 해준 사람은 예수님이라고.

핵심구조 it was + 강조부분 Jesus + who + 동사 had made

해설 ① it was Jesus who...에서 who 대신에 that을 쓸 수도 있다. ② the Jews 다음에 오는 that은 종속접속사이다.

의역 그 사람이 유대인들에게 가서 자기를 고친 이는 예수라 하니라

4 **Now my heart is troubled, and what shall I say? Father, save me from this hour? No, it was for this very reason ✓ I came to this hour.** (요12:27)

직역 지금 내 마음이 고통을 겪고 있다. / 내가 무슨 말을 해야할까? / 아버지, 이 시간으로부터 저를 구원하시옵소서? / 아닙니다, / 내가 이 시간까지 온 것은 바로 이런 이유 때문이었습니다.

핵심구조 it was + 강조부분 for this very reason + (that) + 주어 I + 동사 came

단어 및 숙어의 확장 동사 trouble 고통을 겪다, 괴로워하다 / save 구원하다, 구조하다

해설 that이 생략되기도 한다.

의역 지금 내 마음이 민망하니 무슨 말을 하리요 아버지여 나를 구원하여 이 때를 면하게 하여 주옵소서 그러나 내가 이를 위하여 이때에 왔나이다

5 **But I tell you the truth: It is for your good that I am going away. Unless I go away, the Counselor will not come to you; but if I go, I will send him to you.** (요16:7)

직역 그러나 내가 너희에게 진실을 말한다: / 내가 떠나는 것은 너희를 위해서다. / 만약 내가 떠나지 않으면, / 상담자가 너희에게 오지 않을 것이다; / 그러나 만약 내가 가면, / 나는 그를 너희에게 보낼 것이다.

핵심구조 It is + 강조부분 for your good + that + 주어 I + 동사 am going

단어 및 숙어의 확장 접속사 unless (=if～not) 만약～하지 않으면 명사 Counselor 상담자, 보혜사 (=성령) 숙어 for a person's good ～를 위하여

의역 그러하나 내가 너희에게 실상을 말하노니 내가 떠나가는 것이 너희에게 유익이라 내가 떠나가지 아니하면 보혜사(保惠師)가 너희에게로 오시지 아니할 것이요 가면 내가 그를 너희에게로 보내리니

6 **Don't you believe that I am in the Father, and that the Father is in me? The words I say to you are not just my own. Rather, it is the Father, living in me, who is doing his work.** (요14:10)

직역 너희는 믿지 않느냐 / 내가 아버지 안에 있으며 아버지가 내 안에 계심을? / 내가 너희에게 하는 그 말들은 / 단지 내 자신의 말이 아니다. / 오히려 그의 일을 하시는 분은 바로 내 안에 사시는 아버지시다.

핵심구조 it is + 강조부분 the Father, living in me + who + 동사 is doing

해설 ① it is the Father who is doing his work.에서 who 대신에 that을 쓸 수 있다. 이 문장은 it ～that 강조구문으로 the Father가 강조돼 있다. ② the words와 I 사이에는 목적격관계대명사 that 또는 which가 생략돼 있다. ③ living in me에

서 living은 현재분사이다. ④ believe 다음의 that은 종속접속사이다. and와 that 사이에 종속접속사 believe가 생략돼 있다

의역 나는 아버지 안에 있고 아버지는 내 안에 계신 것을 네가 믿지 아니하느냐 내가 너희에게 이르는 말이 스스로 하는 것이 아니라 아버지께서 내 안에 계셔 그의 일을 하시는 것이라

주장(insist) 제안(suggest, propose), 명령(order, command), 요구(require, ask), 의도(intend) 등의 동사가 이끄는 that 절 이하에는 주어 다음에 반드시 should를 사용한다. 특히 미국영어에서는 should를 생략할 수 있으며 should는 해석하지 않는다.

예문1 I suggested that we (should) study English harder.
(나는 우리가 영어를 더 열심히 공부할 것을 제안하였다)

예문2 She proposed that her daughter (should) be a doctor
(그녀는 자신의 딸이 의사가 될 것을 제안하였다)

예문3 They insisted that he (should) be a leader in the Bible study group.
(그들은 그가 성경공부모임에서 지도자가 되기를 주장하였다)

1 It was intended that she should save this perfume for the day of my burial. (요12:7)

직역 그녀가 나의 매장날을 위하여 / 이 향수를 아껴두다니 / 의도된 일이었도다.

핵심구조 It was intended + that + 주어 she + (should) + 동사원형 save

단어 및 숙어의 확장 동사 intend 의도하다, 작정하다 / save 저축하다, 아끼다
명사 burial 매장 / perfume 향수

해설 intend가 '의도'를 나타내는 동사이므로 that 절 안에 should가 쓰였다.

의역 예수께서 가라사대 저를 가만 두어 나의 장사할 날을 위하여 이를 두게 하라

now that

〔now that=~이니까, ~한 이상〕(=since=because)

1 Now that you know these things, you will be blessed if you do them. (요13:17)

직역 너희가 이러한 것들을 알았으므로, / 너희들은 축복받을 것이다 / 만약 너희가 그것들을 행한다면.

핵심구조 Now that

의역 너희가 이것을 알고 행하면 복이 있으리라

2 Now that I, your Lord and Teacher, have washed your feet, you also should wash one another's feet. (요13:14)

직역 너희의 주님이자 선생인 내가 너희의 발을 씻어주었으므로, / 너희들도 서로의 발을 씻어주어야 한다.

핵심구조 Now that

의역 내가 주와 또는 선생이 되어 너희 발을 씻겼으니 너희도 서로 발을 씻기는 것이 옳으니라

3 Jesus said, "If you were blind, you would not be guilty of sin; but now that you claim you can see, your guilt remains. (요9:41)

직역 예수님이 말씀하셨다, / "만약 너희가 소경이라면, / 너희는 원죄에 대한 죄가 없을 것이다; / 그러나 너희가 볼 수 있다고 주장하기 때문에 / 너희 죄는 남아 있다.

핵심구조 now that

단어 및 숙어의 확장 동사 claim 주장하다

해설 claim과 you 사이에는 종속접속사 that이 생략돼 있다.

의역 예수께서 가라사대 너희가 소경 되었더면 죄가 없으려니와 본다고 하니 너희 죄가 그저 있느니라

동격의 that절

that 바로 앞에 오는 명사와 that의 내용과는 같은 의미이다. 이와 같은 것을 동격의 that이라고 한다.

예문1 I heard the rumor that Oscar is an American.
(the rumor과 that Oscar is an American은 동격이다)
(나는 오스카가 미국인이라는 소문을 들었다)

예문2 I have a sincere hope that I will have an invitation letter from you.
(hope와 that I will have an invitation letter from you는 동격이다)
(나는 내가 너로부터 초청장을 받을거라는 진지한 희망을 갖고 있다)

예문3 No one can deny the fact that you are guilty.
(the fact와 that you are guilty는 동격이다)
(아무도 네가 죄 있다는 사실을 부인할 수 없다)

예문4 There is no possibility that what he says may have any truth.
(possibility와 that what he says may have any truth는 동격이다)
(there is: ~가 있다 / what he says: 그가 말한 것 / what은 관계대명사로서 what he says는 명사절이며 may have의 주어가 된다)
(그가 말한 것이 어떤 진실을 가질 수 있다는 가능성은 없다)

예문5 동격절이 동격의 명사와 떨어진 경우도 있다
Word came to me that she was magnificent on the stage.
(Word와 that she was magnificent on the stage는 동격이다)
(Word와 that 이하의 절이 서로 떨어져 있다)
(그녀가 무대에서 멋있었다는 말이 내게 들렸다)

1 **While he was still on the way, his servants met him with the news that his boy was living.** (요4:51)

직역 그가 아직도 길에 있는 동안, / 그의 하인들이 그를 만났다 / 그의 아이가 살아 있다는 소식을 가지고.

핵심구조 the news=that his boy was living

해설 the news와 that 이하는 동격이다.

의역 내려가는 길에서 그 종들이 오다가 만나서 아이가 살았다 하거늘

2 But the chief priests and Pharisees had given orders that if anyone found out where Jesus was, he should report it so that they might arrest him. (요11:57)

직역 그러나 대제세장들과 바리세인들은 명령을 했다. / 즉 만약 누군가가 예수님이 있었던 곳을 찾으면, / 그는 그것을 보고해야한다고 / 그들이 그를 체포할 수 있도록.

핵심구조 orders=that if anyone found out where Jesus was, he should report it so that they might arrest him

단어 및 숙어의 확장 동사 arrest 체포하다 숙어 so that + S + might + R: ~할 수 있도록

해설 orders와 that 이하는 동격이다.

의역 이는 대제사장들과 바리새인들이 누구든지 예수 있는 곳을 알거든 고하여 잡게 하라 명령하였음이러라

3 A woman giving birth to a child has pain because her time has come; but when her baby is born she forgets the anguish because of her joy that a child is born into the world. (요16:21)

직역 아이를 낳는 여자는 고통을 가진다 / 왜냐하면 그녀의 시간이 왔기 때문이다; / 그러나 그녀의 아기가 태어나면 / 그녀는 그 고통을 잊는다 / 그녀의 기쁨 때문에 / 아이가 세상에 태어났다는.

핵심구조 joy=that a child is born into the world

단어 및 숙어의 확장 [명사] pain (몸 일부의) 아픔, 고통, 괴로움, 고뇌, 비탄, 근심 / anguish (심신의) 고통, 괴로움, 고민, 번민 [숙어] give birth to ~을 낳다, ~을 생겨나게 하다 / because of ~때문에

해설 joy와 that 이하는 동격이다.

의역 여자가 해산하게 되면 그 때가 이르렀으므로 근심하나 아이를 낳으면 세상에 사람 난 기쁨을 인하여 그 고통을 다시 기억지 아니하느니라

4 **Because of this, the rumor spread among the brothers that this disciple would not die. But Jesus did not say that he would not die; he only said, "If I want him to remain, alive until I return, what is that to you?"** (요21:23)

직역 이것 때문에, / 그 소문은 형제들 사이에 퍼졌다 / 이 제자가 죽지 않으리라는. / 그러나 예수님은 말씀하지 않았다 / 그가 죽지 않을거라고; / 그는 오직 말씀하셨다, / "만약 내가 그가 살아남기를 원한다면 / 내가 돌아올 때까지, / 그것은 너에게 무엇이냐?"

핵심구조 the rumor=that this disciple would not die

단어 및 숙어의 확장 [동사] spread 퍼지다, 확산되다 spread – spread – spread [명사] disciple 제자 / rumor 소문, 풍문

해설 ① the rumor와 that this disciple would not die는 동격이다. ② say 다음의 that은 종속접속사이다. ③ what is that to you의 that은 지시대명사이다.

의역 이 말씀이 형제들에게 나가서 그 제자는 죽지 아니하겠다 하였으나 예수의 말씀은 그가 죽지 않겠다 하신 것이 아니라 내가 올 때까지 그를 머물게 하고자 할찌라도 네게 무슨 상관이냐 하신 것이러라

for fear that + S + V= ~할까봐 두려워서

1 **Everyone who does evil hates the light, and will not come into the light for fear that his deeds will be exposed.** (요3:20)

직역 악을 행하는 모든 사람은 빛을 미워한다, / 그리고 그의 행위가 드러날 것을 두려워하여 / 빛으로 들어오지 않으려 할 것이다.

핵심구조 for fear that + 주어 his deeds + 동사 will be exposed

단어 및 숙어의 확장 [동사] expose 노출하다 (be exposed 노출되다, 드러나다)

의역 악을 행하는 자마다 빛을 미워하여 빛으로 오지 아니하나니 이는 그 행위가 드러날까 함이요

2 **Yet at the same time many even among the leaders believed in him. But because of the Pharisees they would not confess their faith for fear ✓ they would be put out of the synagogue;** (요12:42)

직역 그러나 동시에 지도자들 가운데서조차도 / 많은 사람들이 그를 믿지 않았다. / 그러나 바리새인들 때문에 / 그들은 그들의 믿음을 고백하지 않으려 했다 / 그들이 유대인회당으로부터 쫓겨나게 될 것을 두려워하여.

핵심구조 for fear (that) + 주어 they + 동사 would be put

단어 및 숙어의 확장 [명사] synagogue 유대인 회당 [동사] confess 고백하다 [숙어] at the same time 동시에 / because of ~때문에 / believe in ~의 존재를 믿다

해설 for fear that에서 that이 생략되는 경우도 있다. / many 다음에 people이 생략돼 있다.

의역 그러나 관원 중에도 저를 믿는 자가 많되 바리새인들을 인하여 드러나게 말하지 못하니 이는 출회(黜會)를 당할까 두려워함이라

가짜주어(가주어)와 진짜주어(진주어)

가주어는 it은 뒤에 오는 단어, 구, 절을 대표한다. 뒤에 오는 단어나 구(특히 to 부정사)나 절(특히 that 이하의 절)을 진주어라고 한다.

예문1 It is wrong to tell a lie.
(It은 가주어, to tell은 진주어) (거짓말하는 것은 나쁘다)

예문2 It was careless for her to say that.
(It은 가주어, for her는 의미상의 주어, to say는 진주어)
(그런 말을 하다니 그녀는 조심성이 없었다)

예문3 It is said that she is the richest woman in the city.
(It은 가주어, that 이하는 진주어)
(그녀가 그 도시에서 가장 부유한 여자라고 한다)

1 In your own Law it is written that the testimony of two men is valid. (요8:17)

직역 너 자신의 법에서는 / 쓰여 있다 / 두 사람의 증언이 타당하다고.

핵심구조 가주어 it + 동사 is written + 진주어 that 이하

단어 및 숙어의 확장 형용사 valid 타당한, 근거가 확실한, 정당한 명사 testimony 증거, 간증

의역 너희 율법에도 두 사람의 증거가 참되다 기록하였으니

2 You do not realize that it is better for you that one man die for the people than that the whole nation perish. (요11:50)

직역 너는 깨닫지 않는다 / 너에게는 전체 나라가 망하는 것보다 / 더 낫다는 것을 / 한 사람이 국민들을 위해서 죽는 것이.

핵심구조 가주어 it + 동사 is + 진주어 one man / the whole nation

단어 및 숙어의 확장 동사 perish 망하다, 사라지다

해설 realize 다음의 that은 종속접속사이다. / it은 가주어, for you는 의미상의 주어 that 이하는 진주어. [that 이하의 진주어가 두 개다. ① one man die for the people. ② the whole nation perish.]

의역 한 사람이 백성을 위하여 죽어서 온 민족이 망하지 않게 되는 것이 너희에게 유익한 줄을 생각지 아니하는도다 하였으니

성경해설 이것은 대제사장 가야바가 한 말이다.

How is it (that)...?: 어째서~인가(한가)?

예문 How is it that you are always late for classes?
(항상 수업에 늦는 것은 무슨 이유인가?(어째서 항상 수업에 늦나요?)

1 Is this the one you say was born blind? How is it that now he can see? (요9:19)

직역 이 자가 그 사람이냐 / 네가 말한 / 눈이 먼 상태로 태어난 / 어찌 된 것이냐 / 지금 그가 볼 수 있는 것은?

핵심구조 How is it that + 주어 he + 동사 can see ?

해설 선행사 the one과 주격관계대명사 who 또는 that 사이에 'you say'가 삽입돼 있다. 이 문장에서는 주격관계대명사 that만 생략되고 be동사 was는 생략되지 않고 그대로 쓰였다.

의역 이는 너희 말에 소경으로 났다 하는 너희 아들이냐 그러면 지금은 어떻게 되어 보느냐

TIP 소망, 놀람, 노여움 따위를 나타내는 가정법의 절을 이끄는 that

예문1 O that a rescue party might come soon !
구조대가 곧 와주었으면 !

예문2 Would that he were here with me !
그가 지금 나와함께 있었으면 !

예문3 That he should go back on me at the critical moment !
중요한 순간에 그가 나를 배반하다니 !

예문4 O that it were not so !
그렇지 않으면 좋으련만 !

02

분사의 정체를 파악하자

1 현재분사의 한정적용법과 서술적용법

동사의 원형(R)에 ~**ing**를 덧붙이는 것을 현재분사라고 한다.

1) 한정적 또는 제한적용법: 명사의 앞에 와서 그 명사를 꾸며주는 역할을 하는 것
a sleeping baby (잠자는 아기) (sleeping은 baby라는 명사를 꾸민다)

2) 서술적용법: 주어나 목적어를 설명해주는 역할을 한다.
He saw his papa cooking in the kitchen.
(그는 아빠가 부엌에서 요리하는 것을 보았다)
(papa가 cooking을 한다. cooking은 목적보어로서 목적어 papa를 설명해준다)

현재분사의 한정적용법

1 I knew that you always hear me, but I said this for the benefit of the people standing here, that they may believe that you sent me. (요11:42)

직역 나는 알았다 / 당신이 항상 나를 듣는다는 것을. / 그러나 나는 이것을 말했다 / 이곳에 서 있는 사람들의 이익을 위하여, / 그들이 당신이 나를 보냈다는 것을 믿을 수 있도록.

핵심구조 명사 people + 현재분사 standing

단어 및 숙어의 확장 [명사] benefit 이익

해설 ① 현재분사 standing은 명사 people을 뒤에서 꾸며준다. ② knew 다음에 오는 that과 believe 다음에 오는 that은 종속접속사이다. ③ here와 they 사이에 오는 that의 바로 앞에는 so가 생략돼 있다. (so) that + S + may + R: ~하기 위하여

의역 항상 내 말을 들으시는 줄을 내가 알았나이다 그러나 이 말씀하옵는 것은 둘러선 무리를 위함이니 곧 아버지께서 나를 보내신 것을 저희로 믿게 하려 함이니이다

2 Here a dinner was given in Jesus' honor. Martha served, while Lazarus was among those reclining at the table with him. (요12:2)

직역 여기에 예수님을 위하여 정찬이 주어졌다. / 마르다는 시중을 들었고, / 한편 나사로는 그와 함께 식탁에서 몸을 기대는 사람들 사이에 있었다.

핵심구조 명사 those + 현재분사 reclining

단어 및 숙어의 확장 [동사] recline 기대다, 의지하다, 몸을 눕히다 / serve 시중들다
[숙어] in one's honor ~을 위하여

해설 ① 현재분사 reclining은 명사 those를 뒤에서 꾸며준다. ② those 다음에는 people이 생략돼 있다.

의역 거기서 예수를 위하여 잔치할쌔 마르다는 일을 보고 나사로는 예수와 함께 앉은 자 중에 있더라

3 Don't you believe that I am in the Father, and that the Father is in me? The words I say to you are not just my own. Rather, it is the Father, living in me, who is doing his work. (요14:10)

직역 너희는 믿지 않느냐 / 내가 아버지 안에 있으며 아버지가 내 안에 계심을? / 내가 너희에게 하는 그 말들은 / 단지 내 자신의 말이 아니다. / 오히려, 그의 일을 하시는 분은 바로 내 안에 사시는 아버지시다.

핵심구조 명사 the Father + 현재분사 living

해설 ① living in me에서 living은 현재분사로서 the Father를 꾸며준다. ② believe의 종속접속사 that이 2개다. ③ the words와 I 사이에는 목적격관계대명사 that 또는 which가 생략돼 있다. ④ it is the Father who is doing his work.에서 who 대신에 that을 쓸 수 있다. 이 문장은 it~that 강조구문으로 the Father가 강조돼 있다.

의역 나는 아버지 안에 있고 아버지는 내 안에 계신 것을 네가 믿지 아니하느냐 내가 너희에게 이르는 말이 스스로 하는 것이 아니라 아버지께서 내 안에 계셔 그의 일을 하시는 것이라

4 Then the chief priest and the Pharisees called a meeting of the Sanhedrin. "What are we accomplishing?" they asked. "Here is this man performing many miraculous signs. (요11:47)

직역 그때 대제사장과 바리새인들은 소집하였다 / 산헤드린이라는 모임을. / "우리는 무엇을 완성해야 하는가?"라고 그들은 물었다. / "많은 기적적 징표를 행하는 이 사람이 여기 있다."

핵심구조 명사 this man + 현재분사 performing

단어 및 숙어의 확장 [명사] chief priest 대제사장 [형용사] miraculous 기적적인

해설 현재분사 performing은 명사 this man을 뒤에서 꾸며준다.

의역 이에 대제사장들과 바리새인들이 공회를 모으고 가로되 이 사람이 많은 표적을 행하니 우리가 어떻게 하겠느냐

성경해설 Sanhedrin: 로마 통치시대에 팔레스타인에 있었던 유대의회 / 고대 유대의 최고의결기관. 종교상 사법상의 재판권을 가지며 71명의 의원으로 구성되었다.

5 A woman giving birth to a child has pain because her time has come; (요16:21)

직역 아이를 낳는 여자는 고통을 가진다 / 왜냐하면 그녀의 때가 왔기 때문이다;

핵심구조 명사 woman + 현재분사 giving

단어 및 숙어의 확장 명사 pain (몸 일부의) 아픔, 고통, 괴로움, 고뇌, 비탄, 근심
숙어 give birth to ~을 낳다, ~을 생겨나게 하다 / because of ~때문에

해설 현재분사 giving이 명사 woman을 뒤에서 꾸며준다.

의역 여자가 해산하게 되면 그 때가 이르렀으므로 근심하나

현재분사의 서술적용법

서술적용법의 현재분사는 문장의 주어를 설명해 주는 주격보어 (S.C.)와 목적어를 설명해 주는 목적격보어(O.C.)로 나뉜다.

1 **When he saw Jesus passing by, he said, "Look, the Lamb of God !"** (요1:36)

직역 그가 예수님이 지나가시는 것을 보았을 때, / 그는 말했다, / "보라, 하나님의 어린양이시다!"

핵심구조 see + 목적어 Jesus + 현재분사 passing

단어 및 숙어의 확장 숙어 pass by 지나가다

해설 passing은 Jesus의 목적보어로서 서술적용법이다.

의역 예수의 다니심을 보고 말하되 보라 하나님의 어린 양이로다

성경해설 he는 세례요한(John, the Baptist) 이다.

2 **He bent over and looked in at the strips of linen lying there but did not go in.** (요20:5)

직역 그는 몸을 구부리더니 / 바라보셨다 / 린넨 조각이 거기에 놓여있는 것을 / 그러나 안으로 들어가지는 않았다.

핵심구조 looked + 목적어 the strips of linen + 현재분사 lying

단어 및 숙어의 확장 명사 strip 길고 가느다란 조각 숙어 bend over 되집어 꺾다, 접어 구부리다

해설 lying은 strips of linen의 목적보어로서 서술적용법이다.

의역 구푸려 세마포 놓인 것을 보았으나 들어가지는 아니하였더니

성경해설 여기에서 He는 사도요한이다.

3 The next day John saw Jesus coming toward him and said, "Look, the Lamb of God, who takes away the sin of the world!" (요1:29)

직역 그 다음날 요한은 예수님이 그를 향하여 오심을 보았다. / 그리고 말했다, / "보라, 하나님의 어린양이 세상의 죄를 짊어지고 가신다!"고.

핵심구조 동사 saw + 목적어 Jesus + 현재분사 coming

단어 및 숙어의 확장 숙어 take away 가지고 가서 없애다

해설 ① seeing은 Jesus의 목적보어로서 서술적용법이다. ② who는 관계대명사의 계속적용법으로 and he로 바꿀 수 있다. ③ the sin of the world: 예수님의 죽음이 뜻하는 보편적인 속죄교리를 증거하는 말

의역 이튿날 요한이 예수께서 자기에게 나아오심을 보고 가로되 보라 세상 죄를 지고 가는 하나님의 어린 양이로다

4 When Jesus came out wearing the crown of thoms and the purple robe, Pilate said to them, "Here is the man!" (요19:5)

직역 예수님이 가시면류관과 자주빛 옷을 입고 나오셨을 때, / 빌라도는 그들에게 말했다, "여기 그 사람이 있다!"

핵심구조 주어 Jesus + 동사 came out + 현재분사 wearing

단어 및 숙어의 확장 명사 thorn 가시 / crown of thorns 가시면류관 / purple 자주빛, 자주색 / robe 의복, 옷 동사 wear 입다 wear-wore-worn

해설 wearing은 주어 Jesus를 설명해주는 주격보어로서 서술적용법이다.

의역 이에 예수께서 가시면류관을 쓰고 자색 옷을 입고 나오시니 빌라도가 저희에게 말하되 보라 이 사람이로다 하매

5 **When Jesus saw him lying there and learned that he had been in this condition for a long time, he asked him, "Do you want to get well?"** (요5:6)

직역 예수님이 그가 거기에 누워있는 것을 보시고 / 오랫동안 이 상태에 있었다는 것을 알았을 때, / 그는 그에게 물었다, / "너는 낫기를 원하느냐?"

핵심구조 saw + 목적어 him + 현재분사 lying

단어 및 숙어의 확장 숙어 for a long time 오랫동안 / get well 낫다

해설 ① lying은 him의 목적보어로서 서술적용법이다. ② that은 종속접속사이다

의역 예수께서 그 누운 것을 보시고 병이 벌써 오랜 줄 아시고 이르시되 네가 낫고자 하느냐

6 **Turning around, Jesus saw them following and asked, "What do you want?"** (요1:38)

직역 주변을 둘러보시면서, / 예수님은 그들이 따라오는 것을 보시고 물어보셨다, / "너희는 무엇을 원하느냐?"

핵심구조 see + 목적어 them + 현재분사 following

해설 ① following은 them의 목적보어로서 서술적용법이다. ② Turning around,는 분사구문으로서, 부사절로 바꾸면, As he turned around, Jesus saw...

의역 예수께서 돌이켜 그 좇는 것을 보시고 물어 가라사대 무엇을 구하느냐

7 **When Jesus saw Nathanael approaching, he said of him, "Here is a true Israelite, in whom there is nothing false."** (요1:47)

직역 예수님이 나타나엘이 다가오는 것을 보셨을 때, / 그는 그에게 말씀하셨다, / "여기 진실한 이스라엘 사람이 있다, / 그에게는 거짓이 아무것도 없기 때문이다."

핵심구조 see + 목적어 Nathanael + 현재분사 approaching

단어 및 숙어의 확장 명사 Israelite 이스라엘 사람 동사 approach 다가오다 형용사 false 허위의, 가짜의, 거짓의

해설 ① approaching은 Nathanael의 목적보어로서 서술적용법이다. ② in whom은 관계대명사의 계속적용법으로서 접속사 + 대명사로 바꾸면, for in him이 된다.

의역 예수께서 나다나엘이 자기에게 오는 것을 보시고 그를 가리켜 가라사대 보라 이는 참이스라엘 사람이라 그 속에 간사한 것이 없도다

8 **He then added, "I tell you the truth, you shall see heaven open and the angels of God ascending and descending on the Son of Man."** (요1:51)

직역 그때 그는 덧붙여 말했다, / "나는 너희에게 진실을 말한다, / 너희는 천국이 열리고 / 하나님의 천사들이 인자 위에 오르고 내리는 것을 볼 것이다."

핵심구조 see + 목적어 the angels of God + 현재분사 ascending and descending

단어 및 숙어의 확장 동사 ascend 오르다, 올라가다↔descend 내려가다

해설 ① ascending과 descending은 the angels of God의 목적보어로서 서술적용법이다. ② 지각동사 see + 목적어 heaven + 동사원형 open ③ 2인칭과 3인칭의 shall은 말하는 화자의 의지를 말한다. ...you shall see=I will let you see...너희로 하여금 내가 보게 해주겠다.

의역 또 가라사대 진실로 진실로 너희에게 이르노니 하늘이 열리고 하나님의 사자들이 인자 위에 오르락내리락하는 것을 보리라 하시니라

9 **In the temple courts he found men selling cattle, sheep and doves, and others sitting at tables exchanging money.** (요2:14)

직역 성전 뜰에서 / 그는 발견했다 / 사람들이 소떼와 양떼와 비둘기와 다른 것들을 팔고 있는 것과 / 테이블에 앉아있는 다른 사람들이 돈을 바꾸는 것을.

핵심구조 ① found + 목적어 men + 현재분사 selling ② found + 목적어 others + 현재분사 exchanging

단어 및 숙어의 확장 명사 temple 성전 / court 뜰 / cattle 소떼 / sheep 양떼 / dove 산비둘기 동사 exchange 바꾸다, 환전하다

해설 ① selling은 men의 목적보어로서 서술적용법이다. ② exchanging은 others의 목적보어로서 서술적용법이다. ③ sitting은 others를 꾸며주는 한정적용법이다.

의역 성전 안에서 소와 양과 비둘기 파는 사람들과 돈 바꾸는 사람들의 앉은 것을 보시고

10 When Jesus looked up and saw a great crowd coming toward him he said to Philip, "Where shall we buy bread for these people to eat?" (요6:5)

직역 예수님이 위를 쳐다보시고 / 엄청난 군중이 그를 향하여 오는 것을 보셨을 때 / 그는 빌립에게 말씀하셨다, "우리는 이 사람들이 먹을 빵을 어디에서 살까?"

핵심구조 see + 목적어 a great crowd + 현재분사 coming

단어 및 숙어의 확장 명사 crowd 군중

해설 coming은 a great crowd의 목적보어로서 서술적용법이다.

의역 예수께서 눈을 들어 큰 무리가 자기에게로 오는 것을 보시고 빌립에게 이르시되 우리가 어디서 떡을 사서 이 사람들로 먹게 하겠느냐 하시니

11 When they had rowed three and a half miles they saw Jesus approaching the boat, walking on the water; and they were terrified. (요6:19)

직역 그들이 3.5마일 노를 저었을 때 / 그들은 예수님이 물 위를 걸으시면서 배에 가까이 오시는 것을 보았다, / 그래서 그들은 무서워하였다.

핵심구조 see + 목적어 Jesus + 현재분사 approaching

단어 및 숙어의 확장 동사 row 노를 젓다 / terrify 무서워하다, 겁내다 / approach 접근하다

해설 ① approaching은 Jesus의 목적보어로서 서술적용법이다. ② walking은 분사구문의 동사동작이다.

의역 제자들이 노를 저어 십여 리쯤 가다가 예수께서 바다 위로 걸어 배에 가까이 오심을 보고 두려워하거늘

12 The Pharisees heard the crowd <u>whispering</u> such things about him. (요7:32)

직역 바리새인들은 들었다 / 군중이 그에 관한 그러한 일들을 속삭이는 것을.

핵심구조 heard + 목적어 the crowd + 현재분사 whispering

단어 및 숙어의 확장 [동사] whisper 속삭이다 / hear 듣다 hear-heard- heard

해설 whispering은 the crowd의 목적보어로서 서술적용법이다.

의역 예수께 대하여 무리의 수군거리는 것이 바리새인들에게 들린지라

13 His neighbors and those who had formerly seen him <u>begging</u> asked, "Isn't this the same man who used to sit and beg?" (요9:8)

직역 그의 이웃들과 예전에 그가 구걸하는 것을 보았던 사람들이 물었다, / "이 사람이 바로 같은 사람이 아니냐? / 앉아서 구걸하곤 했던?"

핵심구조 had seen + 목적어 him + 현재분사 begging

단어 및 숙어의 확장 [동사] beg 구걸하다 [부사] formerly 예전에 [숙어] used to + R=(과거에) ~하곤 했다 (지금은 아니다) [예문] There used to be a pond near here. (예전에 이곳 근처에 연못이 한 개 있었는데 지금은 없다)

해설 begging은 him의 목적보어로서 서술적용법이다.

의역 이웃 사람들과 및 전에 저가 걸인인 것을 보았던 사람들이 가로되 이는 앉아서 구걸하던 자가 아니냐

14 At this, she turned around and saw Jesus <u>standing</u> there, but she did not realize that it was Jesus. (요20:14)

직역 이것에 / 그녀는 몸을 돌렸고 / 예수님이 거기에 서 있는 것을 보았다, / 그러나 그녀는 깨닫지 못했다 / 그분이 예수님인 것을.

핵심구조 saw + 목적어 Jesus + 현재분사 standing

단어 및 숙어의 확장 [동사] realize 깨닫다 [숙어] turn around 회전하다, 반대쪽으로 방향을 바꾸다

해설 standing은 Jesus의 목적보어로서 서술적용법이다.

의역 이 말을 하고 뒤로 돌이켜 예수의 서신 것을 보나 예수신 줄 알지 못하더라

15 When Jesus saw her weeping, and the Jews who had come along with her also weeping, he was deeply moved in spirit and troubled. (요11:33)

직역 예수님은 그녀가 눈물을 주르륵 흘리는 것을 보시고 / 그녀를 따라가던 유대인들도 눈물을 주르륵 흘리는 것을 보셨을 때, / 그는 영적으로 마음 깊이 감동을 받으시고 괴로워하셨다.

핵심구조 ① see + 목적어 her + 현재분사 weeping
② see + 목적어 the Jews + 현재분사 weeping

단어 및 숙어의 확장 동사 weep 눈물을 주르륵 흘리다 / be moved 감동을 받다 / trouble 괴로워하다

해설 ① weeping은 her의 목적보어로서 서술적용법이다. ② 또 다른 weeping도 the Jews의 목적보어로서 서술적용법이다. ③ who had come along with her는 the Jews를 꾸며주는 형용사절이다.

의역 예수께서 그의 우는 것과 또 함께 온 유대인들의 우는 것을 보시고 심령에 통분히 여기시고 민망히 여기사

16 As Simon Peter stood warming himself, he was asked, "You are not one of his disciples, are you?" He denied it, saying, "I am not." (요18:25)

직역 시몬 베드로가 서서 자신을 따뜻하게 하고 있을 때, / 그는 질문을 받았다, / "당신은 그의 제자들 중의 한 명이 아닌가요? 그렇죠?" / 그는 그것을 부인하였다, / "나는 아니오"라고 말하면서.

핵심구조 주어 Simon Peter + 동사 stood + 현재분사 warming

단어 및 숙어의 확장 동사 deny 부인하다

해설 ① warming은 Peter의 주격보어로서 서술적용법이다. ② saying은 동시동작을 나타내는 분사구문으로 and said로 바꿀 수 있다.

의역 시몬 베드로가 서서 불을 쬐더니 사람들이 묻되 너도 그 제자 중 하나가 아니냐 베드로가 부인하여 가로되 나는 아니라 하니

17 **When Jesus saw his mother there, and the disciple whom he loved standing nearby, he said to his mother, "Dear woman, here is your son,"** (요19:26)

직역 예수님이 거기에서 그의 어머니와 그가 사랑했던 제자가 옆에 서 있는 것을 보셨을 때, / 그는 그의 어머니에게 말씀하셨다, "사랑하는 여자여, 여기 당신의 아들이 있습니다."

핵심구조 saw + 목적어 his mother and the disciple + 현재분사 standing

단어 및 숙어의 확장 부사 nearby 가까이에(서)

해설 ① standing은 his mother와 the disciple의 목적보어로서 서술적용법이다. ② whom he loved는 관계대명사절(형용사절)로서 바로 앞의 the disciple을 꾸민다.

의역 예수께서 그 모친과 사랑하시는 제자가 곁에 섰는 것을 보시고 그 모친께 말씀하시되 여자여 보소서 아들이니이다 하시고

18 **Then Simon Peter, who was behind him, arrived and went into the tomb. He saw the strips of linen lying there,** (요20:6)

직역 그때 시몬 베드로는, / 그의 뒤에 있었는데, / 도착해서 무덤으로 들어갔다. / 그는 린넨 조각들이 거기에 놓여있는 것을 보았다,

핵심구조 saw + 목적어 the strips of linen + 현재분사 lying

단어 및 숙어의 확장 명사 tomb 무덤

해설 lying은 the strips of linen의 목적보어로서 서술적용법이다.

의역 시몬 베드로도 따라와서 무덤에 들어가 보니 세마포가 놓였고

19 **Jesus gave them this answer: "I tell you the truth, the Son can do nothing by himself; he can do only what he sees his Father doing, because whatever the Father does the**

Son also does. (요5:19)

직역 예수님은 그들에게 이러한 대답을 하셨다: / "나는 너희에게 진실을 말한다, / 아들은 혼자서 아무것도 할 수 없다; / 그는 그의 아버지가 하는 일을 본 것만을 할 수 있을 뿐이다, / 왜냐하면 아버지가 하는 것은 무엇이든지 아들도 하기 때문이다.

핵심구조 see + 목적어 his Father + 현재분사 doing

단어 및 숙어의 확장 숙어 by himself 혼자서 (=alone)

해설 doing은 his Father의 목적보어로서 서술적용법이다.

의역 그러므로 예수께서 저희에게 이르시되 내가 진실로 진실로 너희에게 이르노니 아들이 아버지의 하시는 일을 보지 않고는 아무것도 스스로 할 수 없나니 아버지께서 행하시는 그것을 아들도 그와 같이 행하느니라

20 The hired hand is not the shepherd who owns the sheep. So when he sees the wolf coming, he abandons the sheep and runs away. Then the wolf attacks the flock and scatters it. (요10:12)

직역 고용된 사람은 양떼를 소유한 목자가 아니다. / 그래서 그가 늑대가 오는 것을 볼 때, / 그는 양떼를 버리고 도망간다. 그때 그 늑대는 양떼를 공격하고 흩어지게 한다.

핵심구조 see + 목적어 the wolf + 현재분사 coming

단어 및 숙어의 확장 명사 hand 일손, 고용인, 직공, 머슴 / flock (작은 새, 양 따위의) 무리, 떼 동사 scatter 흩어지다 / abandon 버리다 숙어 run away 도망가다

해설 coming은 the wolf의 목적보어로서 서술적용법이다.

의역 삯군은 목자도 아니요 양도 제 양이 아니라 이리가 오는 것을 보면 양을 버리고 달아나나니 이리가 양을 늑탈하고 또 헤치느니라

21 So she came running to Simon Peter and the other disciple, the one Jesus loved, and said, "They have taken the Lord out of the tomb, and we don't know where they have put

him." (요20:2)

직역 그래서 그녀는 시몬 베드로와 다른 제자, / 즉 예수님이 사랑하셨던, / 에게 뛰어 왔다. 그리고 말했다, / "그들이 주님을 무덤 밖으로 데리고 나갔어요, / 그런데 그들이 그를 어디에 두었는지 몰라요."

핵심구조 주어 she + 동사 came + 현재분사 running

단어 및 숙어의 확장 명사 tomb 무덤

해설 ① running은 she의 주격보어로서 서술적용법이다. ② one과 Jesus 사이에는 목적격관계대명사 that 또는 whom이 생략돼 있다. ③ we don't know where they have put him.에서 where는 의문부사로서 where이하는 간접의문문이다.

의역 시몬 베드로와 예수의 사랑하시던 그 다른 제자에게 달려가서 말하되 사람이 주를 무덤에서 가져다가 어디 두었는지 우리가 알지 못하겠다 하니

22 **,but Mary stood outside the tomb crying. As she wept, she bent over to look into the tomb and saw two angels in white, seated where Jesus' body had been, one at the head and the other at the foot.** (요20:11-12)

직역 ,그러나 마리아는 무덤 밖에서 울면서 서 있었다. / 그녀가 눈물을 흘렸을 때, / 그녀는 몸을 구부려 무덤 안을 들여다보았고 / 두 명의 천사들이 하얀색 옷을 입고, 앉아 있는 것을 보았는데, / 거기에는 예수님의 몸이 있었던 곳이었다. / 한 천사는 머리맡에, 또 한 천사는 발치에 있었다.

핵심구조 주어 Mary + 동사 stood + 주격보어 crying

단어 및 숙어의 확장 동사 stand 서다 stand-stood-stood / bend 구부리다 bend-bent-bent / weep 눈물을 주르륵 흘리다 weep-wept-wept

해설 ① crying은 Mary의 주격보어로서 서술적용법이다. ② outside the tomb은 부사구로서 동사 stood와 현재분사 crying 사이에 삽입되었다. 원래의 문장으로 바꾸면 Mary stood crying outside the tomb이 된다.

의역 마리아는 무덤 밖에 서서 울고 있더니 울면서 구푸려 무덤 속을 들여다보니 흰 옷 입은 두 천사가 예수의 시체 뉘었던 곳에 하나는 머리 편에, 하나는 발 편에 앉았더라

2 과거분사의 한정적용법과 서술적용법

과거분사의 한정적용법

과거분사의 한정적용법에서는 과거분사가 명사의 앞뒤에서 그 명사를 꾸며준다.

예1 fallen leaves: 떨어진 나뭇잎(낙엽) <fallen은 leaves를 꾸며준다> [한정적]

예2 broken window: 깨진 창문 <broken은 window를 꾸며준다>[한정적]

예문1 They haves a little daughter called Leanne. <called는 daughter를 꾸며준다>
(그들에게는 리앤이라고 불리는 어린 딸이 있다) [한정적]

예문2 She is a singer returned from Italy. <returned는 singer를 꾸며준다>
(그녀는 이태리에서 돌아온 가수이다) [한정적]

1 **and not only for that nation but also for the scattered children of God, to bring them together and make them one.** (요11:52)

직역 그리고 그 나라를 위해서뿐만 아니라 / 하나님의 흩어진 자녀들을 위해서, / 그들을 함께 데려오고 / 그들을 하나로 만들기 위해서

핵심구조 과거분사 scattered + 명사 children of God

단어 및 숙어의 확장 동사 scatter 흩어지다, 쫓아버리다, 뿔뿔이 흩어버리다, (씨)뿌리다 숙어 not only A but also B=A뿐만 아니라 B도 역시

해설 ① scattered는 children을 꾸며주므로 한정적용법이다. ② that nation의 that은 nation을 수식하는 지시형용사이다.

의역 또 그 민족만 위할 뿐 아니라 흩어진 하나님의 자녀를 모아 하나가 되게 하기 위하여

과거분사의 서술적용법에는

과거분사의 서술적용법은 주어를 설명해주는 주격보어, 목적어를 설명해주는 목적격보어가 있다.

> **예문1** She sat surrounded by her friends. <surrounded는 She를 보충한다>
> (그녀는 친구들에게 둘러싸여 앉았다) [서술적] [surrounded는 주격보어]
>
> **예문2** He went home satisfied with my explanation. <satisfied는 He를 보충한다>
> (그는 내 설명에 만족한 채 집에 갔다) [서술적] [satisfied는 주격보어]

1 **The Jews said to one another, Where does this man intend to go that we cannot find him? Will he go where our people live scattered among the Greeks, and teach the Greeks?**

(요7:35)

직역 유대인들은 서로에게 말했다, / "이 사람은 우리가 그를 찾을 수 없도록 하기 위하여 어디로 갈 의도냐? / 그는 갈거냐? / 우리 민족이 흩어져 사는 곳으로 / 그리스인들 사이에 / 그리고 그리스인들을 가르칠거냐?"

핵심구조 주어 our people + 동사 live + 주격보어 scattered

단어 및 숙어의 확장 숙어 intend to+R= ~할 의도이다, ~할 작정이다 / one another 서로서로

해설 ① scattered는 our people을 설명해주는 주격보어로서 서술적용법이다. 우리말로 바꾸면, "우리 국민들이 흩어진 채 살고 있다"가 된다. ② where는 장소를 나타내는 관계부사로서 Will he go where our people live scattered...?를 우리말로 바꾸면, "우리 국민들이 흩어진 채 살아가는 곳으로 그는 갈 것인가?"가 된다. ③ (so) that + 주어 we + cannnot find: that 앞에는 so가 생략돼 있다 (찾을 수 없도록)

의역 이에 유대인들이 서로 묻되 이 사람이 어디로 가기에 우리가 저를 만나지 못하리요 헬라인 중에 흩어져 사는 자들에게로 가서 헬라인을 가르칠 터인가

2 **Whoever believes in him is not condemned, but whoever**

does not believe stands condemned already because he has not believed in the name of God's one and only Son. (요3:18)

직역 그를 믿는 사람은 누구든지 정죄 받지 않는다, / 그러나 믿지 않은 자는 누구라도 이미 정죄 받은 채로 있다 / 왜냐하면 그는 하나님의 독생자인 아들의 이름을 믿지 않았기 때문이다.

핵심구조 주어 whoever does not believe + 동사 stands + 주격보어 condemned

단어 및 숙어의 확장 동사 condemn 정죄하다 / stand (어떤 상태로) 있다

해설 ① condemned는 whoever does not의 주격보어로서 서술적용법이다.
② whoever는 복합관계대명사로서 '누구든지'

의역 저를 믿는 자는 심판을 받지 아니하는 것이요 믿지 아니하는 자는 하나님의 독생자의 이름을 믿지 아니하므로 벌써 심판을 받은 것이니라

3 ,but Mary stood outside the tomb crying. As she wept, she bent over to look into the tomb and saw two angels in white, seated where Jesus' body had been, one at the head and the other at the foot. (요20:11-12)

직역 ,그러나 마리아는 무덤 밖에서 울면서 서 있었다. / 그녀가 눈물을 흘렸을 때, / 그녀는 몸을 구부려 무덤 안을 들여다보았고 / 두 명의 천사들이 하얀색 옷을 입고, 앉아 있는 것을 보았는데, / 거기에는 예수님의 몸이 있었던 곳이었다. / 한 천사는 머리맡에, 또 한 천사는 발치에 있었다.

핵심구조 saw + 목적어 two angels + 목적보어 seated

해설 ① seated는 two angels를 보충해주는 목적보어로서 서술적용법이다.
② 현재분사 crying은 주어 Mary를 보충해주는 주격보어로서 서술적용법이다.
③ where는 장소를 나타내는 관계부사이다

의역 마리아는 무덤 밖에 서서 울고 있더니 울면서 구푸려 무덤 속을 들여다보니 흰 옷 입은 두 천사가 예수의 시체 뉘었던 곳에 하나는 머리 편에, 하나는 발 편에 앉았더라

3 분사구문의 부대상황(동시동작)이 쓰인 문장

① 현재분사(~ing), S + V
② S + V, 현재분사(~ing)

원래 주격보어로서 주절의 동작이 일어날 때의 주어의 상황을 나타내준다.

예문1 Walking on tiptoe, I approached the riverside.
=I walked on tiptoe and approached the window.
(발끝으로 걸어서 나는 강가에 다가갔다)

예문2 Singing gospel songs together, we had a good time.
=We sang gospel songs together and had a good time.
(함께 복음성가를 부르며 우리는 즐겁게 보냈다.)

1 **John testifies concerning him. He cries out, saying, "This was he of whom I said. 'He who comes after me has surpassed me because he was before me.'" (요1:15)**

직역 요한은 그에 관하여 시험한다. / 그는 외친다, / 말하면서, / "이분은 그 사람이다 / 내가 말했던. / '그는 나를 따라온 자인데 나를 능가하였다 / 왜냐하면 그는 내 앞에 있었기 때문이다.'"

핵심구조 주어 He + 동사 cries out + saying

단어 및 숙어의 확장 전치사 concerning=about ~에 대하여, ~에 관하여 숙어 come after 따라오다 동사 surpass 능가하다, 앞서다

해설 ① saying은 분사구문의 동시동작으로서 and says로 바꿀 수 있다. ② This was he (이 사람이 그였다) + I said of him. (나는 그에 관해 말했다) 여기에서 he와 him은 같다. 따라서 him 대신에 목적격관계대명사 whom을 써준다. 이 두 개의 문장을 관계대명사의 목적격을 써서 바꾸면, This was he I said of whom.이다. 이 문장을 다시 바꾸면, This was he of whom I said 가 된다.

의역 요한이 그에 대하여 증거하여 외쳐 가로되 내가 전에 말하기를 내 뒤에 오시는 이가 나보다 앞선 것은 나보다 먼저 계심이니라 한 것이 이 사람을 가리킴이라 하니라

2 This is to my Father's glory, that you bear much fruit, showing yourselves to be my disciples. (요15:8)

직역 이것은 나의 아버지의 영광을 위하여서다, / 너희가 그 만큼의 많은 열매를 맺으면 / 너희 자신이 나의 제자가 됨을 보이면서.

핵심구조 주어 you + 동사 bear + showing

단어 및 숙어의 확장 동사 bear 열매를 맺다

해설 ① showing은 분사구문의 동시동작으로서 and shows로 바꿀 수 있다. ② that은 양을 나타내는 명사 앞에서 '그만큼의' '그 정도의' 뜻을 나타낸다.

의역 너희가 과실을 많이 맺으면 내 아버지께서 영광을 받으실 것이요 너희가 내 제자가 되리라

성경해설 요한복음 15장8절을 King James Version과 NLT Version으로 살펴보자

KJV Herein is my Father glorified, that ye bear much fruit; so shall ye be my disciples.

NLT When you produce much fruit, you are my true disciples.
This brings great glory to my Father.

3 After this, Jesus went around in Galilee, purposely staying away from Judea because the Jews there were waiting to take his life. (요7:1)

직역 이 일 이후로, / 예수님은 갈릴리에서 두루 다니셨고, / 의도적으로 / 유대로부터 멀리 떨어져 머무르셨다 / 왜냐하면 유대인들이 거기에서 기다리고 있는 중이었기 때문이었다 / 그의 생명을 뺏으려고.

핵심구조 주어 Jesus + 동사 went + , staying

단어 및 숙어의 확장 부사 purposely 의도적으로, 일부러

해설 staying은 분사구문의 동시동작으로서 and stayed로 바꿀 수 있다.

의역 이후에 예수께서 갈릴리에서 다니시고 유대에서 다니려 아니하심은 유대인들이 죽이려 함이러라

4 At this, they picked up stones to stone him, but Jesus hid himself, slipping away from the temple grounds. (요8:59)

직역 이 일에 대하여 / 그들은 돌을 집었다 / 그에게 돌을 던지기 위하여, / 그러나 예수님은 자신을 숨겼다, / 성전마당으로부터 떨어져 미끄러져가면서.

핵심구조 주어 Jesus + 동사 hid + slipping away

단어 및 숙어의 확장 동사 hide 숨다 hide-hid-hidden 명사 temple 성전
숙어 pick up 집다 / slip away 미끄러지다

해설 slipping은 분사구문의 동시동작으로서 and slipped로 바꿀 수 있다.

의역 저희가 돌을 들어 치려 하거늘 예수께서 숨어 성전에서 나가시니라

5 After that, he poured water into a basin and began to wash his disciples' feet, drying them with the towel that was wrapped around him. (요13:5)

직역 그 후, / 그는 대야에 물을 부어 그의 제자들의 발을 씻어주기 시작했다, / 그들을 (발) 말리면서 / 수건으로 / 그의 주변에 감싸여있던.

핵심구조 주어 he + 동사 began + drying

해설 ① drying은 분사구문의 동시동작으로서 and dried로 바꿀 수 있다. ② after 다음의 that은 지시대명사이다. ③ towel 다음의 that은 주격관계대명사이다.

의역 이에 대야에 물을 담아 제자들의 발을 씻기시고 그 두르신 수건으로 씻기기를 시작하여

6 The Jews gathered around him, saying, "How long will you keep us in suspense? If you are the Christ, tell us plainly." (요10:24)

직역 유대인들은 그의 주변에 모였다, / 말하면서, / "얼마나 오랫동안 / 너는 우리를 불안하게 할 것이냐? / 만약 네가 그리스도라면, / 우리에게 명백하게 말해 달라."

핵심구조 주어 the Jews + 동사 gathered + saying

단어 및 숙어의 확장 [부사] plainly 명백히, 솔직히, 검소하게, 수수하게 [숙어] keep a person in suspense ~를 불안하게 해두다, 마음 졸이게 하다

해설 saying은 분사구문의 동시동작으로서 and said로 바꿀 수 있다.

의역 유대인들이 에워싸고 가로되 당신이 언제까지나 우리 마음을 의혹케 하려나이까 그리스도여든 밝히 말하시오 하니

7 Then Simon Peter, who had a sword, drew it and struck the high priest's servant, cutting off his right ear. (The servant's name was Malchus.) (요18:10)

직역 그때 시몬 베드로는, / 칼을 갖고 있었는데, / 그것을 빼내어서 / 대제사장의 하인을 내리쳤다, / 그의 오른쪽 귀를 잘라내면서. (그 하인의 이름은 맬커스였다)

핵심구조 주어 Simon Peter + 동사 drew / struck + cutting

단어 및 숙어의 확장 [명사] sword 칼, 검 / high priest 대제사장 [동사] strike 내리치다 strike-struck-struck

해설 cutting은 분사구문의 동시동작으로서 and cut으로 바꿀 수 있다.

의역 이에 시몬 베드로가 검을 가졌는데 이것을 빼어 대제사장의 종을 쳐서 오른편 귀를 베어 버리니 그 종의 이름은 말고라

8 As Simon Peter stood warming himself, he was asked, "You are not one of his disciples, are you?" He denied it, saying, "I am not." (요18:25)

직역 시몬 베드로가 서서 자신을 따뜻하게 하고 있을 때, / 그는 질문을 받았다, / "당신은 그의 제자들 중의 한 명이 아니오?" / 그는 그것을 부인하였다, / "나는 아니오"라고 말하면서.

핵심구조 주어 He + 동사 denied + saying

단어 및 숙어의 확장 [동사] deny 부인하다

해설 ① saying은 분사구문의 동시동작으로서 and said로 바꿀 수 있다. ② stood warming의 warming은 stood를 설명해주는 서술적용법의 분사이다.

의역 시몬 베드로가 서서 불을 쬐더니 사람들이 묻되 너도 그 제자 중 하나가 아니냐 베드로가 부인하여 가로되 나는 아니라 하니

9 **Instead, one of the soldiers pierced Jesus' side with a spear, bringing a sudden flow of blood and water.** (요19:34)

직역 그 대신, / 군인들 중의 한 명이 / 예수님의 옆구리를 창으로 찔렀다, / 갑작스럽게 피와 물이 나오면서.

핵심구조 주어 one + 동사 pierced + bringing

단어 및 숙어의 확장 동사 pierce 찌르다 / bring 가져오다, 초래하다 bring-brought-brought 명사 soldier 군인, 병사 / spear 창 / blood 피, 혈액 / flow 흐름

해설 bringing은 분사구문의 동시동작으로서 and brought로 바꿀 수 있다.

의역 그 중 한 군병이 창으로 옆구리를 찌르니 곧 피와 물이 나오더라

10 **It was cold, and the servants and officials stood around a fire they had made to keep warm. Peter also was standing with them, warming himself.** (요18:18)

직역 날씨는 추웠다, / 그리고 하인들과 병사들은 불 주변에 서 있었다 / 그들을 따뜻하게 만들어주기 위해서 만들었던. / 베드로도 그들과 함께 서 있었다, / 자신을 따뜻하게 하면서.

핵심구조 주어 Peter + 동사 was standing + warming

해설 ① warming은 분사구문의 동시동작으로서 and warmed로 바꿀 수 있다. ② fire와 they 사이에는 목적격관계대명사 that 또는 which가 생략돼 있다.

의역 그 때가 추운고로 종과 하속들이 숯불을 피우고 서서 쬐니 베드로도 함께 서서 쬐더라

11 **The other disciples followed in the boat, towing the net full of fish, for they were not far from shore, about a hundred yards.** (요21:8)

직역 다른 제자들이 배 안으로 따라갔다, / 물고기로 가득 찬 네트를 끌고 가면서, / 왜냐하면 그들은 해안으로부터 멀리 있지 않았기 때문이었다, / 약 100야드 정도 떨어져 있었다.

핵심구조 주어 disciples + 동사 followed + towing

단어 및 숙어의 확장 동사 tow 끌고 가다, 견인하다 숙어 be far from ~로부터 멀리 있다

해설 towing은 분사구문의 동시동작으로서 and towed로 바꿀 수 있다.

의역 다른 제자들은 육지에서 상거(相距)가 불과 한 오십 간쯤 되므로 작은 배를 타고 고기 든 그물을 끌고 와서

12 **They took palm branches and went out to meet him, shouting, "Hosanna!" "Blessed is he who comes in the name of the Lord!" "Blessed is the King of Israel!"** (요12:13)

직역 그들은 종려나무 가지를 꺾어서 / 밖으로 나갔다 / 그를 만나기 위하여, / 외치면서, / "호산나!" 라고. / "축복받을 것이다, / 주님의 이름으로 오시는 그는!" / "축복받을 것이다 / 이스라엘의 왕은!"

핵심구조 주어 They + 동사 took / went + shouting

단어 및 숙어의 확장 명사 palm 종려나무(1은 묵음) / branch 가지 동사 shout 소리치다, 외치다 / bless 축복하다 (be blessed 축복받다)

해설 shouting은 분사구문의 동시동작으로서 and shouted로 바꿀 수 있다.

의역 종려나무 가지를 가지고 맞으러 나가 외치되 호산나 찬송하리로다 주의 이름으로 오시는 이 곧 이스라엘의 왕이시여 하더라

13 **The soldiers twisted together a crown of thorns and put it on his head. They clothed him in a purple robe and went up to him again, saying, "Hail, king of the Jews!" And they struck him in the face.** (요19:2-3)

직역 군인들은 가시면류관을 함께 비틀어서 / 그것을 그의 머리에 씌웠다. / 그들은

그에게 자주색 옷을 입혔고 / 그에게 다시 올라갔다, / 말하면서, / "안녕하시오, 유대인의 왕이여!" / 그리고 그들은 그의 얼굴을 때렸다.

핵심구조 주어 They + 동사 clothed / went + saying

단어 및 숙어의 확장 [동사] twist 비틀다 / clothe 옷을 입히다 [명사] robe 옷, 의복 / purple 자주색 / hail 환영의 인사 / crown 왕관 / thorn 가시 / crown of thorns 가시면류관 [숙어] strike one in the face 얼굴을 때리다

해설 saying은 분사구문의 동시동작으로서 and said로 바꿀 수 있다.

의역 군병들이 가시로 면류관을 엮어 그의 머리에 씌우고 자색 옷을 입히고 앞에 와서 가로되 유대인의 왕이여 평안할찌어다 하며 손바닥으로 때리더라

14 For this reason the Jews tried all the harder to kill him; not only was he breaking the Sabbath, but he was even calling God his own Father, making himself equal with God.

(요5:18)

직역 이런 이유로 / 유대인들은 오히려 더 열심히 그를 죽이려고 노력하였다; / 그가 안식일을 지키지 않았을 뿐만 아니라, / 그가 심지어 하나님을 그의 자신의 아버지라고 불렀기 때문이었다, / 자신을 하나님과 동등하게 만들면서.

핵심구조 주어 he + 동사 was calling + making

단어 및 숙어의 확장 [숙어] all the + 비교급=그만큼, 더욱 더, 오히려 all the harder 더욱 더 열심히 / not only A but (also) B=A뿐만 아니라 B도 [명사] Sabbath 안식일

해설 making은 분사구문의 동시동작으로서 and was making으로 바꿀 수 있다.

의역 유대인들이 이를 인하여 더욱 예수를 죽이고자 하니 이는 안식일만 범할 뿐 아니라 하나님을 자기의 친아버지라 하여 자기를 하나님과 동등으로 삼으심이러라

15 So Judas came to the grove, guiding a detachment of soldiers and some officials from the chief priests and Pharisees. They were carrying torches, lanterns and weapons.

(요18:3)

직역 그래서 유다는 작은 숲으로 갔다, / 대제사장들과 바리새인들로부터 온 / 군인들과 몇 명의 병사들의 이탈을 안내하면서. / 그들은 횃불과 등잔과 무기를 들고 있었다.

핵심구조 주어 Judas + 동사 came + guiding

단어 및 숙어의 확장 명사 grove 작은 숲 / detachment 분리, 이탈, 초연함

해설 guiding은 분사구문의 동시동작으로서 and guided로 바꿀 수 있다.

의역 유다가 군대와 및 대제사장들과 바리새인들에게서 얻은 하속들을 데리고 등과 홰와 병기를 가지고 그리로 오는지라

16 When the Jews who had been with Mary in the house, comforting her, noticed how quickly she got up and went out, they followed her, <u>supposing</u> she was going to the tomb to mourn there. (요11:31)

직역 집에서 마리아와 함께 있던 유대인들은, / 그녀를 위로하면서, / 알아차렸을 때 / 얼마나 빨리 그녀가 일어나서 밖으로 나갔는지를, / 그들은 그녀를 따라갔다, / 그녀가 무덤으로 간다고 가정하면서 / 거기서 슬퍼하기 위하여.

핵심구조 주어 they + 동사 followed + supposing

단어 및 숙어의 확장 동사 comfort 위로하다 / notice 목격하다, 알아채다, 보다 / suppose 가정하다, 생각하다 / mourn 슬퍼하다, 애도하다 명사 tomb 무덤 숙어 be going to ~할 예정이다

해설 ① supposing은 분사구문의 동시동작으로서 and supposed로 바꿀 수 있다.
② comforting은 주어 the Jews를 설명하는 서술적용법의 현재분사이다.

의역 마리아와 함께 집에 있어 위로하던 유대인들은 그의 급히 일어나 나가는 것을 보고 곡하러 무덤에 가는 줄로 생각하고 따라가더니

17 Then Jesus, still <u>teaching</u> in the temple courts, cried out, "Yes, you know me, and you know where I am from I am not here on my own, but he who sent me is true. You do not know him. (요7:28)

직역 그때 예수님은, / 아직도 성전 뜰에서 가르치시면서, / 외치셨다, / "그렇다, 너희는 나를 알고, / 너희는 내가 어디에서 왔는지 알고 있고 / 내가 내 자신의 뜻으로 이곳에 오지 않았다는 것을 알고 있다, / 그러나 나를 보내신 그는 진실하다. / 너희는 그를 알지 못한다.

핵심구조 주어 Jesus + 동사 cried out + still teaching

단어 및 숙어의 확장 명사 temple court 성전 뜰

해설 still teaching은 동시동작으로서 and taught로 바꿀 수 있다.

의역 예수께서 성전에서 가르치시며 외쳐 가라사대 너희가 나를 알고 내가 어디서 온 것도 알거니와 내가 스스로 온 것이 아니로라 나를 보내신 이는 참이시는 너희는 그를 알지 못하나

4 분사구문이 쓰인 문장

① ~ing, S + V
② (Being)+p.p., S + V 〈**수동분사구문**〉
③ having+p.p., S + V 〈**완료분사구문**〉
④ (having+been)+p.p., S + V 〈**완료수동분사구문**〉

부사절(=종속절)이 들어 있는 복문을 현재분사(~ing)나 과거분사(p.p.)를 사용해서 간단한 부사구로 된 단문으로 만든 것을 분사구문이라고 한다.

▸[부사절을 분사구문으로 고치는 공식]
① 종속절 안의 접속사를 생략한다
② 중심되는 주절의 주어와 종속절의 주어가 같을 경우, 종속절의 주어를 생략한다
③ 종속절의 동사의 원형에 ~ing를 붙인다

예문 If you turn to the left, you will find Hanyoung Theological University.
(왼편으로 돌면, 한영신학대학교를 발견할 것이다)
→ Turning to the left, you will find HYTU.

▸[분사구문을 다시 부사절로 바꾸는 공식]

① 분사구문과 주절의 앞뒤 문맥을 살핀 후, 생략했던 접속사를 다시 사용한다. 이때 대부분의 접속사는 If, when, after, As, Because, since, though 등이다.
② 생략했던 종속절의 주어를 다시 살려준다.
③ ~ing를 삭제하고 주절의 동사와 시제를 일치시켜서 종속절의 동사를 다시 사용한다.

예문 Turning to the left, you will find HYTU.
→ If you turn to the left, you will find HYTU.

1 The next day Jesus decided to leave for Galilee. Finding Philip, he said to him, "Follow me." (요1:43)

직역 다음 날 / 예수님은 떠날 결심을 하셨다 / 갈릴리를 향하여. / 빌립보를 찾아내신 후, / 그는 그에게 말씀하셨다, / "나를 따르라."

핵심구조 Finding Philip,

단어 및 숙어의 확장 숙어 leave for ~를 향하여 떠나다

해설 ① Finding은 분사구문으로서 부사절로 고치면, After (When) he found Philip, 이 된다. ② decide to + R: decide는 반드시 뒤에 to부정사가 온다. ③ to leave는 부정사의 명사적용법의 목적어이다.

의역 이튿날 예수께서 갈릴리로 나가려 하시다가 빌립을 만나 이르시되 나를 좇으라 하시니

성경해설 <1:43-51> Jesus calls Philip and Nathanael 빌립과 나다나엘
공생애 제4일의 일로서, 갈릴리를 배경으로 두 번째로 제자들을 부르시는 장면이다. 예수는 인습적 통념과 그릇된 메시아관에 젖어 있던 나다나엘에게 신성과 영적 통찰력을 나타내 보이심으로써 그를 온전한 신앙으로 이끄셨다. 참신앙은 개별적으로 직접 예수를 만나 그분의 신적 존재를 정확히 인식할 때 얻을 수 있다 (빌립의 어원: 말(馬)을 사랑하는 자)

2 Then, leaving her water jar, the woman went back to the town and said to the people, (요4:28)

직역 그 때, / 그녀의 물단지를 남겨둔 후, / 그 여자는 마을로 돌아가서 / 사람들에게

말했다.

핵심구조 leaving her water jar,

단어 및 숙어의 확장 동사 leave 남겨두다 명사 jar 단지

해설 leaving her water jar는 분사구문으로서 부사절로 바꾸면, After she left her water jar가 된다

의역 여자가 물동이를 버려두고 동네에 들어가서 사람들에게 이르되

3 **Later, knowing that all was now completed, and so that the Scripture would be fulfilled, Jesus said, "I am thirsty."** (요19:28)

직역 나중에, / 모든 것이 이제 완성되었음을 알고 난 후에, / 그리고 성경이 성취될 수 있도록, / 예수님은 말씀하셨다, / "목이 마르다"고.

핵심구조 knowing...

단어 및 숙어의 확장 형용사 complete 완벽한, 완전한, 전부의, 철저한 (be completed 완성되다) / thirsty 목마른, 갈망하는, 목이 마르게 하는 동사 fulfill 성취하다

해설 ① knowing은 분사구문으로서 부사절로 바꾸면, after he knew that all was now completed,가 된다. ② know다음의 that은 종속접속사이다. ③ so that + S + would: ~하기 위하여

의역 이후에 예수께서 모든 일이 이미 이룬 줄 아시고 성경으로 응하게 하려 하사 가라사대 내가 목마르다 하시니

4 **Jesus, knowing all that was going to happen to him, went out and asked them, Who is it you want?"** (요18:4)

직역 예수님은, / 그에게 일어날 모든 일을 아신 후에, / 밖으로 나가시더니 / 그들에게 물었다, / 너희가 원하는 자가 누구냐?

핵심구조 knowing all...

단어 및 숙어의 확장 숙어 be going to ~하려고 하다

해설 ① knowing은 분사구문으로서 부사절로 바꾸면, after (when) he knew~가

된다. ② 의문사가 주어일 때 관계대명사는 반드시 that을 사용한다. 이 문장에서는 Who가 의문사이면서 동시에 주어이다. it과 you 사이에 목적격관계대명사 that이 생략돼 있다.

의역 예수께서 그 당할 일을 다 아시고 나아가 가라사대 너희가 누구를 찾느냐

5 Turning around, Jesus saw them following and asked, "What do you want?" They said, "Rabbi"(which means Teacher), "where are you staying?" (요1:38)

직역 주변을 둘러보시면서, / 예수님은 그들이 따라오는 것을 보시고 / 물어보셨다, "너희는 무엇을 원하느냐?" / 그들이 말했다, / "선생님"(그것은 선생님을 의미한다), "당신은 어디에서 머무실겁니까?"

핵심구조 Turning around,...,

해설 ① Turning around,는 분사구문으로서 부사절로 바꾸면, As he turned around,가 된다. ② Rabbai [ræbai]: 어원: '나의 큰 자' '나의 존경할 분,' 유대인이 자신의 스승을 높여 부르는 말. ③ following은 them을 설명해주는 서술적용법의 분사이다.

의역 예수께서 돌이켜 그 좇는 것을 보시고 물어 가라사대 무엇을 구하느냐 가로되 랍비여 어디 계시오니이까 하니(랍비는 번역하면 선생이라)

6 Jesus, knowing that they intended to come and make him king by force, withdrew again to a mountain by himself. (요6:15)

직역 예수님은, / 그들이 강제로 와서 / 그를 왕으로 만들 의향이 있다는 것을 아시고 나서, / 물러나셨다 / 또다시 / 산으로 /혼자서.

핵심구조 knowing...

단어 및 숙어의 확장 동사 withdraw 물러나다, 후퇴하다 widraw-withdrew-withdrawn
숙어 intend to ~하려고 하다 / by force 강제로, 억지로 / by oneself 혼자서

해설 ① knowing that they intended to come and make him king by force, 는 분사구문으로서 부사절로 바꾸면, because he knew that they intended to come and make him king by force가 된다. 접속사를 because 또는 after 또는

when을 써도 된다. ② that은 종속접속사이다.

의역 그러므로 예수께서 저희가 와서 자기를 억지로 잡아 임금 삼으려는 줄을 아시고 다시 혼자 산으로 떠나가시니라

7 **So the soldiers took charge of Jesus. Carrying his own cross, he went out to the place of the Skull (which in Aramaic is called Golgotha).** (요19:17)

직역 그래서 군인들은 예수님을 담당하였다. / 그 자신의 십자가를 짊어진 후, / 그는 밖으로 나가서 / 해골장소라는 곳으로 가셨다 (그것은 아람어로 골고다라고 불린다).

핵심구조 Carrying his own cross,...

단어 및 숙어의 확장 [명사] soldier 군인, 병사 / skull 해골 / Golgotha 해골산 (골고다는 Aramaic 아람어 (옛 시리아, 팔레스타인 등의 셈계 언어)이고, Calvary(갈보리)는 Latin어이다) [숙어] take charge of ~을 맡다, 담임하다

해설 Carrying his own cross,는 분사구문으로서 부사절로 고치면, After he carried his own cross,가 된다.

의역 저희가 예수를 맡으매 예수께서 자기의 십자가를 지시고 해골 (히브리말로 골고다)이라 하는 곳에 나오시니

〈갈보리산 위에 있는 성전교회〉

8 Taking Jesus' body, the two of them wrapped it, with the spices, in strips of linen. This was in accordance with Jewish burial customs. (요19:40)

직역 예수님의 몸을 가져간 후, / 그들 중 그 두 사람은 / 그 시신에 향을 뿌려 / 린넨 천 조각으로 감쌌다. / 이것은 / 유대인의 매장관습에 따른 것이었다.

핵심구조 Taking Jesus' body,...

단어 및 숙어의 확장 동사 wrap 포장하다, 싸다 명사 spice 향신료, 양념 / burial 매장 숙어 in accordance with ~에 따라, ~에 일치하여 ~대로

해설 Taking Jesus' body는 분사구문으로서 부사절로 바꾸면, After they took Jesus' body,가 된다.

의역 이에 예수의 시체를 가져다가 유대인의 장례법대로 그 향품과 함께 세마포로 쌌더라

9 "Woman," he said, "why are you crying? Who is it you are looking for?" Thinking he was the gardener, she said, "Sir, if you have carried him away, tell me where you have put him, and I will get him." (요20:15)

직역 "여자여," 그가 말했다, / "왜 너는 울고 있느냐? / 네가 찾는 자는 누구냐?" / 그가 정원사라고 생각하고, / 그녀는 말했다, / "선생님, 만약 당신이 그를 데리고 갔다면, / 제게 말해주세요 / 당신이 그를 어디에 두셨는지, / 그러면 제가 그를 데리고 가겠습니다."

핵심구조 Thinking...

단어 및 숙어의 확장 숙어 look for ~을 찾다 명사 gardener 정원사

해설 ① Thinking he was the gardener,는 분사구문으로서 부사절로 바꾸면, Because she thought he was the gardener,이 된다. ② 의문사가 주어일 경우에는 관계대명사 that을 사용한다. Who is it that you are looking for?에서 주어가 의문사 Who이므로 관계대명사 that을 사용하였다. 또한 that은 목적격이므로 생략되었다. ③ Thinking 다음에는 종속접속사 that이 생략돼 있다. ④ where you have put him은 간접의문문이다.

의역 예수께서 가라사대 여자여 어찌하여 울며 누구를 찾느냐 하시니 마리아는 그가 동산지기인 줄로 알고 가로되 주여 당신이 옮겨 갔거든 어디 두었는지 내게 이르소서 그리하면 내가 가져가리이다

10 **Jesus answered, "It is the one to whom I will give this piece of bread when I have dipped it in the dish." Then, dipping the piece of bread, he gave it to Judas Iscariot, son of Simon.** (요13:26)

직역 예수님이 대답하셨다, / "바로 그 사람이다 / 내가 이 빵조각을 주는 / 내가 그것을 접시에 적실 때에." 그리고 나서, 빵조각을 적신 후, / 그는 그것을 가룟 유다, / 즉 시몬의 아들에게 주셨다.

핵심구조 dipping the piece of bread,

단어 및 숙어의 확장 동사 dip 적시다, 담그다

해설 dipping the piece of bread,은 분사구문으로서 부사절로 바꾸면, After he dipped the piece of bread,가 된다.

의역 예수께서 대답하시되 내가 한 조각을 찍어다가 주는 자가 그니라 하시고 곧 한 조각을 찍으셔다가 가룟 시몬의 아들 유다를 주시니

수동(태)분사구문

Being +p.p.를 수동(태)분사구문이라고 한다. 이 때 being을 생략할 수 있다.

1 **Aware that his disciples were grumbling about this, Jesus said to them, "Does this offend you?"** (요6:61)

직역 그의 제자들이 이것에 대하여 투덜대는 것을 깨달은 / 예수님은 그들에게 말했다, / "이것이 너희들에게 해가 되느냐?"

핵심구조 (Being) + aware...,

단어 및 숙어의 확장 형용사 aware 깨달은, 알고 있는 동사 grumble 투덜대다, 불평하다 / offend 해가 되다

해설 ① Aware that his disciples were grumbling about this,는 분사구문으로서 Aware 앞에 Being이 생략된 수동분사구문이다. 이 분사구문을 부사절로 바꾸면, After he was aware that his disciples were grumbling about this, 가 된다. ② aware 다음의 that은 종속접속사이다.

의역 예수께서 스스로 제자들이 이 말씀에 대하여 수군거리는 줄 아시고 가라사대 이 말이 너희에게 걸림이 되느냐

2 **Jesus, once more deeply moved, came to the tomb. It was a cave with a stone laid across the entrance.** (요11:38)

직역 예수님은, / 한 번 더 마음깊이 감동을 받았기 때문에, / 무덤으로 가셨다. / 그것은 입구를 가로질러 놓여 있는 돌 한 개가 있는 동굴이었다

핵심구조 (being) once more deeply moved,

단어 및 숙어의 확장 명사 tomb 무덤 / cave 동굴 / entrance 입구 동사 move 감동하다, (마음을) 움직이다 / lay 놓다, 두다 lay-laid-laid

해설 ① being이 생략된 것으로 봐서 '수동분사구문'이다. 이것을 부사절로 바꾸면, Because he was once more deeply moved, Jesus came to the tomb이 된다. ② stone과 laid 사이에는 주격관계대명사 that 또는 which와 was가 생략돼 있다.

의역 이에 예수께서 다시 속으로 통분히 여기시며 무덤에 가시니 무덤이 굴이라 돌로 막았거늘

3 **When the soldiers crucified Jesus, they took his clothes, dividing them into four shares, one for each of them, with the undergarment remaining. This garment was seamless, woven in one piece from top to bottom.** (요19:23)

직역 병졸들이 예수님을 십자가에 못 박았을 때 / 그들은 그의 옷을 가져다가, / 4개로 나눠서, / 각각 한 개씩 가져가고, / 속옷을 남겨둔 채로. / 이 옷은 위에서부터 아래까지 한 통으로 엮어진 것이었기 때문에 이음새가 없었다

핵심구조 (being) woven

단어 및 숙어의 확장 (명사) soldier 군인, 병사 / share 몫, 나눔 / undergarment 속옷 / seam 이음매, 솔기, 접합선, 주름 (형용사) seamless 이음매 없는, 솔기 없는 (-less는 부정의 뜻을 나타내는 접미사)

해설 ① woven의 앞에는 being이 생략돼 있다. 수동태분사구문이다. 이 문장을 다시 쓰면, (Being) Woven in one piece from top to bottom, this garment was seamless가 된다. 여기에서 분사구문으로 된 부분을 다시 부사절로 바꿔보자. Because it was woven in one piece from top to bottom, this garment was seamless가 된다. ② dividing은 분사구문의 동시동작으로서 and divided로 바꿔 쓸 수 있다. ③ with + 목적어 undergarments + 현재분사 remaining은 '속옷은 남겨둔 채로'의 뜻이다.

의역 군병들이 예수를 십자가에 못박고 그의 옷을 취하여 네 깃에 나눠 각각 한 깃씩 얻고 속옷도 취하니 이 속옷은 호지 아니하고 위에서부터 통으로 짠 것이라

완료분사구문 (Having+p.p.)

1 Having said this, he stayed in Galilee. (요7:9)

직역 이것을 말하고 나서, / 그는 갈릴리에서 머무셨다.

핵심구조 Having said this,

해설 Having said this는 완료분사구문으로서 부사절로 바꾸면, After he had said this, 가 된다.

의역 이 말씀을 하시고 갈릴리에 머물러 계시니라

2 Having said this, he spit on the ground, made some mud with the saliva, and put it on the man's eyes. (요9:6)

직역 이것을 말하고 나서, / 그는 땅에 침을 뱉었고, / 진흙 조금에 침을 조금 바르고, / 그것을 그 사람의 눈에 붙였다.

핵심구조 Having said this,

단어 및 숙어의 확장 명사 saliva 침, 타액 동사 spit (침을)뱉다, 토해내다

해설 Having said this,는 완료분사구문으로서 부사절로 바꾸면, After he had said this, 가 된다.

의역 이 말씀을 하시고 땅에 침을 뱉아 진흙을 이겨 그의 눈에 바르시고

3 **This was the second miraculous sign that Jesus performed, having come from Judea to Galilee.** (요4:54)

직역 이것은 두 번째 기적의 징표였다 / 예수님이 행하셨던, / 유대로부터 갈릴리로 오신 후로

핵심구조 having come

해설 ① having come은 완료분사구문으로서 부사절로 바꾸면, after he had come 이 된다. ② that은 목적격관계대명사이다.

의역 이것은 예수께서 유대에서 갈릴리로 오신 후 행하신 두 번째 표적이니라

4 **It was just before the Passover Feast. Jesus knew that the time had come for him to leave this world and go to the Father. Having loved his own who were in the world, he now showed them the full extent of his love.** (요13:1)

직역 때는 유월절 축제가 있기 바로 전이었다. / 예수님은 아셨다 / 그가 이 세상을 떠나서 / 아버지께 갈 때가 왔다고. / 세상 안에 있었던 그 자신의 사람들을 사랑했기 때문에, / 그는 지금 그들에게 보여주셨다 / 자신의 넘치는 사랑을.

핵심구조 Having loved ...

단어 및 숙어의 확장 명사 Passover 유월절 / feast 축제, 잔치, 향연 / extent 정도
숙어 to the full extent of one's love 넘치는 사랑으로

해설 ① Having loved his own who were in the world,는 완료분사구문으로서 부사절로 바꾸면, As he had loved his own who were in the world가 된다. ② that은 종속접속사이다. ③ own 다음에는 people이 생략돼 있다.

의역 유월절 전에 예수께서 자기가 세상을 떠나 아버지께로 돌아가실 때가 이른 줄 아시고 세상에 있는 자기 사람들을 사랑하시되 끝까지 사랑하시느니라

5 with+O+～ing (p.p.)(부사구)(전치사구)

공식 1: with + O + Adj
공식 2: with + O + 현재분사(～ing) 또는 과거분사(p.p.)
공식 3: with + O + 부사구
공식 4: with + O + 전치사구

▸ 해석방법: ～한 상태로, ～하고, ～한 채, ～하면서

예문1 Chanmi left the kitchen with the kettle boiling.
(찬미는 물이 끓는 주전자를 그대로 놓아 둔 채 부엌을 떠났다.)

예문2 With night coming on, he closed his shop.
(밤이 다가와서 그는 가게문을 닫았다.)

예문3 He sat with his eyes closed in the chair.
(그는 의자에서 눈을 감은 채 앉았다.)

예문4 They began to work with their sleeves rolled up.
(그들은 소매를 걷어붙이고 일을 시작하였다.)

예문5 He stood with his back against the wall.
(그는 등을 벽에 기댄 채 서 있었다.)

예문6 He spoke with a pipe in his mouth.
(그는 파이프를 입에 문 채 말했다.)

예문7 The woman came in with a bag under her arm.
(그 여자는 가방을 옆구리에 낀 채로 들어왔다.)

〈1〉 with+O+~ing

1 **At this, those who heard began to go away one at a time, the older ones first, until only Jesus was left, with the woman still standing there.** (요8:9)

직역 이 말을, / 들었던 사람들은 / 한 번에 한 명씩 가버리기 시작했는데, / 나이든 사람들이 먼저 갔고, / 마침내 예수님만이 남았다, / 그 여자는 아직도 거기에 서 있는 채로.

핵심구조 with + 목적어 the woman + 현재분사 standing

단어 및 숙어의 확장 동사 begin 시작하다 begin-began-begun / hear 듣다 hear-heard-heard / leave 남다 leave-left-left 숙어 at a time 한 번에

해설 ① with the woman standing: 그 여자는 서 있는 채로. ② those 다음에는 people이 생략돼 있다. ③ until은 '마침내'로 번역한다. ④ older는 old의 비교급이다.

의역 저희가 이 말씀을 듣고 양심의 가책을 받아 어른으로 시작하여 젊은이까지 하나씩 하나씩 나가고 오직 예수와 그 가운데 섰는 여자만 남았더라

2 **When the soldiers crucified Jesus, they took his clothes, dividing them into four shares, one for each of them, with the undergarment remaining. This garment was seamless, woven in one piece from top to bottom.** (요19:23)

직역 병졸들이 예수님을 십자가에 못 박았을 때 / 그들은 그의 옷을 가져다가, / 4개로 나눠서, / 각각 한 개씩 가져갔다, / 속옷을 남겨둔 채로. / 이 옷은 이음새가 없었고, / 위에서부터 아래에까지 / 한 통으로 엮어진 것이었다.

핵심구조 with + 목적어 the undergarment + 현재분사 remaining

단어 및 숙어의 확장 명사 soldier 군인, 병사 / share 몫, 나눔 / undergarment 속옷 / seam 이음매, 솔기, 접합선, 주름 / bottom 바닥, 아래 / garment 옷
형용사 seamless 이음매 없는, 솔기 없는 (-less는 부정의 뜻을 나타내는 접미사)
동사 crucify 십자가에 못 박다 / weave 엮다 weave-wove-woven

해설 ① with the undergarment remaining: 속옷은 남겨둔 채로. ② dividing은 동시 동작으로서 and divided로 바꿀 수 있다.

의역 군병들이 예수를 십자가에 못박고 그의 옷을 취하여 네 깃에 나눠 각각 한 깃씩 얻고 속옷도 취하니 이 속옷은 호지 아니하고 위에서부터 통으로 짠 것이라

〈2〉 with+O+p.p.

1 Jesus, once more deeply moved, came to the tomb. It was a cave with a stone laid across the entrance. (요11:38)

직역 예수님은, / 한 번 더 마음깊이 감동을 받았는데, / 무덤으로 가셨다. / 그것은 돌 한 개가 있는 동굴이었는데 / 그 돌은 입구를 가로질러 놓여있었다.

핵심구조 with + 목적어 a stone + 과거분사 laid

단어 및 숙어의 확장 명사 tomb 무덤 / cave 동굴 / entrance 입구 동사 move 감동하다, (마음을) 움직이다 / lay 놓다, 두다 lay-laid-laid

해설 ① with a stone laid: 돌 한 개가 놓여진 채로.

의역 이에 예수께서 다시 속으로 통분히 여기시며 무덤에 가시니 무덤이 굴이라 돌로 막았거늘

2 On the evening of that first day of the week, when the disciples were together, with the doors locked for fear of the Jews, Jesus came and stood among them and said, "Peace be with you." (요20:19)

직역 그 주의 그 첫날 저녁에, / 그때에 제자들이 함께 모였는데, / 문은 유대인들을 두려워하여 잠겨있는 채, / 예수님은 들어오시어 그들 가운데 서서 / 말씀하셨다, "평화가 너희와 함께 있기를."

핵심구조 with + 목적어 the doors + 과거분사 locked

단어 및 숙어의 확장 동사 lock 잠그다, 자물쇠로 채우다 숙어 for fear of ~이 두려워서

해설 ① with the doors locked: 문이 잠긴 채로. ② that first day의 that은 first라는 형용사를 꾸며주는 지시부사이다. ③ Peace be with you의 앞에는 기원문을 나타내는 May가 생략돼 있다.

의역 이 날 곧 안식 후 첫날 저녁 때에 제자들이 유대인들을 두려워하여 모인 곳에 문들을 닫았더니 예수께서 오사 가운데 서서 가라사대 너희에게 평강이 있을찌어다

03

사역동사와 지각동사가 들어간 문장을 파악하자

- have + O + R
- let + O + R
- make + O + R
- see (look, hear, smell, taste) + O + R

사역동사 (have, let, make)와 지각동사 (see, look, hear, smell, taste 등)가 들어가는 문장에서는 목적어 다음에 to가 없는 원형부정사(R)를 사용해야 한다. 사역동사는 '~을 시키다'라는 뜻으로 번역한다. 사역동사나 지각동사가 쓰인 다음의 문장들을 우리말로 번역해보자.

① I saw her read the Bible. 나는 그녀가 성경 읽는 것을 보았다.
② I made him learn Japanese. 나는 그가 일본어를 배우도록 시켰다.
③ Let me know your name. 당신의 이름을 내게 알려주세요.
④ He made me carry the bag. 그는 나로 하여금 그 가방을 들도록 시켰다.
⑤ She heard you sing a gospel song. 그녀는 네가 복음성가 부르는 것을 들었다.

1 When the two disciples <u>heard him say</u> this, they followed Jesus. (요1:37)

직역 그 두 명의 제자들이 / 들었을 때 / 그가 이 말을 한 것을 / 그들은 따라갔다 예수님을.

핵심구조 지각동사 hear + 목적어 him + 동사원형 say

의역 두 제자가 그의 말을 듣고 예수를 좇거늘

성경해설 두 제자는 안드레(Andrew)와 사도요한(John)을 말한다.

2 Jesus said, "Have the people sit down." (요6:10)

직역 예수님은 말씀하셨다, / "사람들을 앉게 해라."

핵심구조 사역동사 have + 목적어 the people + 동사원형 sit

의역 예수께서 가라사대 이 사람들로 앉게 하라 하신대

3 Do not let your heart be troubled. Trust in God; trust also in me. (요14:1)

직역 내버려두지 말라 / 너의 마음이 괴로움을 당하도록. / 하나님을 신뢰하라; / 또한 나를 신뢰하라.

핵심구조 사역동사 let + 목적어 your heart + 동사원형 be

단어 및 숙어의 확장 동사 trouble 괴로워하다, 근심하다 / trust 신뢰하다, 믿다

의역 너희는 마음에 근심하지 말라 하나님을 믿으니 또 나를 믿으라

4 When they had all had enough to eat, he said to his disciples, "Gather the pieces that are left over. Let nothing be wasted." (요6:12)

직역 그들이 먹을 것을 충분히 먹었을 때, / 그는 그의 제자들에게 말씀하셨다, / "남은 조각들을 모아라. / 아무것도 낭비되지 않게 하라."

핵심구조 사역동사 Let + 목적어 nothing + 동사원형 be

단어 및 숙어의 확장 동사 waste 낭비되다, 헛되이 되다

해설 ① let nothing be wasted: 그 무엇도 낭비되지 않게 하라. ② that은 주격관계대명사로서 that are를 생략할 수 있다.

의역 저희가 배부른 후에 예수께서 제자들에게 이르시되 남은 조각을 거두고 버리는 것이 없게 하라 하시므로

TIP 요한복음 6장12절을 King James Version과 NLT Version으로 살펴보자.

KJV When they were filled, He said unto His disciples, "Gather up the fragments that remain, that nothing be lost."

NLT After everyone was full, Jesus told his disciples, "Now gather the leftovers, so that nothing is wasted."

5 On the last and greatest day of the Feast, Jesus stood and said in a loud voice, "If anyone is thirsty, let him come to me and drink." (요7:37)

직역 축제의 마지막이자 가장 성대했던 날에, / 예수님은 서서 / 큰 목소리로 말씀하셨다, / "만약 누군가 목마른 자가 있다면, / 그로 하여금 / 내게 오게 해서 / 마시게 하라."

핵심구조 사역동사 let + 목적어 him + 동사원형 come and drink

단어 및 숙어의 확장 형용사 loud (목소리가) 큰 / thirsty 목마른 동사 stand 서다 stand-stood-stood / drink 마시다 drink-drank-drunk / come 오다 come-came-come

의역 명절 끝날 곧 큰 날에 예수께서 서서 외쳐 가라사대 누구든지 목마르거든 내게로 와서 마시라

6 The teachers of the law and the Pharisees brought in a woman caught in adultery. They made her stand before the group (요8:3)

직역 서기관들과 바리새인들은 어떤 여자를 데리고 왔다 / 간음하다 잡힌. / 그들은 그녀를 서게 시켰다 / 무리 앞에.

핵심구조 사역동사 made + 목적어 her + 원형동사 stand

단어 및 숙어의 확장 동사 bring 데리고 오다 bring-brought-brought / catch 잡다 catch-caught-caught / make 만들다, 시키다 make-made-made 명사 adultery 간음

해설 ① made her stand: 그녀를 서도록 시켰다. ② woman과 caught 사이에는 주격 관계대명사 who (that) was가 생략돼 있다.

의역 서기관들과 바리새인들이 간음 중에 잡힌 여자를 끌고 와서 가운데 세우고

7 **When they kept on questioning him, he straightened up and said to them, "If anyone of you is without sin, let him be the first to throw a stone at her."** (요8:7)

직역 그들이 그에게 계속해서 심문을 할 때에, / 그는 똑바로 서서 그들에게 말했다, / "만약 너희 중의 누군가가 죄가 없다면, / 그가 첫 번 째 사람이 되게 하라. / 저 여자에게 돌을 던지는."

핵심구조 사역동사 let + 목적어 him + 동사원형 be

단어 및 숙어의 확장 동사 straighten 똑바로 하다 숙어 keep on ~ing=계속해서 ~ 하다

의역 저희가 묻기를 마지 아니하는지라 이에 일어나 가라사대 너희 중에 죄 없는 자가 먼저 돌로 치라 하시고

8 **This made the Jews ask, "Will he kill himself? Is that why he says, 'Where I go, you cannot come?'"** (요8:22)

직역 이것은 만들었다 / 유대인들이 질문을 하도록, / "그는 자신을 죽일 것인가? 저것이 그가 이렇게 말한 이유인가, / 즉 '내가 가는 곳에 / 너희는 올 수 없다'고?"

핵심구조 사역동사 made + 목적어 the Jews + 동사원형 ask

의역 유대인들이 가로되 저가 나의 가는 곳에는 너희가 오지 못하리라 하니 저가 자결하려는가

9 **Then John gave this testimony: "I saw the Spirit come down from heaven as a dove and remain on him.** (요1:32)

직역 그때 요한은 이러한 증언을 하였다: / "나는 보았다 / 성령이 내려오는 것을 / 천국으로부터 / 비둘기처럼 / 그리고 머무는 것을 / 그의 위에.

핵심구조 지각동사 see + 목적어 the Spirit + 동사원형 come / remain

단어 및 숙어의 확장 명사 dove 산비둘기 (집비둘기: pigeon) / testimony 증언, 간증

의역 요한이 또 증거하여 가로되 내가 보매 성령이 비둘기같이 하늘로서 내려와서 그의 위에 머물렀더라

10 Once more Pilate came out and said to the Jews, "Look, I am bringing him out to you to let you know that I find no basis for a charge against him." (요19:4)

직역 다시 한 번 빌라도가 나와서 유대인들에게 말했다, / "자, 내가 그를 데리고 나오는 중이다 너희에게 / 너희가 알도록 하기 위하여 / 내가 아무런 근거를 찾지 못함을 / 그에 대하여 비난할.

핵심구조 사역동사 let + 목적어 you + 동사원형 know

단어 및 숙어의 확장 명사 charge 비난, 고발, 죄과

해설 ① let you know: 네가 알도록 한다. ② that은 종속접속사이다.

의역 빌라도가 다시 밖에 나가 말하되 보라 이 사람을 데리고 너희에게 나오나니 이는 내가 그에게서 아무 죄도 찾지 못한 것을 너희로 알게 하려 함이로라 하더라

11 Some Pharisees who were with him heard him say this and asked, "What? Are we blind, too?" (요9:40)

직역 그와 함께 있던 바리새인 몇 명이 / 그가 이 말을 하는 것을 듣고 물었다, / "뭐라고? / 우리도 눈이 멀었다고?"

핵심구조 지각동사 heard + 목적어 him + 동사원형 say

단어 및 숙어의 확장 형용사 blind 눈이 먼, 안 보이는

의역 바리새인 중에 예수와 함께 있던 자들이 이 말씀을 듣고 가로되 우리도 소경인가

12 If we let him go on like this, everyone will believe in him, and then the Romans will come and take away both our place and our nation." (요11:48)

직역 만약 우리가 그가 계속하게 해준다면 이와 같이, / 모든 사람이 그를 믿을 것이다, / 그러면 그때 로마인들이 와서 / 빼앗을 것이다 / 우리의 장소와 우리나라를."

핵심구조 사역동사 let + 목적어 him + 동사원형 go

단어 및 숙어의 확장 숙어 believe in ~의 존재를 믿다 / take away 빼앗다 / go on ~ing 계속해서 ~하다 / both A and B: A와 B 둘 다

의역 만일 저를 이대로 두면 모든 사람이 저를 믿을 것이요 그리고 로마인들이 와서 우리 땅과 민족을 빼앗아 가리라 하니

13 He then added, "I tell you the truth, you shall see heaven open and the angels of God ascending and descending on the Son of Man." (요1:51)

직역 그때 그는 덧붙여 말했다, / "나는 너희에게 말한다 진실을, / 너희는 천국이 열리고 / 하나님의 천사들이 오르고 내리는 것을 볼 것이다 / 인자의 위로."

핵심구조 지각동사 see + 목적어 heaven + 동사원형 open

단어 및 숙어의 확장 동사 ascend 오르다, 올라가다↔descend 내려가다

해설 ① see heaven open: 하늘이 열리는 것을 보다. ② 지각동사는 동사원형을 목적보어로 쓸 수도 있지만 현재분사형을 쓸 수도 있다. see the angels of God ascending and descending... ③ 2인칭과 3인칭의 shall은 말하는 화자의 의지를 말한다.

의역 또 가라사대 진실로 진실로 너희에게 이르노니 하늘이 열리고 하나님의 사자들이 인자 위에 오르락내리락하는 것을 보리라 하시니라

14 "I told you that I am he." Jesus answered. "If you are looking for me, then let these men go." (요18:8)

직역 "나는 너희에게 말했다 / 내가 그 사람이다." / 라고 예수님이 대답하셨다. / "만약 너희가 나를 찾는 중이라면, / 이 사람들을 가게 해라."

핵심구조 사역동사 let + 목적어 these men + 동사원형 go

단어 및 숙어의 확장 숙어 look for ~을 찾다

해설 ① let these men go: 이 사람들을 가게 해라. ② that은 종속접속사로서 생략할 수 있다.

의역 예수께서 대답하시되 너희에게 내로라 하였으니 나를 찾거든 이 사람들의 가는 것을 용납하라 하시니

15 Peace I leave with you; my peace I give you. I do not give

to you as the world gives. Do not let your hearts be troubled and do not be afraid. (요14:27)

직역 평화를 나는 남겨둔다 너와 함께; / 나의 평화를 나는 너에게 준다. / 나는 너에게 주지 않는다 세상이 주는 것처럼. / 너희의 마음을 괴롭게 하지 말고 두려워하지 마라.

핵심구조 사역동사 let + 목적어 your hearts + 동사원형 be

단어 및 숙어의 확장 동사 leave 내버려두다, 남겨두다 숙어 be afraid (of) ~을 두려워하다

해설 Peace와 my peace는 목적어인데 강조하기 위해서 도치되었다. 원래의 문장으로 바꾸면, I leave peace with you; I give you my peace.가 된다.

의역 평안을 너희에게 끼치노니 곧 나의 평안을 너희에게 주노라 내가 너희에게 주는 것은 세상이 주는 것 같지 아니하니라 너희는 마음에 근심도 말고 두려워하지도 말라

16 **The dead man came out, his hands and feet wrapped with strips of linen, and a cloth around his face. Jesus said to them, "Take off the grave clothes and let him go."** (요11:44)

직역 죽은 사람이 나왔다, / 그의 손과 발이 린넨천으로 감싸인 채로, / 그리고 그의 얼굴 주변에는 천으로 싸인 채로. / 예수님이 그들에게 말씀하셨다, / "벗겨라 그 수의를 / 그리고 그를 가게 하라."

핵심구조 사역동사 let + 목적어 him + 동사원형 go

단어 및 숙어의 확장 동사 wrap 감싸다, 싸다, 포장하다 명사 grave clothes (pl) 시체에 입히는 옷, 수의 숙어 take off 벗기다

해설 his hands and feet wrapped with strips of linen,에서 his hands 앞에는 전치사 with가 생략된 것으로 보아야 한다. with his hands and feet wrapped with strips of linen은 'with + 목적어 + p.p.'의 형태이다. 따라서 '그의 손발을 린넨천으로 감싼 채로'의 뜻이 된다.

의역 죽은 자가 수족을 베로 동인 채로 나오는데 그 얼굴은 수건에 싸였더라 예수께서 가라사대 풀어 놓아 다니게 하라 하시니라

17 You heard me say, "I am going away and I am coming back to you." If you loved me, you would be glad that I am going to the Father, for the Father is greater than I. (요14:28)

직역 너희는 들었다 내가 말하는 것을, / "나는 멀리 떠났다가 / 너희에게 돌아올 것이다."는 말을. / 만약 너희가 나를 사랑한다면, / 너희는 기뻐할 것이다 / 내가 아버지께로 가려는 것을. / 왜냐하면 아버지는 더 위대하시기 때문이다 나보다도.

핵심구조 지각동사 heard + 목적어 me + 동사원형 say

해설 ① hear me say: 내가 말하는 것을 듣다. ② that은 종속접속사이다. ③ If you loved me, you would be glad...는 가정법과거로서 '~한다면~할 것이다'의 뜻이다.

TIP 가정법과거의 공식

If + S + were (be동사의 경우 무조건 were를 쓴다) 또는 일반동사의 과거형, S + would / should / could / might + R

의역 내가 갔다가 너희에게로 온다 하는 말을 너희가 들었나니 나를 사랑하였더면 나의 아버지께로 감을 기뻐하였으리라 아버지는 나보다 크심이니라

18 Now we can see that you know all things and that you do not even need to have anyone ask you questions. This makes us believe that you came from God. (요16:30)

직역 이제 우리는 알 수 있다 / 당신이 모든 것들을 알고 있으며 / 필요조차도 없는 것을 / 누군가로 하여금 당신에게 질문하도록. / 이것은 우리로 하여금 믿게 해 준다 / 당신이 하나님께로부터 왔다는 것을.

핵심구조 ① 사역동사 makes + 목적어 us + 동사원형 believe

② 사역동사 have + 목적어 anyone + 동사원형 ask

해설 ① makes us believe: 우리로 하여금 믿게 하다. / have anyone ask: 누군가로 하여금 질문하게 하다. ② 종속접속사는 3개다. see that / and see that / believe that

의역 우리가 지금에야 주께서 모든 것을 아시고 또 사람의 물음을 기다리시지 않는 줄 아나이다 이로써 하나님께로서 나오심을 우리가 믿삽나이다

성경해설 we는 제자들이며 you는 예수님이다

19 **From then on, Pilate tried to set Jesus free, but the Jews kept shouting, "If you let this man go, you are no friend of Caesar. Anyone who claims to be a king opposes Caesar.** (요19:12)

직역 그때부터 / 빌라도는 시도했다 예수님을 풀어주려고, / 그러나 유대인들이 계속해서 소리쳤다, / "만약 당신이 이 사람을 놓아주면, / 당신은 시저의 친구가 아니오. / 왕이라고 주장하는 사람은 누구나 / 시저에 반대하는거요.

핵심구조 사역동사 let + 목적어 this man + 동사원형 go

단어 및 숙어의 확장 동사 claim 주장하다 / oppose 반대하다 숙어 from then on 그때부터 / keep ~ing 계속해서~하다

의역 이러하므로 빌라도가 예수를 놓으려고 힘썼으나 유대인들이 소리 질러 가로되 이 사람을 놓으면 가이사의 충신이 아니니이다 무릇 자기를 왕이라 하는 자는 가이사를 반역하는 것이니이다

20 **Then the disciple whom Jesus loved said to Peter, "It is the Lord!" As soon as Simon Peter heard him say, "It is the Lord," he wrapped his outer garment around him (for he had taken it off) and jumped into the water.** (요21:7)

직역 그때 예수님이 사랑했던 그 제자가 / 베드로에게 말했다, / "그분은 주님이시다!" / 시몬 베드로가 그가 "그분은 주님이시다"라고 말한 것을 듣자마자, / 그는 겉옷을 걸치고 (왜냐하면 그는 그것을 벗고 있었기 때문이었다) 바닷물 속으로 뛰어들었다.

핵심구조 지각동사 heard + 목적어 him + 동사원형 say

단어 및 숙어의 확장 동사 wrap 감싸다, 싸다, 포장하다 명사 garment 의복 (특히 긴 웃옷, 외투 등) 숙어 as soon as ~하자마자

의역 예수의 사랑하시는 그 제자가 베드로에게 이르되 주시라 하니 시몬 베드로가 벗고 있다가 주라 하는 말을 듣고 겉옷을 두른 후에 바다로 뛰어내리더라

have + 사물목적어 + p.p.

1 Pilate had a notice prepared and fastened to the cross. It read: JESUS Of NAZARETH, THE KING OF THE JEWS. (요19:19)

직역 빌라도는 공지를 준비하게 했고 / 십자가에 고정시키도록 했다. / 거기엔 이렇게 쓰여져 있었다: 나자렛 예수, 유대인의 왕.

핵심구조 사역동사 had + 목적어 a notice (사물) + 과거분사 prepared / fastened

단어 및 숙어의 확장 명사 notice 공지, 패 동사 fasten 묶다, 죄다, 붙들어 매다, 잠그다, 채우다

해설 원래 목적어가 사람일 경우에는 동사원형(R)이 와야 하고 목적어가 사물일 경우에는 과거분사(p.p.)가 와야 한다.

① have + 목적어(사람) + 동사원형 (R)

(예문: He had his son clean his car. 그는 그의 아들에게 세차를 시켰다)

② have + 목적어(사물) + 과거분사 (p.p.)

(예문: I had my hair cut in a beauty shop. 나는 미용실에서 머리카락을 잘랐다)

의역 빌라도가 패(牌)를 써서 십자가 위에 붙이니 나사렛 예수 유대인의 왕이라 기록되었더라

2 Now it was the day of Preparation, and the next day was to be a special Sabbath. Because the Jews did not want the bodies left on the crosses during the Sabbath, they asked Pilate to have the legs broken and the bodies taken down. (요19:31)

직역 이제 준비의 날이 되었다. / 그리고 그 다음날은 / 특별한 안식일이 될 예정이었다. / 유대인들이 그 시신들을 십자가 위에 남겨두기를 원하지 않았기 때문에 / 안식일 동안에, / 그들은 요청하였다 빌라도에게 / 다리를 부러뜨리고 몸을 내려놓게 해달라고.

핵심구조 ① 사역동사 have + 목적어 the legs (사물) + 과거분사 broken

② 사역동사 have + 목적어 the bodies (사물) + 과거분사 taken

단어 및 숙어의 확장 명사 Sabbath 안식일

의역 이 날은 예비일이라 유대인들은 그 안식일이 큰 날이므로 그 안식일에 시체들을 십자가에 두지 아니하려 하여 빌라도에게 그들의 다리를 꺾어 시체를 치워 달라 하니

3 Then Pilate took Jesus and had him flogged. (요19:1)

직역 그때 빌라도는 예수님을 데려가서 / 그에게 매질을 시켰다.

핵심구조 사역동사 had + 목적어 him + 과거분사 flogged

단어 및 숙어의 확장 동사 flog 매질하다, 채찍질하다 (=whip)

해설 원래 목적어가 사물일 경우에는 바로 뒤에 과거분사(p.p.)가 와야 하고 목적어가 사람일 경우에는 동사원형(R)이 와야 한다.
그러나 위 문장에서는 had 다음에 사람이 왔는데도 불구하고 과거분사 flogged가 왔다. 그 이유는 목적어 him이 다른 사람에게 채찍질을 당하기 때문에 동사원형(R)이 아니라 과거분사(p.p.)가 온 것이다.

의역 이에 빌라도가 예수를 데려다가 채찍질하더라

04

도치와 생략을 파악하자

뜻을 강조하기 위해 목적어, 보어, 부사(구)를 문장의 맨 앞에 둔다

예문1 That park we are going to take a walk.
(저 공원이 바로 우리가 산책하려는 곳이다) [목적어 that park를 강조함]

예문2 Not a word did he say all day long.
(한마디도 그는 하루종일 안 했다) [목적어 not a word를 강조함]

예문3 Happy is he who is contented with his lot.
(행복하여라 자기운명에 만족하는 자는) [보어 happy를 강조함]

〈1〉 도치

1 All this I have told you so that you will not go astray.(요16:1)

직역 이 모든 것을 / 나는 너희에게 말했다 / 너희가 길을 잃지 않도록.

핵심구조 목적어 All this + 주어 I + 동사 have told

단어 및 숙어의 확장 숙어 go astray 길을 잃다, 잘못하다 타락하다

해설 ① 목적어 All this가 문장의 맨 앞에 나왔다. 원래의 문장으로 고치면, I have told you all this so that you will not go astray.가 된다. ② so that you will not +R= ~하지 않도록

의역 내가 이것을 너희에게 이름은 너희로 실족지 않게 하려 함이니

2 All this I have spoken while still with you. (요14:25)

직역 모든 이것을 나는 말했다 / 아직 너와 함께 있는 동안.

핵심구조 목적어 All this + 주어 I + 동사 have spoken

해설 목적어 All this가 문장의 맨 앞에 왔다. 원래의 문장은 I have spoken all this while (I am) still with you.이다.

의역 내가 아직 너희와 함께 있어서 이 말을 너희에게 하였거니와

3 Greater love has no one than this, that he lay down his life for his friends. (요15:13)

직역 더 위대한 사랑을 / 아무도 가진 자가 없다 / 이것보다 더, / 그가 그의 친구들을 위하여 그의 목숨을 내려놓는 일에 한에서는.

핵심구조 목적어 Greater love + 동사 has + 주어 no one

단어 및 숙어의 확장 숙어 lie down 감수하다, 굴복하다, 엎드리다

해설 ① 목적어 Greater love가 문장의 맨 앞에 왔기 때문에 동사 has와 주어 no one의 위치가 바뀌었다. 원래의 문장으로 바꾸면, No one has greater love than this,이다. ② 부정(否定)을 나타내는 주절 뒤에서 that은 제한된 절을 이끌면서 '~하는 한에서는'의 뜻을 나타낸다.

예문 Any calls for me? 나에게 전화 온 것 없었니? Not that I know of. 내가 아는 한 없었어.

의역 사람이 친구를 위하여 자기 목숨을 버리면 이에서 더 큰 사랑이 없나니

4 Pilate answered, "What I have written, I have written." (요19:22)

직역 빌라도는 대답하였다, / "내가 썼던 것을, / 나는 썼다."

핵심구조 목적어 What I have written + 주어 I + 동사 have written

해설 ① What I have written은 have written의 목적어로서 명사절이다. 목적어가 문장의 앞으로 나왔다. 원래의 순서대로 고치면, I have written what I have written.이 된다. ② What은 관계대명사로서 명사절을 이끈다. 이 명사절은 목적어 역할을 한다.

의역 빌라도가 대답하되 나의 쓸 것을 썼다 하니라

5 Then came the Feast of Dedication at Jerusalem. It was winter, (요10:22)

직역 그때 왔다 / 헌신의 축제가 / 예루살렘에. / 때는 겨울이었다,

핵심구조 부사 Then + 동사 came + 주어 the Feast of Dedication

단어 및 숙어의 확장 명사 feast 축제, 연회 / dedication 헌신

해설 부사 Then이 문장의 앞에 왔으므로 주어 the Feast of Dedication at Jerusalem과 동사 came이 도치되었다. 원래의 순서대로 고치면, The Feast of Dedication at Jerusalem came then.이 된다.

의역 예루살렘에 수전절(修殿節)이 이르니 때는 겨울이라

성경해설 수전절(修殿節)은 히브리어로 '하누카'라고 하며 '봉헌' 또는 '헌신'의 뜻을 지닌다. (느12:27) (단3:2) 예루살렘 성전 예배가 중단된 비극의 역사를 끝내고 성전예배를 회복하는 것을 기념하는 날이다. 성전탈환과 성전의 새로운 봉헌을 위하여 축하하며 기념하는 날이어서 '성전봉헌절'이라고도 한다. 이 날은 빛의 명절이다. '메노라'라는 성전에 있는 7가지 촛대가 아닌 8가지 촛대에 날마다 불을 하나씩 켜면서 기적같은 성전회복의 역사를 기념한다. 수전절에 예수님은 자신을 세상에 생명을 주러 오신 분임을 선포하셨다 (요10:22-38).

6 To this John replied, "A man can receive only what is given him from heaven." (요3:27)

직역 이 말에 대하여 / 요한은 대답하였다, / "인간은 받을 수 있다 / 그에게 주어진 것만을 / 천국으로부터."

핵심구조 부사구 To this + 주어 John + 동사 replied

단어 및 숙어의 확장 동사 reply 대답하다 / receive 받다

해설 ① To this John replied는 도치된 문장으로서 올바르게 배치하면, John replied to this가 된다. ② what is given him은 the thing which is given him과 같다.

의역 요한이 대답하여 가로되 만일 하늘에서 주신 바 아니면 사람이 아무것도 받을 수 없느니라

7 "No one, sir," she said. "then neither do I condemn you," Jesus declared. "Go now and leave your life of sin." (요8:11)

직역 "아무도 없습니다, 선생님," / 그녀가 말했다. / "그러면 나도 너를 정죄하지 않는다,"라고 / 예수님은 선언하셨다. / "지금 가서 / 너의 죄된 삶을 그만두라."

핵심구조 neither + 조동사 do + 주어 I + 본동사 condemn

단어 및 숙어의 확장 동사 condemn 비난하다 / declare 선언하다

해설 neither do I condemn you는 도치된 문장이다. 이 문장을 올바르게 배치하면, I do not condemn you, either.가 된다. not...either가 neither가 돼서 문장의 맨 앞에 왔기 때문에 조동사 do와 주어 I가 도치되었다.

의역 대답하되 주여 없나이다 예수께서 가라사대 나도 너를 정죄하지 아니하노니 가서 다시는 죄를 범치 말라 하시니라

8 When he was gone, Jesus said, "Now is the Son of Man glorified, and God is glorified in him." (요13:31)

직역 그가 가버렸을 때, / 예수님은 말씀하셨다, / "지금이 인자가 영광을 받을 때이다, 그리고 하나님은 그 안에서 영광을 받는다."

핵심구조 부사 Now + 동사 is + 주어 the Son of Man

단어 및 숙어의 확장 동사 glorify 영광스럽게 하다 (be glorified 영광을 받다)

해설 부사 Now가 문장의 앞에 왔으므로 주어 the Son of Man과 be동사 is가 도치되었다. 원래의 순서대로 고치면, The Son of Man is glorified now.가 된다.

의역 저가 나간 후에 예수께서 가라사대 지금 인자가 영광을 얻었고 하나님도 인자를 인하여 영광을 얻으셨도다

9 Then Jesus told him, "Because you have seen me, you have believed; blessed are those who have not seen and yet have believed." (요20:29)

직역 그때 예수님은 그에게 말씀하셨다, / "너희가 나를 보았기 때문에 / 너희는 믿었다. / 그러나 복이 있다 / 본 적도 없으나 믿은 사람들은."

핵심구조 보어 blessed + 동사 are + 주어 those

해설 blessed라는 보어를 강조하기 위해서 문장의 앞에 두었다. blessed가 맨 앞에 왔기 때문에 동사 are와 주어 those가 도치되었다. 원래의 순서대로 고치면, Those who have not seen and yet have believed are blessed.가 된다.

의역 예수께서 가라사대 너는 나를 본 고로 믿느냐 보지 못하고 믿는 자들은 복되도다 하시니라

10 Peace I leave with you; my peace I give you. I do not give to you as the world gives. Do not let your hearts be troubled and do not be afraid. (요14:27)

직역 평화를 / 내가 남겨둔다 / 너희와 함께; / 나의 평화를 / 나는 / 너희에게 준다. / 나는 너희에게 주지 않는다 / 세상이 주는 것처럼. / 너희의 마음을 괴롭게 하지 말고 / 두려워하지 마라.

핵심구조 ① 목적어 Peace + 주어 I + 동사 leave
② 목적어 my peace + 주어 I + 동사 give

단어 및 숙어의 확장 동사 leave 내버려두다, 남겨두다 숙어 be afraid (of) ~을 두려워하다

해설 목적어 Peace와 my peace를 강조하기 위하여 문장의 맨 앞에 두었다. 원래의 문장으로 고치면, I leave peace with you; I give you my peace.가 된다.

의역 평안을 너희에게 끼치노니 곧 나의 평안을 너희에게 주노라 내가 너희에게 주는 것은 세상이 주는 것 같지 아니하니라 너희는 마음에 근심도 말고 두려워하지도 말라

11 They took palm branches and went out to meet him, shouting, "Hosanna!" "Blessed is he who comes in the name of the Lord!" "Blessed is the King of Israel!" (요12:13)

직역 그들은 종려나무 가지를 꺾어서 / 밖으로 나갔다 / 그를 만나기 위하여, / 외치면서, / "호산나!" 라고. / "축복받을 것이다, 주님의 이름으로 오시는 그는!"/ "축복받을 것이다 이스라엘의 왕이시여!"

핵심구조 ① 보어 Blessed + 동사 is + 주어 he ② 보어 Blessed + 동사 is + 주어 the King of Israel

단어 및 숙어의 확장 명사 palm 종려나무 (1은 묶음) / branch 가지 동사 shout 소리치다, 외치다 / bless 축복하다 (be blessed 축복받다)

해설 ① 보어 Blessed를 강조하기 위하여 문장의 앞에 두고 동사와 주어의 위치가 바뀌었다. 원래의 문장으로 고치면, He who comes in the name of the Lord is blessed.가 된다. ② Blessed를 강조하기 위하여 동사와 주어의 위치가 바뀌었다. 원래의 문장으로 고치면, The king of Israel is blessed.가 된다. ③ shouting은 분사구문의 동시동작으로서 and shouted로 바꿀 수 있다.

의역 종려나무 가지를 가지고 맞으러 나가 외치되 호산나 찬송하리로다 주의 이름으로 오시는 이 곧 이스라엘의 왕이시여 하더라

12 No one takes it from me, but I lay it down of my own accord. I have authority to lay it down and authority to take it up again. This command I received from my Father. (요10:18)

직역 아무도 그것을 가져가지 않는다/ 나로부터, / 그러나 나는 그것을 내려놓는다 자발적으로. / 나는 권위를 가지고 있다 그것을 내려놓을 / 그리고 권위를 갖고 있다 그것을 다시 들어 올릴. / 이 명령을 나는 받았다 나의 아버지로부터.

핵심구조 목적어 This command + 주어 I + 동사 received

단어 및 숙어의 확장 명사 command 명령 숙어 of one's own accord 자발적으로, 자진하여, 저절로, 자연히

해설 This command라는 목적어가 문장의 맨 앞에 왔다. 원래의 순서대로 고치면, I received this command from my Father.가 된다.

의역 이를 내게서 빼앗는 자가 있는 것이 아니라 내가 스스로 버리노라 나는 버릴 권세도 있고 다시 얻을 권세도 있으니 이 계명은 내 아버지에게서 받았노라 하시니라

13 At first his disciples did not understand all this. Only after Jesus was glorified did they realize that these things had been written about him and that they had done these things to him. (요12:16)

직역 처음에 / 그의 제자들은 이해하지 못했다 / 이 모든 것을. / 오직 예수님이 영광을 받으신 직후에야 / 그들은 깨달았다 / 이러한 것들이 쓰여져 왔고 / 그에 대하여 / 그리고 그들이 이러한 일들을 해왔다는 것을 / 그에게.

핵심구조 부사절 Only after Jesus was glorified + 조동사 did + 주어 they + 본동사 realize

해설 ① Only after Jesus was glorified를 강조하기 위해서 문장의 앞에 두었고 조동사 did가 주어 they 앞에 왔다. 원래의 문장으로 고치면, they realized that...only after Jesus was glorified.가 된다. ② 2개의 that은 종속접속사이다.

의역 제자들은 처음에 이 일을 깨닫지 못하였다가 예수께서 영광을 얻으신 후에야 이것이 예수께 대하여 기록된 것임과 사람들이 예수께 이같이 한 것인 줄 생각났더라

14 I no longer call you servants, because a servant does not know his master's business. Instead, I have called you friends, for everything that I learned from my Father I have made known to you. (요15:15)

직역 나는 더 이상 너를 종이라고 부르지 않는다, / 왜냐하면 종은 모르기 때문이다 그의 주인의 일을. / 그 대신, / 나는 너희를 친구라고 불러왔다, / 왜냐하면 모든 것을 / 내가 배웠던 / 나의 아버지로부터 / 내가 너희에게 알려주었기 때문이다.

핵심구조 everything that I learned from my Father + 주어 I + 동사 have made known

단어 및 숙어의 확장 명사 master 주인 숙어 no longer 더 이상~하지 않다

해설 ① 목적어 everything that I learned from my Father를 강조하기 위해서 문장의 앞에 두었고, 원래의 문장으로 고치면, I have made everything that I learned from my Father known to you.가 된다. ② everything 다음의 that은 목적격관계대명사로서 생략될 수 있다.

의역 이제부터는 너희를 종이라 하지 아니하리니 종은 주인의 하는 것을 알지 못함이라 너희를 친구라 하였노니 내가 내 아버지께 들은 것을 다 너희에게 알게 하였음이니라

〈2〉 생략

■ **생략의 일반적인 예**

1) When, As, While, If, Though 등으로 시작되는 부사절에서 주어와 be동사를 생략할 수 있다.

예문1 When (I was) young, I was a beauty. (젊었을 때 나는 미인이었다)

예문2 Let's have lunch with me, if (it is) possible. (가능하다면, 나랑 점심먹자)

2) 반복되어 나오는 단어를 생략할 수 있다.

예문1 To some walking can be interesting; to others (walking can be) uninteresting..
(어떤 사람에게는 걷는 것이 재미있을 수 있지만; 다른 사람들에게는 재미없을 수 있다)

예문2 To some students English is difficult; to others (English is) easy.
(어떤 학생들에게는 영어가 어렵지만, 다른 학생들에게는 쉽다)

3) 관용적으로 생략되는 경우가 있다.

예문1 (If you take) No pains, (you will get) no gains.
(만약 수고하지 않는다면, 아무것도 얻지 못할 것이다)

예문2 (If you) Spare the rod and (you will) spoil the child.
(만약 매를 아낀다면, 당신은 아이를 망치게 될 것이다)(매를 아끼면 자식을 버린다)

예문3 No smoking (is allowed). (흡연은 허용되지 않습니다) (금연)

예문4 (I wish you a) Merry Christmas ! (메리 크리스마스)

예문5 (I wish you a) Good morning ! (안녕하세요)

1 **Whoever eats my flesh and drinks my blood remains in me, and I ✓ in him.** (요6:56)

직역 누구든지 나의 살을 먹고 나의 피를 마시는 자는 남아 있다 내 안에, / 그리고 나는 (남아 있다) 그 안에.

핵심구조 I + (remain) + in

단어 및 숙어의 확장 명사 flesh 살, 육신, 육체 / blood 피, 혈액

해설 and 앞의 문장에서 동사 remains가 있으므로 I 다음에 동사 remain이 생략돼 있다.

의역 내 살을 먹고 내 피를 마시는 자는 내 안에 거하고 나도 그 안에 거하나니

2 **Many of them said, "He is demon-possessed and raving mad. Why ✓ listen to him?"** (요10:20)

직역 그들 중 많은 사람들이 말했다, / "그는 악령에 의해 사로잡혔고 / 아주 미쳤다. / 왜 귀 기울이느냐 그의 말에?"

핵심구조 Why + (do you) + listen to

단어 및 숙어의 확장 동사 rave 헛소리를 하다, (미친 사람같이) 소리치다, 고함치다 형용사 demon-possessed 악마(귀신)에 사로잡힌 숙어 be raving mad 아주 미치다

해설 의문사 Why와 본동사 listen 사이에 조동사 do와 주어 you가 생략돼 있다.

의역 그 중에 많은 사람이 말하되 저가 귀신 들려 미쳤거늘 어찌하여 그 말을 듣느냐 하며

3 **But if I do it, even though you do not believe me, believe the miracles, that you may know and understand that the Father is in me, and I ✓in the Father.** (요10:38)

직역 그러나 만약 내가 그것을 한다면, / 비록 너희가 나를 믿지 않는다 해도, / 기적을 믿어라, / 너희가 알고 이해할 수 있도록 / 아버지가 내 안에 계시고 내가 아버지 안에 있다는 것을.

핵심구조 the Father is in me, and I + (am) in the Father

단어 및 숙어의 확장 명사 miracle 기적

해설 ① I와 in 사이에 am이 생략돼 있다. ② understand 다음의 that은 종속접속사이다. ③ that you may의 that 바로 앞에 so가 생략돼 있다.

의역 내가 행하거든 나를 믿지 아니할찌라도 그 일은 믿으라 그러면 너희가 아버지께서 내 안에 계시고 내가 아버지 안에 있음을 깨달아 알리라 하신대

05

as ~ so … 구문

~하는 것처럼 … 하다

예문1 As rust eats iron, so care (eats) the heart.
(녹이 쇠를 못 쓰게 만드는 것처럼 근심은 마음을 갉아먹는다)

예문2 As food nourishes our body, so books nourish our mind.
(음식이 우리의 몸에 영양을 주는 것처럼 책은 우리의 마음에 양식이 된다)

1 **Just as Moses lifted up the snake in the desert, so the Son of Man must be lifted up,** (요3:14)

직역 모세가 뱀을 들어 올렸던 것처럼 사막에서, / 인자도 들어 올려 져야만 한다.

핵심구조 as ~ so…

단어 및 숙어의 확장 [명사] desert 사막, 광야 / snake 뱀 / the Son of Man 인자(人子)
[동사] lift 들어 올리다, 올리다 [숙어] lift up (청중을) 정신적으로 고양(高揚)(앙양)시키다

의역 모세가 광야에서 뱀을 든 것 같이 인자도 들려야 하리니

2 **Just as the living Father sent me and I live because of the Father, so the one who feeds on me will live because of me.** (요6:57)

직역 살아계신 아버지께서 나를 보내셨고 / 내가 아버지 때문에 산 것처럼, / 나를 먹는 자도 나 때문에 살 것이다.

핵심구조 as ~ so…

단어 및 숙어의 확장 숙어 because of ~때문에 / feed on ~을 먹고살다, ~으로 살아가다

의역 살아계신 아버지께서 나를 보내시며 내가 아버지로 인하여 사는 것같이 나를 먹는 그 사람도 나로 인하여 살리라

3 **A new command I give you: Love one another. <u>As</u> I have loved you, <u>so</u> you must love one another.** (요13:34)

직역 새로운 계명을 나는 너희에게 준다. / 즉 서로 사랑하라. / 내가 너희를 사랑한 것처럼, / 너희도 서로 사랑해야한다.

핵심구조 As ~ so…

단어 및 숙어의 확장 명사 동사 command 계명, 명령, 지시 지배(하다) 숙어 one another 서로서로

의역 새 계명을 너희에게 주노니 서로 사랑하라 내가 너희를 사랑한 것같이 너희도 서로 사랑하라

4 **My children, I will be with you only a little longer. You will look for me, and just <u>as</u> I told the Jews, <u>so</u> I tell you now: Where I am going, you cannot come.** (요13:33)

직역 나의 자녀들아, / 나는 너희와 함께 있을 것이다 아주 조금만 더 오래. / 너희는 나를 찾을 것이고 / 내가 유대인들에게 방금 말했던 것처럼, / 나는 지금 너희에게도 말한다. / 즉 내가 가는 곳에 너희는 갈 수 없다.

핵심구조 as ~ so…

의역 소자들아 내가 아직 잠시 너희와 함께 있겠노라 너희가 나를 찾을 터이나 그러나 일찍 내가 유대인들에게 너희는 나의 가는 곳에 올 수 없다고 말한 것과 같이 지금 너희에게도 이르노라

5 **As the Father has loved me, so have I loved you. Now remain in my love.** (요15:9)

직역 아버지께서 나를 사랑하셨던 것처럼, / 나도 너희를 사랑했다. / 이제 머물러라 나의 사랑 안에.

핵심구조 As ~ so…

의역 아버지께서 나를 사랑하신 것같이 나도 너희를 사랑하였으니 나의 사랑 안에 거하라

06

'~하라, 그러면'을 파악하자 (명령문, + and / 명령문, + or)

• 명령문, and=~해라 그러면 ~할 것이다
• 명령문, or=~해라, 그렇지 않으면 ~할 것이다

예문1 명령문, and=~해라 그러면 ~할 것이다
Study English hard, and you will succeed.
(영어를 열심히 공부해라, 그러면 성공할 것이다)

예문2 *명령문, or=~해라, 그렇지 않으면 ~할 것이다
Hurry up, or you will be late for the class.
(서둘러라, 그렇지 않으면 강의시간에 늦을 것이다)

명령문+, and + S + V=~하라, 그러면 ~할 것이다

1 "Come," he replied, "and you will see." So they went and saw where he was staying, and spent that day with him. It was about the tenth hour. (요1:39)

직역 "와라," 그가 대답했다, / "그러면 너희는 볼 것이다." / 그래서 그들은 갔고 / 보았다 그가 머물렀던 곳을, / 그리고 그날을 보냈다 그와 함께. / 때는 약 10시 경이었다.

핵심구조 come, + and + 주어 you + 동사 will see

단어 및 숙어의 확장 [동사] reply 대답하다 / spend 보내다 spend-spent-spent

해설 ① 명령문+, and=~하라, 그러면~할 것이다. ② where는 장소를 나타내는 관계부사 ③ that day의 that은 지시형용사 ④ It은 시간을 나타내는 비인칭주어

의역 예수께서 가라사대 와 보라 그러므로 저희가 가서 계신 데를 보고 그 날 함께 거하니 때가 제십시쯤 되었더라

2 Jesus answered them, "Destroy this temple, and I will raise it again in three days." (요2:19)

직역 예수님은 그들에게 대답하셨다, "이 성전을 부숴라, 그러면 내가 그것을 3일 후에 다시 일으키겠다."

핵심구조 Destroy, + and + 주어 I + 동사 will raise

단어 및 숙어의 확장 [동사] destroy 파괴하다, 부수다 / raise 들어올리다, 부활하다 [명사] temple 성전, 사원

해설 ① 명령문+, and=~하라, 그러면 ~할 것이다. ② in은 '~이후에'의 뜻이다: in three days: 3일 이후에

의역 예수께서 대답하여 가라사대 너희가 이 성전을 헐라 내가 사흘 동안에 일으키리라

3 They replied, "Are you from Galilee, too? Look into it, and you will find that a prophet does not come out of Galilee." (요7:52)

직역 그들은 대답하였다, / "너도 갈릴리에서 왔느냐? / 그것을 조사해라, / 그러면 너는 발견할 것이다 예언자가 갈릴리에서 온 것이 아니라는 것을.

핵심구조 Look..., + and + 주어 you + 동사 will find

단어 및 숙어의 확장 [명사] prophet 예언자 [숙어] look into 조사하다

해설 ① 명령문+, and=~하라, 그러면 ~할 것이다. ② that은 종속접속사이다.

의역 저희가 대답하여 가로되 너도 갈릴리에서 왔느냐 상고하여 보라 갈릴리에서는 선지자가 나지 못하느니라 하였더라

4 **Remain in me, and I will remain in you. No branch can bear fruit by itself; it must remain in the vine. Neither can you bear fruit unless you remain in me.** (요15:4)

직역 내 안에 머물러라, / 그러면 나는 머물겠다 너희 안에. / 아무것도 없다 혼자서 열매를 맺을 수 있는 가지는. / 그것은 머물러야 한다 줄기 안에서. / 너희도 열매를 맺을 수 없다 만약 너희가 머물지 않으면 내 안에.

핵심구조 Remain, + and + 주어 I + 동사 will remain

단어 및 숙어의 확장 [동사] remain 남다, 남아 있다 / bear 열매를 맺다 [접속사] unless=if~not 만약~하지 않으면 [명사] vine 포도나무, 가지 / branch 나뭇가지 [숙어] by itself 혼자서

해설 명령문+, and=~하라, 그러면~할 것이다.

의역 내 안에 거하라 나도 너희 안에 거하리라 가지가 포도나무에 붙어 있지 아니하면 절로 과실을 맺을 수 없음 같이 너희도 내 안에 있지 아니하면 그러하리라

5 **If you remain in me and my words remain in you, ask whatever you wish, and it will be given you.** (요15:7)

직역 만약 너희가 내 안에 남고 / 나의 말이 너희 안에 남으면, / 무엇이든지 요청하라 네가 원하는 것이면, / 그러면 그것은 주어질 것이다 너희에게.

핵심구조 ask, + and + 주어 it + 동사 will be given

해설 ① 명령문+, and=~하라, 그러면~할 것이다. ② whatever는 복합관계대명사로서 '무엇이든지'의 뜻이다.

의역 너희가 내 안에 거하고 내 말이 너희 안에 거하면 무엇이든지 원하는 대로 구하라 그리하면 이루리라

6 **Until now you have not asked for anything in my name. Ask, and you will receive, and your joy will be complete.** (요16:24)

직역 지금까지 너희는 그 어느 것도 요청한 적이 없었다 나의 이름으로. / 요청하라,

/ 그러면 너희는 받을 것이고, / 너의 기쁨이 완성될 것이다.

핵심구조 Ask, + and + 주어 you + 동사 will receive
Ask, + and + 주어 your joy + 동사 will be

단어 및 숙어의 확장 형용사 complete 완전한, 완벽한

해설 '명령문, + and + 주어 + 동사'의 문장이 2개이다.

의역 지금까지는 너희가 내 이름으로 아무것도 구하지 아니하였으나 구하라 그리하면 받으리니 너희 기쁨이 충만하리라

7 He said, "Throw your net on the right side of the boat, and you will find some." When they did, they were unable to haul the net in because of the large number of fish. (요21:6)

직역 그는 말했다, / "던져라 너의 그물을 배의 오른편에, / 그러면 너희는 찾을 것이다 무언가를." / 그들이 그렇게 하자, / 그들은 그물을 끌어올릴 수 없었다 엄청난 양의 물고기 때문에.

핵심구조 Throw, + and + 주어 you + 동사 will find

단어 및 숙어의 확장 동사 haul 잡아끌다, 끌어당기다 숙어 be unable to + R= ~할 수 없다 =cannot / because of ~때문에

해설 ① 명령문+, and=~하라, 그러면~할 것이다. ② did는 대동사(代動詞)로서 threw their net를 의미한다.

의역 가라사대 그물을 배 오른편에 던지라 그리하면 얻으리라 하신대 이에 던졌더니 고기가 많아 그물을 들 수 없더라

8 "Woman," he said, "why are you crying? Who is it ✓ you are looking for?" Thinking he was the gardener, she said, "Sir, if you have carried him away, tell me where you have put him, and I will get him." (요20:15)

직역 "여자여," 그가 말했다, / "왜 너는 울고 있느냐? / 누구냐 네가 찾는 자는?" / 그가 정원사라고 생각하고, / 그녀는 말했다, / "선생님, 만약 당신이 그를 데리고 갔다면, / 제게 말해주세요 / 당신이 그를 어디에 두셨는지, / 그러면 제가

그를 모시고 가겠습니다."

핵심구조 tell~+, and + 주어 I + 동사 will get

단어 및 숙어의 확장 명사 gardener 정원사, 동산지기 숙어 look for ~을 찾다

해설 의문사가 주어일 경우에는 관계대명사 that을 사용한다. Who is it that you are looking for?에서 주어가 의문사 Who이므로 관계대명사 that을 사용하였다. 또한 that은 목적격이므로 생략되었다.

의역 예수께서 가라사대 여자여 어찌하여 울며 누구를 찾느냐 하시니 마리아는 그가 동산지기인 줄로 알고 가로되 주여 당신이 옮겨 갔거든 어디 두었는지 내게 이르소서 그리하면 내가 가져가리이다

명령문, + or + S + V=~하라, 그렇지 않으면 ~할 것이다

1 "Stop sinning, or something worse may happen to you."

(요5:14)

직역 "죄 짓는 것을 멈춰라, / 그렇지 않으면 더 나쁜 것이 일어날 수 있다 너에게."

핵심구조 Stop~,+ or + 주어 something worse + 동사 may happen

단어 및 숙어의 확장 형용사 worse 더 나쁜 (bad의 비교급) 동사 sin 죄를 짓다 (sinning 죄 짓는 것) 숙어 happen to 우연히 발생하다, 일어나다 / stop ~ing ~하는 것을 멈추다

해설 명령문, + or + S + V: ~하라, 그렇지 않으면

의역 더 심한 것이 생기지 않게 다시는 죄를 범치 말라

07

동명사가 목적어로 어울리는 동사 / 동명사가 들어간 관용구

■ 동명사의 형태: 동사원형(R) + ~ing
■ 동명사가 목적어로 어울리는 동사 삼총사: enjoy, finish, mind

예문1 I enjoy singing gospel songs. (나는 복음성가 부르는 것을 즐긴다)
예문2 He finished writing an email. (그는 이메일 쓰는 것을 끝냈다)
예문3 Would you mind opening the window? (창문 좀 열어주실래요?)

■ 동명사가 목적어로 어울리는 그 밖의 동사 몇 가지: deny, give up

예문1 He denied being of God in the world. (그는 하나님이 세상에 존재함을 부인하였다)
예문2 She gave up persuading him. (그녀는 그를 설득하는 것을 포기하였다)

1 finish + ~ing=~하기를 끝내다

1 When he had finished washing their feet, he put on his clothes and returned to his place. "Do you understand what I have done for you?" he asked them. (요13:12)

직역 그가 그들의 발 씻는 일을 끝냈을 때, / 그는 그의 옷을 입고 / 그의 장소로 돌아갔다. / "너희는 이해하느냐 내가 너희를 위해서 했던 일을?" / 그가 그들에게 물었다.

핵심구조 finish + 동명사 washing

단어 및 숙어의 확장 숙어 put on ~을 입다

해설 ① finish washing: 씻는 일을 끝내다. ② what은 관계대명사로서 what I have done for you는 '내가 너희를 위해서 했던 일'을 의미한다.

의역 저희 발을 씻기신 후에 옷을 입으시고 다시 앉아 저희에게 이르시되 내가 너희에게 행한 것을 너희가 아느냐

2 **When he had finished praying, Jesus left with his disciples and crossed the Kidron Valley. On the other side there was an olive grove, and he and his disciples went into it.** (요18:1)

직역 그가 기도하는 것을 끝냈을 때, / 예수님은 그의 제자들과 함께 떠났고 / 기드론 계곡을 건너셨다. / 반대편에 / 올리브 동산이 있었는데, / 그와 그의 제자들은 그 안으로 들어갔다.

핵심구조 finish + 동명사 praying

단어 및 숙어의 확장 명사 disciple 제자 / olive grove 올리브 동산 동사 pray 기도하다 / cross 길을 건너다

해설 finish praying: 기도하는 것을 끝내다.

의역 예수께서 이 말씀을 하시고 제자들과 함께 기드론 시내 저편으로 나가시니 거기 동산이 있는데 제자들과 함께 들어가시다

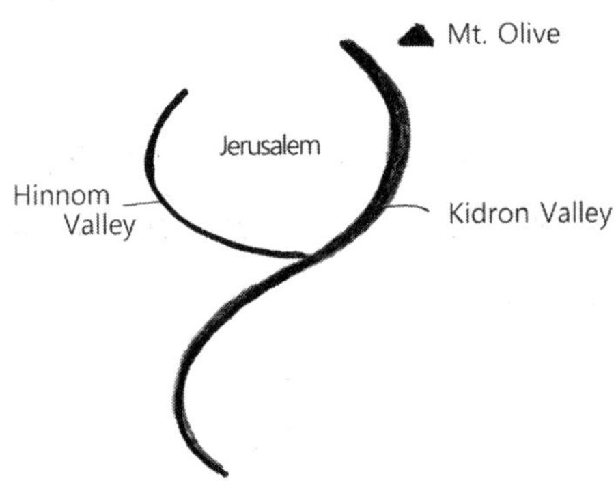

〈기드론계곡과 힌놈계곡〉

3 When they had finished eating, Jesus said to Simon Peter, "Simon son of John, do you truly love me more than these?" "Yes, Lord," he said, "you know that I love you." Jesus said, "Feed my lambs." (요21:15)

직역 그들이 먹는 것을 끝냈을 때 / 예수님은 말씀하셨다 시몬 베드로에게, / "요한의 아들 시몬아, 너는 나를 진실로 사랑하느냐 이 사람들보다도 더?" / "네, 주님," 그가 말했다, / "당신은 아십니다 제가 당신을 사랑한다는 것을." / 예수님이 말씀하셨다, / "나의 양들을 먹여라."

핵심구조 finish + 동명사 eating

해설 ① finish eating: 먹는 것을 끝내다. ② that은 종속접속사이다.

의역 저희가 조반 먹은 후에 예수께서 시몬 베드로에게 이르시되 요한의 아들 시몬아 네가 이 사람들보다 나를 더 사랑하느냐 하시니 가로되 주여 그러하외다 내가 주를 사랑하는 줄 주께서 아시나이다 가라사대 내 어린 양을 먹이라 하시고

2 stop + 동명사

① stop + 동명사: ~하는 것을 멈추다
He stopped smoking. (그는 담배피우는 것을 멈췄다) (=금연했다)

② stop + to R: ~하기 위해서 다른 일을 멈추다
He stopped to smoke. (그는 담배를 피우기 위해서 다른 일을 멈췄다)

1 Then he said to Thomas, "Put your finger here; see my hands. Reach out your hand and put it into my side. Stop doubting and believe." (요20:27)

직역 그때 그는 도마에게 말했다, / "넣어라 너의 손가락을 이곳에; / 보아라 나의 손을. / 뻗어라 너의 손을 / 그리고 넣어라 그것을 나의 옆구리에. / 의심을 멈추고 믿어라."

핵심구조 stop + 동명사 doubting

단어 및 숙어의 확장 동사 doubt 의심하다 ('b'는 묵음)

의역 도마에게 이르시되 네 손가락을 이리 내밀어 내 손을 보고 네 손을 내밀어 내 옆구리에 넣어 보라 그리하고 믿음 없는 자가 되지 말고 믿는 자가 되라

3 on + ~ing=~하자마자

1 On hearing it, many of his disciples said, "This is a hard teaching. Who can accept it?" (요6:60)

직역 그것을 듣자마자, / 많은 그의 제자들이 말했다, / "이것은 어려운 가르침입니다. / 누가 그것을 받아들일 수 있을까요?"

핵심구조 On + 동명사 hearing

의역 제자 중 여럿이 듣고 말하되 이 말씀은 어렵도다 누가 들을 수 있느냐 한대

2 On hearing his words, some of the people said, "Surely this man is the Prophet." (요7:40)

직역 그의 말씀을 듣자마자, / 몇 몇 사람들이 말했다, / "틀림없이 이 사람은 예언자요."

핵심구조 On + 동명사 hearing

단어 및 숙어의 확장 명사 prophet 예언자, 선지자

의역 이 말씀을 들은 무리 중에서 혹은 이가 참으로 그 선지자라 하며

08

부정사가 목적어로 어울리는 동사

부정사가 목적어로 어울리는 동사로는 want to, hope to, plan to, decide to, choose to, promise to, intend to, start to...등이 있다. 이 동사에는 바로 뒤에 to를 함께 외우면 기억하기에 좋다.

예문1 He wants to be a missionary.
(그는 선교사가 되기를 원한다)

예문2 She hopes to speak English fluently.
(그녀는 영어를 유창하게 말하기를 희망한다)

예문3 I plan to study English during this vacation.
(나는 이번 방학동안 영어를 공부할 계획이다)

예문4 They decided to study English hard.
(그들은 영어를 열심히 공부하기로 결심하였다)

예문5 You chose to run for the election.
(너는 선거에 출마하기로 선택하였다)

예문6 I promised to study English hard.
(나는 영어를 열심히 공부할 것을 약속했다)

예문7 They intended to attend the party.
(그들은 그 파티에 참석하기로 작정하였다)

예문8 He started to study English last week.
(그는 지난주에 영어공부를 시작하였다)

1 intend to + R

1 Then Judas (not Judas Iscariot) said, "But, Lord, why do you intend to show yourself to us and not to the world?" (요14:22)

직역 그때 유다 (가롯 유다가 아니라)는 말했다, / "그러나, 주님, / 왜 당신은 작정하십니까 당신 자신을 우리에게 보이려고? / 세상에게가 아니라?"

핵심구조 intend to + 동사원형 show

단어 및 숙어의 확장 숙어 intend to + R= ~을 의도하다, ~을 작정하다

의역 가룟인 아닌 유다가 가로되 주여 어찌하여 자기를 우리에게는 나타내시고 세상에게는 아니하려 하시나이까

2 start to + R

1 They were using this question as a trap, in order to have a basis for accusing him. But Jesus bent down and started to write on the ground with his finger. (요8:6)

직역 그들은 사용하는 중이었다 이 질문을 덫으로, / 토대를 가지기 위해서 그를 고소하기 위한. / 그러나 예수님은 몸을 아래로 굽혀서 / 쓰기 시작하셨다 땅 위에 그의 손가락으로.

핵심구조 start to + 동사원형 write

단어 및 숙어의 확장 명사 trap 덫, 함정 / basis 기본, 토대, 근본 동사 accuse 비난하다, 고소하다 / bend 굽히다 bend-bent-bent 숙어 in order to ~하기 위하여

의역 저희가 이렇게 말함은 고소할 조건을 얻고자 하여 예수를 시험함이러라 예수께서 몸을 굽히사 손가락으로 땅에 쓰시니

3 refuse to + R

1 **"Do you refuse to speak to me?" Pilate said. "Don't you realize I have power either to free you or to crucify you?"**

(요19:10)

직역 "너는 거절하느냐 나에게 말하기를?" 빌라도가 말했다. / "너는 깨닫지 못하느냐 / 내가 권력이 있음을 / 너를 자유롭게 하기도 하고 / 너를 십자가에 못 박을 수도 있는?"

핵심구조 refuse to + 동사원형 speak

단어 및 숙어의 확장 동사 crucify 십자가에 못박다 숙어 either A or B: A든지 B든지

해설 ① refuse to speak: 말하기를 거절하다. ② realize 다음에는 종속접속사 that이 생략돼 있다. ③ speak 앞의 to는 to부정사의 to이며 me 앞의 to는 '~에게'를 의미하는 전치사이다.

의역 빌라도가 가로되 내게 말하지 아니하느냐 내가 너를 놓을 권세도 있고 십자가에 못 박을 권세도 있는 줄 알지 못하느냐

4 command + O + to R

1 **In the Law Moses commanded us to stone such women.**

(요8:5)

직역 율법에는 / 모세가 명령하였다 우리에게 / 돌을 던지라고 그런 여자들에게.

핵심구조 command + 목적어 us + to stone

단어 및 숙어의 확장 동사 command 명령하다 명사 women : woman의 복수형

의역 모세는 율법에 이러한 여자를 돌로 치라 명하였거니와 선생은 어떻게 말하겠나이까

5 want + O + to R

1 **Jesus answered, "If I want him to remain alive until I return, what is that to you? You must follow me."** (요21:22)

직역 예수님은 대답하셨다, / "만약 내가 원한다면 그가 살아남기를 내가 돌아올 때까지, / 그것이 무엇이냐 너에게? / 너는 나를 따라야한다."

핵심구조 want + 목적어 him + to remain

단어 및 숙어의 확장 형용사 alive 살아 있는

해설 ① want +O + to부정사: ~가~하기를 원하다. ② that은 지시대명사이다.

의역 예수께서 가라사대 내가 올 때까지 그를 머물게 하고자 할찌라도 네게 무슨 상관이냐 너는 나를 따르라 하시더라

2 **But it is your custom for me to release to you one prisoner at the time of the Passover. Do you want me to release 'the king of the Jews'?** (요18:39)

직역 그러나 너희의 관습이다 / 내가 유월절 시기에 죄수 한 명을 너희에게 놓아주는 것이. / 너희는 원하느냐 내가 '유대인의 왕'을 놓아주기를?

핵심구조 want + O me + to release

단어 및 숙어의 확장 동사 release 놓아주다, 풀어주다, 해방시키다 명사 prisoner 죄수 / Passover 유월절

해설 ① want me to release: 내가 ~을 풀어주기를 원하다. ② it는 가주어, for me는 의미상의 주어, to release는 진주어이다.

의역 유월절이면 내가 너희에게 한 사람을 놓아 주는 전례(前例)가 있으니 그러면 너희는 내가 유대인의 왕을 너희에게 놓아 주기를 원하느냐 하니

성경해설 이스라엘의 3대 절기

① 무교절(the Feast of Unleavened [ʌnlévənd] Bread): 출애굽의 해방을 기념하는 절기로서 일명 '유월절(Passover)'라고도 함. 하나님께서 심판의 천사를 통해 애굽의 초태생들을 죽이시던 날, 문설주에 양의 피를 바른 이스라엘

가정은 “그냥 지나쳐갔다(passed over)” ‘유월절(Passover)’는 바로 그날 밤의 사건에서 붙여진 이름이다. 해마다 그날에는 특별한 음식, 즉 고난의 떡을 상징하는 누룩없는 빵, 무교병과 쓴나물을 일주일 동안 먹는다. 집안의 가장들은 역사와 배경을 가르친다. (유월절=무교절)

② 맥추절(the Feast of Harvest)(Feast of Ingathering): 이삭을 수확한 뒤, 첫 곡식 단을 드리는 절기로서 일명 ‘오순절(Pentecostal)’ ‘칠칠절’이라고도 함.(오순절=맥추절=칠칠절)

③ 수장절(the Feast of Ingathering)*(Festival of Shelters [ʃéltərz]): 한해 농사를 마무리 짓고, 하나님께 감사를 드리는 추수감사절로서 일명 ‘장막절’ 또는 ‘초막절’이라고도 함 *초막절: the Feast of Ingathering [fíːst] [íngæ̀ðəriŋ] 또는 Feast of tabernacles [tǽbərnæ̀klz] : 이스라엘의 기념절기. 초막의 뜻은 ‘텐트’이다. 바벨론에서 귀국한 이스라엘 사람들은 초막절을 기념하기 위하여 예루살렘에 모였다.(레23:33-44) (초막절=장막절=수장절)

09

간접의문문

■ 형태: what이 이끄는 절

1. 의문대명사 what

1) 사물: What is this? (이것은 무엇이니?)
   What makes you happy? (무엇이 너를 행복하게 하니?)
2) 사람의 직업: What is he? (그의 직업은 무엇이니?)

2. 간접의문문으로 쓰인 의문대명사 what: 의문사 다음에 S+V가 와야한다.

1) Please tell me what your hobbies are. (너의 취미가 무엇인지 내게 말해줘)
   [의문대명사 what이하는 tell의 목적어로 명사절이다]
2) I don't know what I should say. (무슨 말을 해야 할지 모르겠다)
   [의문대명사 what이하는 know의 목적어로 명사절이다]
3) 의문사에는 What 이외에도 Where와 Who가 있다.

1 **But we know where this man is from, when the Christ comes, no one will know where he is from.** (요7:27)

직역 그러나 우리는 안다 이 사람이 어디에서 왔는지, / 그리스도가 오시면, / 아무도 모를 것이다 어디서 그가 오시는지를.

핵심구조 ① 의문사 where + 주어 this man + 동사 is
② 의문사 where + 주어 he + 동사 is

의역 그러나 우리는 이 사람이 어디서 왔는지 아노라 그리스도께서 오실 때에는 어디서 오시는지 아는 자가 없으리라 하는지라

2 **Jesus replied, "You do not realize now what I am doing, but later you will understand."** (요13:7)

직역 예수님은 대답하셨다. / "너희는 지금 깨닫지 못한다 / 내가 무엇을 하고 있는지를, / 그러나 나중에 너희는 이해할 것이다."

핵심구조 의문사 what + 주어 I + 동사 am doing

단어 및 숙어의 확장 동사 realize 깨닫다 / reply 대답하다, 응답하다

의역 예수께서 대답하여 가라사대 나의 하는 것을 네가 이제는 알지 못하나 이후에는 알리라

3 **Now this was John's testimony when the Jews of Jerusalem sent priests and Levites to ask him who he was.** (요1:19)

직역 지금이 바로 요한의 증언할 때이다 / 예루살렘의 유대인들이 제사장들과 레위인들을 보내서 / 그에게 묻게 했을 때 그가 누구인지를.

핵심구조 의문사 who + 주어 he + 동사 was

단어 및 숙어의 확장 Levites: 레위인들 (레위기: Leviticus)

의역 유대인들이 예루살렘에서 제사장들과 레위인들을 요한에게 보내어 네가 누구냐 물을 때에 요한의 증거가 이러하니라

성경해설 <John the Baptist denies being the Christ>
(세례요한이 그리스도임을 부인하다) (세례요한의 증언) (요1:19-34)
(예수님의 공생애의 역사가 제시된다. 모두가 예수님의 신성과 구세주되심을 증언해준다. 특히 공생애 첫날과 둘째 날을 다루고 있는 본문에서 세례요한은 선구자로서의 자신의 한계와 예수의 하나님 아들 되심을 증거하고 있다. 진정 자신을 철저히 부인하는 자만이 예수를 믿고 증거할 수 있다)

4 **Jesus answered, "Even if I testify on my own behalf, my testimony is valid, for I know where I came from and where I am going. But you have no idea where I come from or where I am going.** (요8:14)

직역 예수님은 대답하셨다, / "비록 내가 내 자신을 위하여 증명한다 하더라도, / 나의 증명은 타당하다, / 왜냐하면 나는 알기 때문이다 내가 어디에서 왔는지 그리고 어디로 가는지를. / 그러나 너희는 알지 못한다 내가 어디에서 왔는지 혹은 내가 어디로 가는지를.

핵심구조 ① 의문사 where + 주어 I + 동사 came
② 의문사 where + 주어 I + 동사 am going
③ 의문사 where + 주어 I + 동사 come

단어 및 숙어의 확장 동사 testify 증명하다, 입증하다, 증언하다 형용사 valid 타당한, 근거가 확실한, 정당한, 효과적인

숙어 I have no idea.=I don't know. (나는 모른다) /
on one's own behalf=on a person's behalf
① (아무의)대신으로, ~을 대표하여

예문 Mr. Kim accepted the prize on behalf of the team.
(팀을 대표하여 미스터김이 상을 받았다)
② ~에 관하여, ~을 위하여

예문 She did much on behalf of her neighbors.
(그녀는 이웃을 위하여 많은 일을 했다)

의역 예수께서 대답하여 가라사대 내가 나를 위하여 증거하여도 내 증거가 참되니 나는 내가 어디서 오며 어디로 가는 것을 앎이어니와 너희는 내가 어디서 오며 어디로 가는 것을 알지 못하느니라

10

the+형용사=복수보통명사 / 전치사+추상명사=부사 / to+one's+추상명사=~하게도

1 the + 형용사= 복수보통명사

the + 형용사가 들어있는 문장

the+ 형용사는 복수보통명사가 된다.

예 the old = old people=나이든 사람들
the young=young people=젊은이들
the rich=rich people=부유한 사람들
the poor=poor people=가난한 사람들
the kind=kind people=친절한 사람들
the sick=sick people=아픈 사람들

1 (They still did not understand from Scripture that Jesus had to rise from the dead.) (요20:9)

직역 (그들은 아직도 이해하지 못했다 성경으로부터 / 예수님께서 살아나셔야만 했다는 것을 죽은 자들로부터).

핵심구조 the + 형용사 dead

단어 및 숙어의 확장 the dead=dead people=죽은 사람들

해설 that은 종속접속사이다.

의역 (저희는 성경에 그가 죽은 자 가운데서 다시 살아나야 하리라 하신 말씀을 아직 알지 못하더라)

2 **Here a great number of disabled people used to lie—the blind, the lame, the paralyzed.** (요5:3)

직역 여기에 매우 많은 불구자들이 눕곤 했다—/ 즉 눈 먼 자들, 다리를 저는 자들, 중풍 걸린 자들이.

핵심구조 the + 형용사 blind / the + 형용사 lame / the + 형용사 paralyzed

단어 및 숙어의 확장 형용사 disabled 불구가 된, 무능력하게 된 예) a disabled car 고장차, 폐차 / a disabled ship 폐선 / blame 눈이 먼 / lame 절름발이의, 절룩거리는, 무능력의, 불완전한 / paralyzed 마비된, 무력한 동사 paralyze 마비시키다, 불구가 되게 하다 숙어 a great number of 매우 많이 / used to + R= ~하곤 했다

의역 그 안에 많은 병자, 소경, 절뚝발이, 혈기 마른 자들이 누워

3 **But others said, "These are not the sayings of a man possessed by a demon. Can a demon open the eyes of the blind?"** (요10:21)

직역 그러나 다른 사람들이 말했다, / "이것들은 사로잡힌 사람의 말이 아니다 마귀에 의해서. / 마귀가 뜨게 할 수 있는가 눈 먼 사람들의 눈을?"

핵심구조 the + 형용사 blind

단어 및 숙어의 확장 동사 possess 소유하다 명사 demon 악마, 귀신

해설 man과 possessed 사이에 주격관계대명사 who (that) is가 생략돼 있다.

의역 혹은 말하되 이 말은 귀신 들린 자의 말이 아니라 귀신이 소경의 눈을 뜨게 할 수 있느냐 하더라

4 and a great crowd of people followed him because they saw the miraculous signs he had performed on <u>the sick.</u> (요6:2)

직역 그리고 굉장히 많은 무리의 사람들이 그를 따라갔다 / 왜냐하면 그들은 보았기 때문이었다 기적적인 징표를 / 그가 병자들에게 행했던.

핵심구조 the + 형용사 sick

단어 및 숙어의 확장 동사 perform 행하다 / the sick=sick people=병자들, 아픈 사람들

해설 signs와 he 사이에 목적격관계대명사 that 또는 which가 생략돼 있다.

의역 큰 무리가 따르니 이는 병인들에게 행하시는 표적을 봄이러라

5 This was now the third time Jesus appeared to his disciples after he was raised from <u>the dead.</u> (요21:14)

직역 이것이 지금 세 번 째였다 예수님이 그의 제자들에게 나타나신 것은 / 그가 부활하신 이후로 죽은 자들로부터.

핵심구조 the + 형용사 dead

단어 및 숙어의 확장 동사 appear 나타나다, 등장하다 / the dead=dead people=죽은 사람들

해설 time과 Jesus 사이에 목적격관계대명사 that이 생략돼 있다.

의역 이것은 예수께서 죽은 자 가운데서 살아나신 후에 세 번째로 제자들에게 나타나신 것이다

6 He did not say this because he cared about <u>the poor</u> but because he was a thief; as keeper of the money bag, he used to help himself to what was put into it. (요12:6)

직역 그는 이것을 말했다 / 왜냐하면 그는 가난한 사람들을 돌봤기 때문이 아니라 그가 도적이었기 때문이었다; / 돈가방을 지키는 자로서, / 그는 가져가곤 했다 그것 안으로 넣어진 것(돈)을.

핵심구조 the + 형용사 poor

단어 및 숙어의 확장 숙어 used to + R= ~하곤 했다.(과거의 규칙적 습관) / the poor= poor people=가난한 사람들, 빈자 / help oneself to ~을 착복하다, 횡령하다, ~을 마음대로 취하다

예문 He helped himself to the money (그는 돈을 착복했다)

해설 what은 관계대명사이다.

의역 이렇게 말함은 가난한 자들을 생각함이 아니요 저는 도적이라 돈궤를 맡고 거기 넣는 것을 훔쳐 감이러라

7 **Meanwhile a large crowd of Jews found out that Jesus was there and came, not only because of him but also to see Lazarus, whom he had raised from the dead.** (요12:9)

직역 한편 큰 무리의 유대인이 발견하였다 예수님이 거기에 계시다가 오심을, / 그 때문에 올뿐만 아니라 나사로를 보시려고. / 그를 그는 살리셨다 죽은 자들로부터.

핵심구조 the + 형용사 dead

단어 및 숙어의 확장 not only A but also B=A뿐만 아니라 B도 역시 / because of ~때문에 / the dead=dead people=죽은 사람들

해설 that은 종속접속사이다.

의역 유대인의 큰 무리가 예수께서 여기 계신 줄을 알고 오니 이는 예수만 위함이 아니요 죽은 자 가운데서 살리신 나사로도 보려 함이러라

8 **but no one at the meal understood why Jesus said this to him. Since Judas had charge of the money, some thought Jesus was telling him to buy what was needed for the Feast, or to give something to the poor.** (요13:28-29)

직역 그러나 식사 중에 있는 아무도 이해하지 못했다 / 왜 예수님이 이 말씀을 그에게 했는지를. / 유다가 돈을 담당했기 때문에 / 어떤 이는 생각했다 / 예수님이 그에게 축제를 위해서 필요한 것을 사라고 말씀하신 것으로, / 혹은 가난한 자들에게 무언가를 주라고 말씀하셨다고 생각했다.

핵심구조 the + 형용사 poor

단어 및 숙어의 확장 명사 the poor=poor people=가난한 사람들

해설 thought와 Jesus 사이에는 종속접속사 that이 생략돼 있다.

의역 이 말씀을 무슨 뜻으로 하셨는지 그 앉은 자 중에 아는 이가 없고, 어떤 이들은 유다가 돈궤를 맡았으므로 명절에 우리의 쓸 물건을 사라 하시는지 혹 가난한 자들에게 무엇을 주라 하시는 줄로 생각하더라

2 전치사+추상명사=부사

전치사와 추상명사가 합하여 부사가 된다.

예1 on purpose=puposely 고의로, 의도적으로

예2 with ease=easily 쉽게, 용이하게

예3 with patience=patiently 인내심 있게, 참을성 있게, 끈기 있게

예4 in abundance=abundantly 풍부하게

예5 by mistake=mistakenly 실수로, 잘못하여, 오해하여

예6 by accident=accidentally 우연히

1 For I gave them the words you gave me and they accepted them. They knew with certainty that I came from you, and they believe that you sent me. (요17:8)

직역 왜냐하면 내가 그들에게 그 말을 했기 때문이다 / 당신이 내게 했던. / 그리고 그들은 그 말들을 받아들였다. / 그들은 확실하게 알았다 / 내가 당신으로부터 왔다는 것을. / 그리고 그들은 믿는다 당신이 나를 보냈음을.

핵심구조 with + 추상명사 certainty

단어 및 숙어의 확장 숙어 with certainty 확실하게, 확실히(certainly)

해설 ① 전치사+ 추상명사는 부사로서 with certainty는 certainly와 같다. ② 종속접속사 that이 2개다 knew that.../ believe that... ③ the words 와 you 사이에는 목적격관계대명사 that이나 which가 생략돼 있다.

의역 나는 아버지께서 내게 주신 말씀들을 저희에게 주었사오며 저희는 이것을 받고

내가 아버지께로부터 나온 줄을 참으로 아오며 아버지께서 나를 보내신 줄도 믿었사옵나이다

3 to+one's+추상명사=~하게도

전치사 to와 인칭대명사의 소유격(my, your, her, his, their)과 추상명사가 합해서 '~하게도'라는 뜻을 지닌다

예1 To my joy: 내가 기쁘게도

예2 To his surprise: 그가 놀랍게도

예3 To her sadness: 그녀가 슬프게도

예4 To the great amazement of the governor: 총독이 매우 놀랍게도(마27:14)

예5 To my surprise: 내가 놀랍게도

예6 To her joy: 그녀가 기쁘게도

예7 To their disappointment: 그들이 실망하게도

1 For the Father loves the Son and shows him all he does. Yes, to your amazement he will show him even greater things than these. (요5:20)

직역 왜냐하면 아버지가 아들을 사랑하고 / 그에게 보여주시기 때문이다 그가 하는 모든 일을. / 그렇다, / 너희가 놀랍게도 / 그는 그에게 보여줄 것이다 이것들보다도 훨씬 더 위대한 것들을.

핵심구조 to + your + 추상명사 amazement

단어 및 숙어의 확장 부사 even 훨씬 더 숙어 to your amazement 네가 놀랍게도

해설 all과 he 사이에는 목적격관계대명사 that이 생략돼 있다.

의역 아버지께서 아들을 사랑하사 자기의 행하시는 것을 다 아들에게 보이시고 또 그보다 더 큰 일을 보이사 너희로 기이히 여기게 하시리라

11

관계대명사 what을 파악하자

■ 형태: what이 이끄는 절

관계대명사 what의 용법

1) what은 문장에서 주어, 목적어, 보어를 이끄는 명사절을 만든다.

예문1 What is beautiful is not always good.
(아름다운 것이 항상 좋은 것은 아니다)
[what is beautiful은 이 문장에서 동사 is의 주어가 된다]

예문2 She saves what she earns. (그 여자는 자신이 번 돈을 저축한다)
[what she earns는 이 문장에서 동사 saves의 목적어가 된다]

예문3 This is what they want. (이것은 그들이 원하는 것이다)
[what they want는 이 문장에서 주어 this를 보충설명해주는 보어가 된다]

■ 간접의문문을 만드는 의문대명사 what과 관계대명사 what의 구별법 !

1) 공통점: 둘 다 문장에서 주어(S), 목적어(O), 보어(C)로 쓰이는 명사절을 이끈다.

예문1 Please tell me what your hobbies are.
(의문대명사 what이하는 목적어가 됨)
[너의 취미가 무엇인지를 내게 말해줘]

예문2 I can't understand what you said.
(관계대명사 what이하는 목적어가 됨)
[나는 네가 말한 것을 이해할 수 없다]

2) 구별법 !!!

▸ 의문대명사 what:

* 주절의 본동사가 의문의 의미, 즉 불확실적 진술을 지니면 의문대명사이다.

** what이하는 완전한 문장이다!

*** 주절의 동사가 doubt, wonder, tell me, don't know, can't tell, ask 등이면 what은 의문대명사이다

예문 Will you tell me what I should do?
[내가 무엇을 해야할지 내게 말해줄래?]
['말해달라'는 것은 '모른다'는 뜻, 즉 불확실한 의미를 지닌다]

▸ 관계대명사 what:

** 자신의 의견을 강조할 때 쓰인다. **what을 the thing which로 바꿀 수 있다.

** what이하는 완전한 문장이 아니다!

예문1 That's what I said.
(=That' the thing which I said.)
[그게 바로 내 말이야]

예문2 Please do what you'd like to do.
(=Please do the thing which you'd like to do)
[제발 네가 하고 싶은 것을 해라]

예문3 What I like is singing gospel songs.
[=The thing which I like is singing gospel songs.]
(내가 좋아하는 것은 복음성가 부르기다)

1 "You call me 'Teacher' and 'Lord,' and rightly so, for that is what I am. (요13:13)

직역 너는 부른다 나를 '선생님'과 '주님'이라고, / 그리고 바로 그렇다, / 왜냐하면 그것이 바로 나이기 때문이다.

핵심구조 what + 주어 I + 동사 am

단어 및 숙어의 확장 부사 rightly 정확히, 적절히, 올바르게

해설 ① what은 관계대명사로서 the thing which로 바꿀 수 있다. ② that은 지시대

명사이다.

의역 너희가 나를 선생이라 또는 주라 하니 너희 말이 옳도다 내가 그러하다

2 Pilate answered, "What I have written, I have written."

(요19:22)

직역 빌라도는 대답하였다, / "내가 썼던 것을, / 나는 썼다."

핵심구조 What + 주어 I + 동사 have written

해설 ① what은 관계대명사로서 the thing which로 바꿀 수 있다. ② What I have written은 have written의 목적어로서 명사절이다. 목적어가 문장의 앞으로 도치되었다. 원래의 문장으로 고치면, I have written what I have written.이 된다.

의역 빌라도가 대답하되 나의 쓸 것을 썼다 하니라

3 Do not believe me unless I do what my Father does.

(요10:37)

직역 나를 믿지 말라 / 내가 하지 않는다면 나의 아버지가 행하신 일을.

핵심구조 what + 주어 my Father + 동사 does

단어 및 숙어의 확장 접속사 unless 만약~하지 않는다면(=if~not)

해설 what은 관계대명사로서 the thing which로 바꿀 수 있다.

의역 만일 내가 내 아버지의 일을 행치 아니하거든 나를 믿지 말려니와

4 If you love me, you will obey what I command. (요14:15)

직역 만약 너희가 나를 사랑하면, / 너희는 복종할 것이다 내가 명령한 것에.

핵심구조 what + 주어 I + 동사 command

단어 및 숙어의 확장 동사 command 명령하다 / obey 복종하다, 순종하다

해설 what은 관계대명사로서 the thing which로 바꿀 수 있다.

의역 너희가 나를 사랑하면 나의 계명을 지키리라

5 You are my friends if you do what I command. (요15:14)

직역 너희는 나의 친구이다 / 만약 너희가 행한다면 내가 명령한 것을.

핵심구조 what + 주어 I + 동사 command

해설 what은 관계대명사로서 the thing which로 바꿀 수 있다.

의역 너희가 나의 명하는 대로 행하면 곧 나의 친구라

6 Why question me? Ask those who heard me. Surely they know what I said. (요18:21)

직역 왜 질문하느냐 나에게? / 물어라 내 말을 들었던 사람들에게. / 틀림없이 그들은 알고 있다 내가 말한 것을.

핵심구조 what + 주어 I + 동사 said

해설 what은 관계대명사로서 the thing which로 바꿀 수 있다.

의역 어찌하여 내게 묻느냐 내가 무슨 말을 하였는지 들은 자들에게 물어보라 저희가 나의 하던 말을 아느니라

7 Andrew, Simon Peter's brother, was one of the two who heard what John had said and who had followed Jesus. (요1:40)

직역 시몬 베드로의 형제, 안드레는 요한이 말했던 것을 들었고 예수님을 따랐던 두 명의 사람 중의 한 명이었다.

핵심구조 what + 주어 John + 동사 had said

단어 및 숙어의 확장 숙어 one of + 복수명사= ~중의 하나

해설 ① what은 관계대명사로서 the thing which로 바꿀 수 있다. ② Andrew와 Simon Peter's brother는 동격이다.

의역 요한의 말을 듣고 예수를 좇는 두 사람 중에 하나는 시몬 베드로의 형제 안드레라

8 **The world cannot hate you, but it hates me because I testify that what it does is evil.** (요7:7)

직역 세상은 미워할 수 없다 너희를, / 그러나 세상은 미워한다 나를 / 왜냐하면 내가 증명하기 때문이다 그것(세상)이 행한 것이 악이라는 것을.

핵심구조 what + 주어 it + 동사 does

단어 및 숙어의 확장 동사 hate 미워하다 / testify 증명하다, 증거하다, 간증하다

해설 ① what은 관계대명사로서 the thing which로 바꿀 수 있다. ② that은 종속접속사이다.

의역 세상이 너희를 미워하지 못하되 나를 미워하나니 이는 내가 세상의 행사를 악하다 증거함이라

9 **All that belongs to the Father is mine. That is why I said the Spirit will take from what is mine and make it known to you.** (요16:15)

직역 아버지께 속한 모든 것이 나의 것이다. / 그것은 내가 말했던 이유이다 / 성령이 나의 것으로부터 가져갈 것이며 / 그것을 너희에게 알릴 것이라고.

핵심구조 what + 동사 is

단어 및 숙어의 확장 숙어 belong to ～에 속하다

해설 ① what is mine에서 what은 관계대명사로서 the thing which와 같다. ② why는 이유를 나타내는 관계부사이다. ③ All 다음의 that은 주격관계대명사이다. ④ said와 the Spirit 사이에는 종속접속사 that이 생략돼 있다. ⑤ That is의 That은 지시대명사이다.

의역 무릇 아버지께 있는 것은 다 내 것이라 그러므로 내가 말하기를 그가 내 것을 가지고 너희에게 알리리라 하였노라

10 **When he had finished washing their feet, he put on his clothes and returned to his place. "Do you understand what I have done for you?" he asked them.** (요13:12)

직역 그들이 끝냈을 때 그들의 발을 씻는 것을, / 그는 그의 옷을 입고 / 그의 장소로 돌아갔다. / "너희는 이해하느냐 내가 너희를 위해서 했던 일을?" / 그가 그들에게 물었다.

핵심구조 what + 주어 I + 동사 have done

단어 및 숙어의 확장 숙어 put on ~을 입다

해설 ① what은 관계대명사로서 the thing which와 같다. ② finish 다음에는 반드시 동명사가 온다: finish washing

의역 저희 발을 씻기신 후에 옷을 입으시고 다시 앉아 저희에게 이르시되 내가 너희에게 행한 것을 너희가 아느냐

11 **I tell you the truth, we speak of what we know, and we testify to what we have seen, but still you people do not accept our testimony.** (요3:11)

직역 내가 너희들에게 진실을 말한다, / 우리는 말한다 우리가 아는 것에 대해, / 그리고 우리는 증거한다 우리가 보았던 것을, / 그러나 아직도 너희 사람들은 받아들이지 않는다 우리의 간증을.

핵심구조 ① what + 주어 we + 동사 know ② what + 주어 we + 동사 have seen

단어 및 숙어의 확장 동사 testify 증거하다, 증명하다, 간증하다 명사 testimony 간증, 증명, 증거

해설 what은 관계대명사로서 the thing which와 같다.

의역 진실로 진실로 네게 이르노니 우리 아는 것을 말하고 본 것을 증거하노라 그러나 너희가 우리 증거를 받지 아니하는도다

12 **but the world must learn that I love the Father and that I do exactly what my Father has commanded me.** (요14:31)

직역 그러나 세상은 배워야한다 / 내가 아버지를 사랑하고 / 내가 정확하게 행한다는 것을 나의 아버지께서 나에게 명하신 것을.

핵심구조 what + 주어 my Father + 동사 has commanded

단어 및 숙어의 확장 동사 command ~에게 명령하다, 요구하다, 지휘하다 부사 exactly 정확하게, 엄밀하게, 꼼꼼하게, 정확히 말해서, 틀림없이, 바로, 곧

해설 ① what은 관계대명사로서 the thing which로 바꿀 수 있다. ② 2개의 that은 종속접속사이다.

의역 오직 내가 아버지를 사랑하는 것과 아버지의 명하신 대로 행하는 것을 세상으로 알게 하려 함이로라 일어나라 여기를 떠나자 하시니라

13 You Samaritans worship what you do not know; we worship what we do know, for salvation is from the Jews. (요4:22)

직역 너희 사마리아인들은 예배를 드린다 너희가 알지 못하는 것을. / 그러나 우리는 예배드린다 우리가 아는 것을, / 왜냐하면 구원은 유대인으로부터 오기 때문이다.

핵심구조 ① what + 주어 you + 동사 do not know
② what + 주어 we + 동사 do know

단어 및 숙어의 확장 명사 Samaritan 사마리아인 / salvation 구원 동사 worship 예배(를 드리다)

해설 ① what은 관계대명사로서 the thing which로 바꿀 수 있다. ② for는 because의 뜻이다. ③ You와 Samaritans는 동격이다. ④ semi colon (;)은 but의 뜻이다.

의역 너희는 알지 못하는 것을 예배하고 우리는 아는 것을 예배하노니 이는 구원이 유대인에게서 남이니라

14 I know that his command leads to eternal life. So whatever I say is just what the Father has told me to say. (요12:50)

직역 나는 안다 / 그의 명령이 이르게 한다는 것을 영원한 생명에. / 그래서 내가 말하는 것이면 무엇이든지 / 아버지가 내게 말하라고 말씀하신 바로 그것이다.

핵심구조 what + 주어 the Father + 동사 has told

단어 및 숙어의 확장 숙어 lead to ~을 초래하다 명사 command 명령

해설 ① what은 관계대명사로서 the thing which로 바꿀 수 있다. ② that은 종속접속사이다. ③ whatever는 복합관계대명사로서 '무엇이든지'의 뜻이다.

의역 나는 그의 명령이 영생인 줄 아노라 그러므로 나의 이르시는 것은 내 아버지께서 내게 말씀하신 그대로 이르노라 하시니라

15 But whoever lives by the truth comes into the light, so that it may be seen plainly that what he has done has been done through God." (요3:21)

직역 그러나 진리로 살아가는 사람이면 누구든지 / 들어온다 빛으로, / 그가 행한 일이 / 하나님을 통해서 행해졌다는 것이 / 명백하게 보여질 수 있도록."

핵심구조 what + 주어 he + 동사 has done

단어 및 숙어의 확장 부사 plainly 명백히, 솔직히, 겸소하게

해설 ① what은 관계대명사로서 the thing which로 바꿀 수 있다. ② so that...may... 하기 위하여. ③ plainly 다음의 that은 종속접속사이다.

의역 진리를 좇는 자는 빛으로 오나니 이는 그 행위가 하나님 안에서 행한 것임을 나타내려 함이라 하시니라

16 I sent you to reap what you have not worked for. Others have done the hard work, and you have reaped the benefits of their labor. (요4:38)

직역 나는 너희들을 보냈다 / 너희가 일하지 않은 것을 추수하기 위하여. / 다른 사람들은 힘든 일을 했다, / 그리고 너희는 추수하였다 그들의 노동의 이익을.

핵심구조 what + 주어 you + 동사 have not worked

단어 및 숙어의 확장 동사 reap 거두다, 추수하다 명사 benefit 이익 / labor 노동

해설 what은 관계대명사로서 the thing which로 바꿀 수 있다.

의역 내가 너희로 노력지 아니한 것을 거두러 보내었노니 다른 사람들은 노력하였고 너희는 그들의 노력한 것에 참예하였느니라

17 To this John replied, "A man can receive only what is given him from heaven." (요3:27)

직역 이 말에 대하여 요한은 대답하였다, / "인간은 받을 수 있다 / 오직 그에게 주어진 것을 천국으로부터."

핵심구조 what + 동사 is given

단어 및 숙어의 확장 동사 reply 대답하다 / receive 받다

해설 ① what은 관계대명사로서 the thing which로 바꿀 수 있다. ② To this John replied는 도치된 문장으로서 올바르게 배치하면, John replied to this가 된다. ③ what is given은 수동태로서 '주어진 것,' 즉 '받은 것'이라는 뜻이다.

의역 요한이 대답하여 가로되 만일 하늘에서 주신 바 아니면 사람이 아무것도 받을 수 없느니라

18 He testifies to what he has seen and heard, but no one accepts his testimony. (요3:32)

직역 그는 간증한다 자기가 보고 들었던 것에 대하여, / 그러나 아무도 받아들이지 않는다 그의 간증을.

핵심구조 what + 주어 he + 동사 has seen and heard

단어 및 숙어의 확장 동사 testify 간증하다, 증명하다 명사 testimony 간증, 증명

해설 what은 관계대명사로서 the thing which로 바꿀 수 있다.

의역 그가 그 보고 들은 것을 증거하되 그의 증거를 받는 이가 없도다

19 Since you do not believe what he wrote, how are you going to believe what I say? (요5:47)

직역 너희가 믿지 아니하는데 그가 썼던 것을, / 어떻게 너희는 믿으려 하느냐 내가 말하는 것을?

핵심구조 ① what + 주어 he + 동사 wrote ② what + 주어 I + 동사 say

단어 및 숙어의 확장 숙어 be going to= ~하려고 하다~할 것이다

해설 ① what은 관계대명사로서 the thing which로 바꿀 수 있다. ② 여기에서 he는 Moses이고 I는 예수님이다.

의역 그러나 그의 글도 믿지 아니하거든 어찌 내 말을 믿겠느냐 하시니라

20 He asked this only to test him, for he already had in mind what he was going to do. (요6:6)

직역 그는 이것만 물었다 그를 시험하기 위하여, / 왜냐하면 그는 이미 명심했기 때문이었다 그가 하려는 것을 .

핵심구조 what + 주어 he + 동사 was going to do

단어 및 숙어의 확장 숙어 have in mind 명심하다, 유의하다

해설 what은 관계대명사로서 the thing which로 바꿀 수 있다.

의역 이렇게 말씀하심은 친히 어떻게 하실 것을 아시고 빌립을 시험코자 하심이라

21 Does our law condemn anyone without first hearing him to find out what he is doing? (요7:51)

직역 우리의 법이 누군가를 판결하느냐? / 맨 먼저 그의 말을 듣지도 않은 채로 / 찾아내기 위해서 그가 하고 있는 일을?

핵심구조 what + 주어 he + 동사 is doing

단어 및 숙어의 확장 동사 condemn 판결하다, 정죄하다

해설 what은 관계대명사로서 the thing which로 바꿀 수 있다.

의역 우리 율법은 사람의 말을 듣고 그 행한 것을 알기 전에 판결하느냐

22 "Who are you?" they asked. "Just what I have been claiming all along," Jesus replied. (요8:25)

직역 "너는 누구냐?"고 그들이 물었다. / "줄곧 내가 주장해온 바로 그 사람이다"라고 예수님은 대답하셨다.

핵심구조 what + 주어 I + 동사 have been claiming

단어 및 숙어의 확장 동사 claim 주장하다 / reply 대답하다

해설 what은 관계대명사로서 the thing which로 바꿀 수 있다.

의역 저희가 말하되 네가 누구냐 예수께서 가라사대 나는 처음부터 너희에게 말하여 온 자니라

23 He who belongs to God hears what God says. The reason you do not hear is that you do not belong to God. (요8:47)

직역 하나님께 속한 그는 / 듣는다 하나님께서 말씀하신 것을. / 너희가 듣지 않는 이유는 너희가 하나님께 속하지 않기 때문이다

핵심구조 what + 주어 God + 동사 says

단어 및 숙어의 확장 숙어 belong to ~에 속하다

해설 ① what은 관계대명사로서 the thing which로 바꿀 수 있다. ② that은 종속접속사이다.

의역 하나님께 속한 자는 하나님의 말씀을 듣나니 너희가 듣지 아니함은 하나님께 속하지 아니하였음이로다

24 The one who sent me is with me; he has not left me alone, for I always do what pleases him. (요8:29)

직역 나를 보낸 사람은 나와 함께 있다; / 그는 나를 혼자 내버려두지 않았다, / 왜냐하면 내가 항상 그를 기쁘게 하는 일을 하기 때문이다.

핵심구조 what + 동사 pleases

단어 및 숙어의 확장 동사 please 기쁘게 하다 / leave 내버려두다 leave-left-left

해설 what은 관계대명사로서 the thing which로 바꿀 수 있다.

의역 나를 보내신 이가 나와 함께 하시도다 내가 항상 그의 기뻐하시는 일을 행하므로 나를 혼자 두지 아니하셨느니라

25 I am telling you what I have seen in the Father's presence, and you do what you have heard from your father. (요8:38)

직역 나는 너희에게 말하는 중이다 / 내가 보았던 것을 아버지의 면전에서, / 그리고 너희는 행한다 너희가 들었던 것을 너희의 아버지로부터.

핵심구조 ① what + 주어 I + 동사 have seen
② what + 주어 you + 동사 have heard

단어 및 숙어의 확장 명사 presence 존재, 현존, 실재 숙어 in the presence of ~의 면전에서, ~에 직면하여

해설 what은 관계대명사로서 the thing which로 바꿀 수 있다.

의역 나는 내 아버지에게서 본 것을 말하고 너희는 너희 아비에게서 들은 것을 행하느니라

26 **Therefore many of the Jews who had come to visit Mary, and had seen what Jesus did, put their faith in him.** (요11:45)

직역 그러므로 많은 유대인들은 / 마리아를 방문하기 위해서 왔던, / 그리고 보았던 예수님이 행했던 일을 / 그들의 믿음을 두었다 그에게.

핵심구조 what + 주어 Jesus + 동사 did

해설 what은 관계대명사로서 the thing which로 바꿀 수 있다.

의역 마리아에게 와서 예수의 하신 일을 본 많은 유대인이 저를 믿었으나

27 **As soon as Judas took the bread, Satan entered into him. "What you are about to do, do quickly," Jesus told him,** (요13:27)

직역 유다가 빵을 가져가자마자, / 사단이 그에게 들어왔다. / "네가 막 하고자하는 일을, 빨리 행해라," / 예수님이 그에게 말씀하셨다.

핵심구조 what + 주어 you + 동사 are about to do

단어 및 숙어의 확장 숙어 be about to + R=막~하려고하다 / as soon as ~하자마자

해설 what은 관계대명사로서 the thing which로 바꿀 수 있다.

의역 조각을 받은 후 곧 사단이 그 속에 들어간지라 이에 예수께서 유다에게 이르시되 네 하는 일을 속히 하라 하시니

28 **"If I said something wrong," Jesus replied, "testify as to what is wrong. But if I spoke the truth, why did you strike me?"** (요18:23)

직역 "만약 내가 틀린 것을 말한다면," / 예수님이 대답하셨다, / "증명하라 틀린 것에 대하여. / 그러나 내가 만약 진실을 말했음에도 불구하고, / 왜 너희는 나를 때렸느냐?"

핵심구조 what + 동사 is

단어 및 숙어의 확장 동사 testify 증명하다, 입증하다 / reply 대답하다 / strike 치다, 때리다 숙어 as to ~에 관하여

해설 ① what은 관계대명사로서 the thing which로 바꿀 수 있다. ② if I spoke the truth에서 if는 '비록~일지라도(though)'의 뜻이다.

의역 예수께서 대답하시되 내가 말을 잘못 하였으면 그 잘못한 것을 증거하라 잘하였으면 네가 어찌하여 나를 치느냐 하시더라

29 **Why is my language not clear to you? Because you are unable to hear what I say.** (요8:43)

직역 왜 나의 언어는 분명하지 않느냐 너희에게? / 그 이유는 너희가 들을 수 없기 때문이다 내가 말하는 것을 .

핵심구조 what + 주어 I + 동사 say

단어 및 숙어의 확장 숙어 be unable to + R= ~할 수 없다=cannot + R

해설 what은 관계대명사로서 the thing which로 바꿀 수 있다.

의역 어찌하여 내 말을 깨닫지 못하느냐 이는 내 말을 들을 줄 알지 못함이로다

30 **Jesus used this figure of speech, but they did not understand what he was telling them.** (요10:6)

직역 예수님은 이러한 비유의 말을 사용하셨다, / 그러나 그들은 이해하지 못했다 그가 그들에게 말씀하시는 것을.

핵심구조 what + 주어 he + 동사 was telling

단어 및 숙어의 확장 명사 figure 비유, 말, 표현, 과장

해설 what은 관계대명사로서 the thing which로 바꿀 수 있다.

의역 예수께서 이 비유로 저희에게 말씀하셨으나 저희는 그 하신 말씀이 무엇인지 알지 못하니라

31 **But some of them went to the Pharisees and told them what Jesus had done.** (요11:46)

직역 그러나 그들 중 몇몇은 바리새인들에게 가서 / 그들에게 말했다 / 예수님이 했던 일을.

핵심구조 what + 주어 Jesus + 동사 had done

해설 what은 관계대명사로서 the thing which로 바꿀 수 있다.

의역 그 중에 어떤 자는 바리새인들에게 가서 예수의 하신 일을 고하니라

32 **But this is to fulfill what is written in their Law: 'They hated me without reason.'** (요15:25)

직역 그러나 이것은 이행시켜려 함이다 그들의 율법에 쓰여진 것을. / 즉 '그들은 나를 미워했다 이유 없이'

핵심구조 what + 동사 is written

단어 및 숙어의 확장 동사 fulfill 이행하다, 충족시키다

해설 what은 관계대명사로서 the thing which로 바꿀 수 있다.

의역 그러나 이는 저희 율법에 기록된바 저희가 연고 없이 나를 미워하였다 한 말을 응하게 하려 함이니라

33 **He will bring glory to me by taking from what is mine and making it known to you.** (요16:14)

직역 그는 나에게 영광을 가져올 것이다 빼앗음으로써 나의 것으로부터 / 그리고 그것을 너희들에게 알림으로써.

핵심구조 what + 동사 is

해설 what은 관계대명사로서 the thing which로 바꿀 수 있다.

의역 그가 내 영광을 나타내리니 내 것을 가지고 너희에게 알리겠음이니라

34 **They kept asking, "What does he mean by 'a little while'? We don't understand what he is saying.** (요16:18)

직역 그들은 계속 질문하였다, / "'잠시 동안'이란 무슨 뜻인가? / 우리는 이해하지 못한다 그가 말하고 있는 것을.

핵심구조 what + 주어 he + 동사 is saying

단어 및 숙어의 확장 숙어 keep ~ing=계속해서~하다

해설 what은 관계대명사로서 the thing which로 바꿀 수 있다.

의역 또 말하되 조금 있으면이라 한 말씀이 무슨 말씀이뇨 무엇을 말씀하시는지 알지 못하노라 하거늘

35 **I have much to say in judgment of you. But he who sent me is reliable, and what I have heard from him I tell the world."** (요8:26)

직역 나는 해야 할 말을 많이 갖고 있다 너를 판단하는 일에 있어서. / 그러나 나를 보낸 그는 믿을만하다, / 그리고 그 사람으로부터 내가 들었던 것을 / 나는 세상에게 말한다.

핵심구조 what + 주어 I + 동사 have heard

단어 및 숙어의 확장 명사 judgment 판단 형용사 reliable 믿을만한

해설 what은 관계대명사로서 the thing which로 바꿀 수 있다.

의역 내가 너희를 대하여 말하고 판단할 것이 많으나 나를 보내신 이가 참되시매 내가 그에게 들은 그것을 세상에게 말하노라 하시되

36 **I tell you the truth, anyone who has faith in me will do what I have been doing. He will do even greater things than these, because I am going to the Father.** (요14:12)

직역 나는 너희에게 진실을 말한다, / 나를 믿는 자는 누구라도 할 것이다 내가 해오고 있는 일을. / 그는 할 것이다 훨씬 더 위대한 일을 이것들보다도, / 왜냐하면 내가 아버지께로 갈 것이기 때문이다.

핵심구조 what + 주어 I + 동사 have been doing

단어 및 숙어의 확장 부사 even 훨씬 더 (even, still, far는 비교급 앞에 와서 '훨씬 더'라는 뜻을 지닌다)

해설 what은 관계대명사로서 the thing which로 바꿀 수 있다.

의역 내가 진실로 진실로 너희에게 이르노니 나를 믿는 자는 나의 하는 일을 저도 할 것이요 또한 이보다 큰 것도 하리니 이는 내가 아버지께로 감이니라

37 **They said to the woman, "We no longer believe just because of what you said; now we have heard for ourselves, and we know that this man really is the Savior of the world."** (요4:42)

직역 그들은 그 여자에게 말했다, / "우리는 더 이상 믿지 않소 / 그저 당신이 말한 것 때문에; / 이제 우리는 직접 들었소, / 그리고 우리는 압니다 이 사람이 정말로 세상의 구원자라는 것을.

핵심구조 what + 주어 you + 동사 said

단어 및 숙어의 확장 명사 Savior 구원자, 구세주 숙어 no longer 더 이상~하지 않다 / for oneself 직접, 혼자의 힘으로

해설 ① what은 관계대명사로서 the thing which로 바꿀 수 있다. ② that은 종속접속사이다.

의역 그 여자에게 말하되 이제 우리가 믿는 것은 네 말을 인함이 아니니 이는 우리가 친히 듣고 그가 참으로 세상의 구주신 줄 앎이니라 하였더라

38 **Jesus gave them this answer: "I tell you the truth, the Son can do nothing by himself; he can do only what he sees his Father doing, because whatever the Father does the Son also does.** (요5:19)

직역 예수님은 그들에게 이러한 대답을 하셨다: / "나는 너희에게 진실을 말한다, / 아들은 혼자서 아무것도 할 수 없다; / 그는 할 수 있을 뿐이다 그의 아버지가 하는 일을 본 것만을, / 왜냐하면 아버지가 하는 것은 무엇이든지 아들도 하기 때문이다.

핵심구조 what + 주어 he + 동사 sees

단어 및 숙어의 확장 숙어 by himself 혼자서 (=alone)

해설 ① what은 관계대명사로서 the thing which로 바꿀 수 있다. ② see + 목적어 his Father + 현재분사 doing에서 doing은 서술적용법이다. ③ whatever는 복합관계대명사이다.

의역 그러므로 예수께서 저희에게 이르시되 내가 진실로 진실로 너희에게 이르노니 아들이 아버지의 하시는 일을 보지 않고는 아무것도 스스로 할 수 없나니 아버지께서 행하시는 그것을 아들도 그와 같이 행하느니라

39 **So Jesus said, "When you have lifted up the Son of Man, then you will know that I am the one I claim to be and that I do nothing on my own but speak just what the Father has taught me.** (요8:28)

직역 그래서 예수님은 말씀하셨다, / "너희가 사람의 아들을 들어 올리면, / 너희는 알게 될 것이다 내가 주장하는 바로 그 사람임과 / 내 자신으로 하는 것은 아무것도 없으나 / 아버지께서 내게 가르쳐주셨던 것만을 말한다는 것을."

핵심구조 what + 주어 the Father + 동사 has taught

단어 및 숙어의 확장 동사 claim 주장하다 / lift 들어올리다

해설 ① what은 관계대명사로서 the thing which로 바꿀 수 있다. ② know 다음의 that과 and 다음의 that은 종속접속사이다.

의역 이에 예수께서 가라사대 너희는 인자를 든 후에 내가 그인 줄을 알고 또 내가 스스로 아무것도 하지 아니하고 오직 아버지께서 가르치신 대로 이런 것을 말하는 줄도 알리라

40 **But when he, the Spirit of truth, comes, he will guide you**

into all truth. He will not speak on his own; he will speak only what he hears, and he will tell you what is yet to come. (요16:13)

직역 그러나 그, 즉 진리의 성령이 오시면, / 그는 인도할 것이다 너희를 모든 진리로. / 그는 자신만의 말을 하지 않을 것이다. / 그는 말할 것이다 오직 그가 들은 것만을, / 그리고 그는 너희에게 말할 것이다 앞으로 다가올 것을.

핵심구조 ① what + 주어 he + 동사 hears ② what + 동사 is yet to come

해설 ① what은 관계대명사로서 the thing which로 바꿀 수 있다. ② he와 the Spirit of truth는 동격이다.

의역 그러하나 진리의 성령이 오시면 그가 너희를 모든 진리 가운데로 인도하시리니 그가 자의로 말하지 않고 오직 듣는 것을 말하시며 장래 일을 너희에게 알리시리라

41 He did not say this because he cared about the poor but because he was a thief; as keeper of the money bag, he used to help himself to what was put into it. (요12:6)

직역 그는 이것을 말했다 / 왜냐하면 그는 가난한 사람들을 돌봤기 때문이 아니라 그가 도적이었기 때문이었다; / 돈가방을 지키는 자로서, / 그는 그 안에 있는 것(돈)을 횡령하곤 했다.

핵심구조 what + 동사 was put

단어 및 숙어의 확장 숙어 used to+R= ~하곤 했다 (과거의 규칙적 습관) / help oneself to ~을 착복하다, 횡령하다, 마음대로 취하다
예문 He helped himself to the money. (그는 돈을 착복했다)

해설 ① what은 관계대명사로서 the thing which로 바꿀 수 있다. ② the poor=poor people

의역 이렇게 말함은 가난한 자들을 생각함이 아니요 저는 도적이라 돈궤를 맡고 거기 넣는 것을 훔쳐 감이러라

42 Since Judas had charge of the money, some thought Jesus

was telling him to buy what was needed for the Feast, or to give something to the poor. (요13:29)

직역 유다가 돈을 담당했기 때문에 / 어떤 이는 생각했다 / 예수님이 그에게 축제를 위해서 필요한 것을 사라고 말씀하신 것으로, / 혹은 가난한 자들에게 무언가를 주라고 말씀하셨다고.

핵심구조 what + 동사 was needed

단어 및 숙어의 확장 명사 the poor=poor people=가난한 사람들

해설 ① what은 관계대명사로서 the thing which로 바꿀 수 있다. ② thought 다음에 종속접속사 that이 생략돼 있다.

의역 어떤 이들은 유다가 돈궤를 맡았으므로 명절에 우리의 쓸 물건을 사라 하시는지 혹 가난한 자들에게 무엇을 주라 하시는 줄로 생각하더라

43 **Jesus saw that they wanted to ask him about this, so he said to them, "Are you asking one another what I meant when I said, 'In a little while you will see me no more, and then after a little while you will see me?'** (요16:19)

직역 예수님은 아셨다 / 그들이 그에게 요청하고 싶어한다는 것을 이것에 대하여, / 그래서 그는 그들에게 말씀하셨다, / "너희는 서로 질문하느냐? 내가 말할 때에 내 말의 의미를." / 즉 '잠시 후면 너희는 나를 더 이상 만나지 못할 것이다, / 그리고 조금 후에 너희가 나를 만날 것이다'라는 말의 의미를.

핵심구조 what + 주어 I + 동사 meant

단어 및 숙어의 확장 숙어 in a little while 잠시 후에 / no more ~더 이상~하지 않다

해설 ① what은 관계대명사로서 the thing which로 바꿀 수 있다. ② saw 다음의 that은 종속접속사이다.

의역 예수께서 그 묻고자 함을 아시고 가라사대 내 말이 조금 있으면 나를 보지 못하겠고 또 조금 있으면 나를 보리라 하므로 서로 문의하느냐

44 **"Let's not tear it," they said to one another. "Let's decide**

by lot who will get it." This happened that the scripture might be fulfilled which said, "They divided my garments among them and cast lots for my clothing." So this is what the soldiers did. (요19:24)

직역 "그것을 찢지 맙시다" / 그들은 서로에게 말했다 / "제비뽑기에 의해서 누가 그것을 가질 것인지를 결정합시다" 라고. / 이것은 우연히 성경에서 이렇게 말씀하셨던 것이 이뤄졌던 것이다. / 즉 "그들이 그들 가운데서 나의 옷을 나눠가지고 / 내 옷을 놓고 제비뽑기를 했노라" / 이것이 바로 군인들이 했던 일이다.

핵심구조 what + 주어 the soldiers + 동사 did

단어 및 숙어의 확장 명사 garment 의복(특히 긴 웃옷, 외투 등), 의복 한 벌 / lot 제비뽑기, 추첨, 몫

해설 ① what은 관계대명사로서 the thing which로 바꿀 수 있다. ② happened 다음의 that은 종속접속사이다.

의역 군병들이 서로 말하되 이것을 찢지 말고 누가 얻나 제비뽑자 하니 이는 성경에 저희가 내 옷을 나누고 내 옷을 제비뽑나이다 한 것을 응하게 하려 함이러라 군병들은 이런 일을 하고

12

관계대명사의 계속적용법을 파악하자

중요포인트

■ **형태: , who, whom, which가 쓰이는 문장을 관계대명사의 계속적용법이라고 한다. 제한적용법과 비교해서 계속적용법을 살펴보자.**

He has two daughters who became doctors. 라는 문장을 보자. 여기에서 who이하는 two daughters를 뒤에서 꾸며주는 형용사절이다. 이렇게 꾸며주는 것을 제한적용법이라고 한다. (딸이 여러 명 있는데 그중에서 의사가 된 딸은 두 명이다)

그러면 계속적용법이란 무엇인가? 계속적용법은 반드시 who, whom, which의 앞에 comma(,)가 와야 한다. (that과 what은 계속적용법이 없다)

He has two daughters, who became doctors. 이 문장을 다시 바꿔 쓰면 다음과 같다. He has two daughters, and they became doctors.(그에게는 딸이 두 명 있는데 그들은 둘 다 의사가 되었다)

즉 관계대명사의 계속적용법은
, who, whom, which는 접속사(and, but, for, though) + 대명사로 바꿀 수 있다.

예문1 The man, who is poor, is very honest.
=The man, though he is poor, is very honest.
(비록 가난하지만, 그는 매우 정직하다)

예문2 Everyone likes Chanmi, who is very kind.
=Everyone likes Chanmi, for she is very kind.
(모든 사람이 찬미를 좋아하는데, 그녀가 매우 친절하기 때문이다)

1 **He came to Simon Peter, who said to him, "Lord, are you going to wash my feet?"** (요13:6)

직역 그는 왔다 시몬 베드로에게, / 그런데 베드로는 그에게 물었다, / "주님, 당신은 씻으실겁니까 저의 발을?"

핵심구조 , who

단어 및 숙어의 확장 숙어 be going to ~하려고 하다, ~할 예정이다 (=will)

해설 , who는 '접속사+대명사'로 바꾸면 and he가 된다.

의역 시몬 베드로에게 이르시니 가로되 주여 주께서 내 발을 씻기시나이까

2 **Here is the bread that comes down from heaven, which a man may eat and not die.** (요6:50)

직역 여기에 빵이 있다 하늘에서 내려온, / 그것을 사람이 먹고 죽지 않을 수 있다.

핵심구조 , which

해설 ① , which를 '접속사+대명사'로 바꾸면 and it이 된다. which a man may eat and not die를 원래 문장으로 만들면, a man may eat it and not die. 가 된다. 여기에서 it은 bread를 의미한다. ② bread 다음에 오는 that은 바로 뒤에 동사 comes가 온 것으로 봐서 주격관계대명사이다.

의역 이는 하늘로서 내려오는 떡이니 사람으로 하여금 먹고 죽지 아니하게 하는 것이니라

3 **Nicodemus, who had gone to Jesus earlier and who was one of their own number, asked,** (요7:50)

직역 니고데모가 그는 좀 더 일찍 예수님께 갔었고 / 그들 중의 한 사람이었는데, 질문하였다,

핵심구조 , who

단어 및 숙어의 확장 명사 number 동아리, 패, 동료 숙어 one of + 복수명사= ~중의 하나, one of my friends 내 친구 중의 한 명

해설 , who를 '접속사+대명사'로 바꾸면 and he가 된다.

의역 그 중에 한 사람 곧 전에 예수께 왔던 니고데모가 저희에게 말하되

4 Now there is in Jerusalem near the Sheep Gate a pool, which in Aramaic is called Bethesda and which is surrounded by five covered colonnades. (요5:2)

직역 이제 예루살렘의 양문 근처에 연못이 하나 있다, / 그런데 아람어로 그것은 베데스다라고 불리며 / 주변은 둘러싸여 있다 5개의 덮여진 행각에 의하여.

핵심구조 , which

단어 및 숙어의 확장 명사 colonnade 열주(列柱), 주랑 동사 surround 둘러싸다, 에워싸다

해설 ① , which를 '접속사+대명사'로 바꾸면 and it이 된다. ② and 다음에 오는 which is는 주격관계대명사와 be동사이므로 둘 다 생략할 수 있다.

의역 예루살렘에 있는 양문(羊門) 곁에 히브리말로 베데스다라 하는 못이 있는데 거기 행각(行閣) 다섯이 있고

5 Are you greater than our father Jacob, who gave us the well and drank from it himself, as did also his sons and his flocks and herds?" (요4:12)

직역 당신은 더 위대한가요 우리 조상 야곱보다?, / 그런데 그는 우리에게 우물을 주었고 / 그 우물로부터 직접 물을 마셨고, / 마치 그의 자손들과 가축들과 양떼들도 그렇게 했던 것처럼?"

핵심구조 , who

단어 및 숙어의 확장 명사 flock 무리, 떼 / herd 짐승의 떼, 특히 소, 돼지떼 / well 우물

해설 , who를 '접속사+대명사'로 바꾸면 and he가 된다. / himself 직접

의역 우리 조상 야곱이 이 우물을 우리에게 주었고 또 여기서 자기와 자기 아들들과 짐승이 다 먹었으니 당신이 야곱보다 더 크니이까

6 **The next day John saw Jesus coming toward him and said, "Look, the Lamb of God, who takes away the sin of the world!"** (요1:29)

직역 다음날 요한은 보았다 예수님이 그를 향하여 오심을. / 그리고 말했다, / "보라, 하나님의 어린양이 세상의 죄를 짊어지고 가신다!"고.

핵심구조 , who

단어 및 숙어의 확장 숙어 take away 가지고 가서 없애다

해설 ① , who를 '접속사+대명사'로 바꾸면 and he가 된다. ② see+목적어 Jesus+현재분사 coming ③ the sin of the world: 예수님의 죽음이 뜻하는 보편적인 속죄 교리를 증거하는 말

의역 이튿날 요한이 예수께서 자기에게 나아오심을 보고 가로되 보라 세상 죄를 지고 가는 하나님의 어린 양이로다

7 **No one has ever seen God, but the God the One and Only, who is at the Father's side, has made him known.** (요1:18)

직역 일찍이 아무도 하나님을 본 사람이 없었다, / 그러나 유일하신 하나님은, / 아버지의 편에 계시는데, / 그를 알리셨다.

핵심구조 , who

해설 ① , who를 '접속사+대명사'로 바꾸면 and he가 된다. ② the God과 the One and Only는 동격이다. ③ ...has made him known은 5형식문장으로 '자신을 알리게 했다' 또는 '자신을 알렸다'의 뜻이다.

의역 본래 하나님을 본 사람이 없으되 아버지 품 속에 있는 독생하신 하나님이 나타내셨느니라

8 **When this man heard that Jesus had arrived in Galilee from Judea, he went to him and begged him to come and heal his son, who was close to death.** (요4:47)

직역 이 사람이 들었을 때 / 예수님이 갈릴리에 도달했다는 것을 유대로부터, / 그는

그에게 가서 / 간청하였다 와서 그의 아들을 치료해달라고, / 왜냐하면 그가 죽을 것 같았기 때문이다.

핵심구조 , who

단어 및 숙어의 확장 동사 beg 간청하다 / heal 치료하다 숙어 close to ~에 가까운, ~할 것 같이 close to tears: 곧 울 것 같이

해설 ① , who를 '접속사+대명사'로 바꾸면 for he가 된다. ② heard 다음에 오는 that은 종속접속사이다.

의역 그가 예수께서 유대로부터 갈릴리에 오심을 듣고 가서 청하되 내려오셔서 내 아들의 병을 고쳐 주소서 하니 저가 거의 죽게 되었음이라

9 Do not work for food that spoils, but for food that endures to eternal life, which the Son of Man will give you. (요6:27)

직역 일하지 마라 망치게 될 음식을 위하여, / 그러나 영생을 위하여 지탱할 음식을 위해서 일해라, / 인자가 너희에게 줄.

핵심구조 , which

단어 및 숙어의 확장 동사 spoil 망치다, 못쓰게 되다 형용사 eternal 영원한

해설 ① , which를 '접속사+대명사'로 바꾸면 for it이 된다. it은 the eternal life를 받는 대명사이다. 이 부분을 원래의 형태로 바꾸면 the Son of Man will give you the eternal life가 된다. ② 이 문장에서는 주격관계대명사 that이 두 개다. that spoils와 that endures는 둘 다 주격관계대명사로서 바로 뒤에 동사 spoils와 endures가 왔다.

의역 썩는 양식을 위하여 일하지 말고 영생하도록 있는 양식을 위하여 하라 이 양식은 인자가 너희에게 주리니

10 But if I do judge, my decisions are right, because I am not alone. I stand with the Father, who sent me. (요8:16)

직역 그러나 만약 내가 판단한다면, / 나의 결정이 옳다, / 왜냐하면 나는 혼자가 아니기 때문이다. / 나는 아버지와 함께 서 있다, / 왜냐하면 그가 나를 보내셨기 때문이다.

핵심구조 , who

단어 및 숙어의 확장 동사 judge 판단하다, 비판하다

해설 , who를 '접속사+대명사'로 바꾸면 for he가 된다.

의역 만일 내가 판단하여도 내 판단이 참되니 이는 내가 혼자 있는 것이 아니요 나를 보내신 이가 나와 함께 계심이라

11 Finally the temple guards went back to the chief priests and Pharisees, who asked them, "Why didn't you bring him in? (요7:45)

직역 마침내 성전지기들이 돌아갔다 대제사장들과 바리새인들에게, / 그리고 그들이 그들에게 물었다, / "왜 너희들은 그를 데리고 오지 않았느냐?"

핵심구조 , who

단어 및 숙어의 확장 명사 guard 경호인, 수위, 문지기, 파수꾼 / chief priest 대제사장

해설 , who를 '접속사+대명사'로 바꾸면 and they가 된다.

의역 하속들이 대제사장들과 바리새인들에게로 오니 저희가 묻되 어찌하여 잡아오지 아니하였느냐

12 The Word became flesh and made his dwelling among us. We have seen his glory, the glory of the One and Only, who came from the Father, full of grace and truth. (요1:14)

직역 말씀은 육신이 되었고 / 그의 거처를 만들었다 우리 안에. / 우리는 그의 영광, 즉 유일하게 하나뿐인 영광을 보았다, / 왜냐하면 그는 아버지로부터 왔기 때문이다, / 은혜와 진리로 가득차서.

핵심구조 , who

단어 및 숙어의 확장 명사 flesh 육신 / dwelling 거주

해설 ① , who를 '접속사+대명사'로 바꾸면 for he가 된다. ② dwelling 거주. '장막을 치다'는 뜻이다. 구약에서 하나님이 임재의 상징인 성막에 거하시듯 성육신하신 그리스도께서 인간과 친밀한 교제를 가지신다는 의미, 친밀성을 강조한다.

③ the One and Only=Jesus Christ 독생자는 아들이라는 의미보다도 예수님이 유일한 존재임을을 의미한다. 즉 본질적으로 성부 하나님과 동일한 신성과 영광을 가진 자라는 뜻이다.

의역 말씀이 육신이 되어 우리 가운데 거하시매 우리가 그 영광을 보니 아버지의 독생자의 영광이요 은혜와 진리가 충만하더라

13 **Moreover, the Father judges no one, but has entrusted all judgment to the Son, (so) that all may honor the Son just as they honor the Father. He who does not honor the Son does not honor the Father, who sent him.** (요5:22-23)

직역 더구나, 아버지는 아무도 심판하지 않는다, / 그러나 맡겼다 모든 심판을 아들에게. / 모든 사람이 아들을 공경할 수 있도록 마치 그들이 아버지를 공경하듯이. / 아들을 공경하지 않는 사람은 그를 보내신 아버지를 공경하지 않는다.

핵심구조 , who

단어 및 숙어의 확장 동사 entrust 신뢰하다 / judge 심판하다, 판단하다 / honor 존경하다, 공경하다 부사 moreover 더구나, 게다가

해설 ① , who를 '접속사+대명사'로 바꾸면 and he가 된다. ② that all may honor...의 that의 앞에는 so가 생략돼 있다. (so) that all may honor the Son...(모든 사람들이 아들을 존경할 수 있도록…)

의역 아버지께서 아무도 심판하지 아니하시고 심판을 다 아들에게 맡기셨으니 이는 모든 사람으로 아버지를 공경하는 것같이 아들을 공경하게 하려 하심이라 아들을 공경치 아니하는 자는 그를 보내신 아버지를 공경치 아니하느니라

13

관계부사의 제한적용법, 계속적용법, 관계부사의 생략을 파악하자

중요포인트

■ **형태: , where 또는 , when이 쓰이는 문장을 관계부사의 계속적용법이라고 한다.**

먼저 제한적용법을 살펴보자.

This is the apartment and they live in it.이라는 문장을 보자. 여기에서 apartment와 it은 같다. in it을 장소를 나타내는 where라는 관계부사로 바꾼 다음 문장을 쓰면, This is the apartment where they live. (이곳은 그들이 사는 아파트이다)가 된다. 이때 where they live는 apartment를 뒤에서 수식하는 형용사절이다. 이렇게 수식하는 것을 제한적용법이라고 한다.

그러면 계속적용법이란 무엇인가? 계속적용법은 반드시 where나 when의 앞에 comma(,)가 있어야 한다.

예문1 They went to Boston, where they stayed for a week.
(그들은 보스턴에 갔는데, 그곳에서 일주일 머물렀다)

이때, where를 접속사+ 부사 and there로 바꿀 수 있다.

They went to Boston, and they stayed there for a week.

또 시간을 나타낼 경우에는 when이 쓰인다.

예문2 I stayed in Boston for a month, when I visited Harvard University.
(나는 보스턴에 한 달 동안 머물렀는데, 그때 나는 하버드대학교를 방문하였다.)

이때, when을 and then으로 바꿀 수 있다.

I stayed in Boston for a month, <u>and then</u> I visited Harvard University.

☞이때 접속사를 반드시 and만 쓰는 것이 아니라, 문장의 내용에 따라서 but이나 for를 쓸 수도 있다

1 관계부사의 제한적용법

1 **"Come," he replied, "and you will see." So they went and saw where he was staying, and spent that day with him. It was about the tenth hour.** (요1:39)

직역 "와라," 그가 대답했다, "그러면 너희는 볼 것이다." 그래서 그들은 갔고 그가 머물렀던 곳을 보았다, 그리고 그날을 그와 함께 보냈다. 때는 약 10시 경이었다.

핵심구조 (the place) + 장소의 관계부사 where + 주어 he + 동사 was

단어 및 숙어의 확장 동사 reply 대답하다 / spend 보내다 spend-spent-spent

해설 ① where는 장소를 나타내는 관계부사이고 선행사 the place가 생략돼 있다. ② 명령문+, and= ~하라, 그러면~할 것이다. ③ that day의 that은 지시형용사이다. ④ It은 시간을 나타내는 비인칭주어이다.

의역 예수께서 가라사대 와 보라 그러므로 저희가 가서 계신 데를 보고 그 날 함께 거하니 때가 제십시쯤 되었더라

2 **The wind blows wherever it pleases. You hear its sound, but you cannot tell where it comes from or where it is going. So it is with everyone born of the Spirit."** (요3:8)

직역 바람은 어느 곳이나 분다 마음내키는 곳이면 어디든지. / 너희는 듣는다 그것의 소리를, / 그러나 너희는 알 수 없다 바람이 어디에서 오며 어디로 가는 지. / 성령으로 태어난 모든 이에게는 그와 같다.

핵심구조 (the place) + 장소의 관계부사 where + 주어 it + 동사 comes or (the place) 장소의 관계부사where + 주어 it + 동사 is going

단어 및 숙어의 확장 동사 blow (바람이) 불다 / please 기쁘게 해주다, 기뻐하다,

즐겁게 하다

해설 ① 2개의 where는 각각 장소를 나타내는 관계부사이며 선행사 the place가 생략돼 있다. ② wherever는 복합관계대명사로서 '어디든지'의 뜻이다. ③ everyone과 born 사이에는 주격관계대명사 who (that) is가 생략돼 있다.

의역 바람이 임의로 불매 네가 그 소리를 들어도 어디서 오며 어디로 가는지 알지 못하나니 성령으로 난 사람은 다 이러하니라

3 **The Jews said to one another, "Where does this man intend to go that we cannot find him? Will he go where our people live scattered among the Greeks, and teach the Greeks?** (요7:35)

직역 유대인들은 서로에게 말했다, / "이 사람은 어디로 갈 의도인가? 우리가 그를 찾을 수 없도록. / 그는 우리 민족이 그리스인 중에서 흩어져 사는 곳으로 가서 그리스인들을 가르칠거냐?"

핵심구조 (the place) + 장소의 관계부사 where + 주어 our people + 동사 live and teach

단어 및 숙어의 확장 동사 scatter 흩어지다 숙어 intend to+R= ~할 의도이다, ~할 작정이다 / one another 서로서로

해설 ① where는 장소를 나타내는 관계부사로서 Will he go where our people live scattered...?를 우리말로 바꾸면, "우리 국민들이 흩어진 채 살아가는 곳으로 그는 갈 것인가?"가 된다. ② scattered라는 과거분사는 our people을 설명해주는 주격보어의 역할을 한다. 우리말로 바꾸면, "우리 국민들이 흩어진 채 살고 있다"가 된다. ③ (so) that + 주어 we + cannot find: 우리가 찾을 수 없도록

의역 이에 유대인들이 서로 묻되 이 사람이 어디로 가기에 우리가 저를 만나지 못하리요 헬라인 중에 흩어져 사는 자들에게로 가서 헬라인을 가르칠 터인가

2 관계부사의 계속적용법

관계부사도 관계대명사처럼 계속적용법이 있다. 단 where와 when에서만 계속적용

법이 있다. 계속적용법은 '접속사+부사,' 즉 'and there' 또는 'and then'으로 바꿀 수 있다. 접속사는 내용의 앞뒤에 따라서 and, but, for를 쓸 수 있다.

■ **형태**: , where / , when

예문1 After landing, you go to Immigration, where you have to wait in line.
(착륙한 이후에, 이민국으로 가서, 거기에서 당신은 줄을 서서 기다려야만 합니다)
(, where는 and there로 바꿀 수 있다)

예문2 He stayed in Osaka for two weeks, when he happened to meet one of his friends.
(그는 오사카에 2주 동안 머물렀는데, 그때 그는 우연히 옛친구 중 한 명을 만났다)
(, when은 and then으로 바꿀 수 있다)

1 **This all happened at Bethany on the other side of the Jordan, where John was baptizing.** (요1:28)

직역 이 모든 것이 베다니에서 일어났다 요단강의 다른 편에 있는, / 그런데 거기에서 요한이 세례를 주고 있었다.

핵심구조 , where

단어 및 숙어의 확장 동사 baptize 세례를 주다 (be baptized 세례를 받다)

해설 , where는 관계부사의 계속적용법으로서 접속사+부사로 바꾸면 and there가 된다.

의역 이 일은 요한의 세례 주던 곳 요단강 건너편 베다니에서 된 일이니라

2 **Once more he visited Cana in Galilee, where he had turned the water into wine.** (요4:46)

직역 한 번 더 / 그는 갈릴리에 있는 가나를 방문하였다, / 그런데 거기에서 그는 물을 포도주로 변화시켰다.

핵심구조 , where

단어 및 숙어의 확장 숙어 turn A into B: A를 B로 변화시키다

해설 , where는 관계부사의 계속적용법으로서 접속사+부사로 바꾸면 and there가 된다.

의역 예수께서 다시 갈릴리 가나에 이르시니 전에 물로 포도주를 만드신 곳이라

3 **As long as it is day, we must do the work of him who sent me. Night is coming, when no one can work.** (요9:4)

직역 때가 낮인 한, / 우리는 나를 보내신 그의 일을 해야만 한다. / 밤이 다가오고 있다, / 그때는 아무도 일할 수가 없기 때문이다.

핵심구조 , when

단어 및 숙어의 확장 숙어 as long as ~하는 한

해설 , when은 관계부사의 계속적용법으로서 접속사+부사로 바꾸면, for then이 된다.

의역 때가 아직 낮이매 나를 보내신 이의 일을 우리가 하여야 하리라 밤이 오리니 그 때는 아무도 일할 수 없느니라

4 **After this, Jesus and his disciples went out into the Judean countryside, where he spent some time with them,** (요3:22)

직역 이 일 이후에, / 예수님과 그의 제자들은 유대의 시골지역으로 가셨다, / 그리고 거기에서 그는 그들과 함께 얼마간 시간을 보내셨다,

핵심구조 , where

단어 및 숙어의 확장 동사 spend 보내다 spend-spent-spent

해설 , where는 관계부사의 계속적용법으로서 접속사+부사로 바꾸면 and there가 된다.

의역 이후에 예수께서 제자들과 유대 땅으로 가서 거기 함께 유하시며

5 **At dawn he appeared again in the temple courts, where all the people gathered around him, and he sat down to teach them.** (요8:2)

직역 새벽에 / 그는 성전 뜰에 또다시 나타나셨다, / 그런데 그곳에는 모든 사람들이 그의 주변에 모였고, / 그는 앉으셨다 그들을 가르치기 위해서.

핵심구조 , where

단어 및 숙어의 확장 명사 dawn 새벽 / court 뜰 동사 appear 나타나다, 등장하다 / gather 모이다 숙어 at dawn 새벽에 (at midnight 자정에 / at noon 정오에)

해설 , where는 관계부사의 계속적용법으로서 접속사+부사로 바꾸면 and there가 된다.

의역 아침에 다시 성전으로 들어오시니 백성이 다 나아오는지라 앉으사 저희를 가르치시더니

6 When evening came, his disciples went down to the lake, where they got into a boat and set off across the lake for Capernaum. (요6:16-17)

직역 저녁이 왔을 때, / 그의 제자들은 호수로 내려갔다, / 그런데 거기에서 그들은 배 안으로 들어가서 / 호수를 가로질러 가버나움으로 향하여 출발했다.

핵심구조 , where

단어 및 숙어의 확장 숙어 set off 출발하다

해설 , where는 관계부사의 계속적용법으로서 접속사+부사로 바꾸면 and there가 된다.

의역 저물매 제자들이 바다에 내려가서 배를 타고 바다를 건너 가버나움으로 가는데

7 "I have spoken openly to the world" Jesus replied. "I always taught in synagogues or at the temple, where all the Jews come together. I said nothing in secret. (요18:20)

직역 "나는 세상에게 공개적으로 말해왔다"라고 예수님이 대답하셨다. / "나는 항상 회당이나 성전에서 가르쳤다, / 왜냐하면 모든 유대인들이 그곳에 함께 모이기 때문이다. / 나는 아무것도 비밀로 말하지 않았다."

핵심구조 , where

단어 및 숙어의 확장 명사 synagogue 유대인의 회당 숙어 in secret 비밀리에

해설 , where는 관계부사의 계속적용법으로서 접속사+부사로 바꾸면 for there가 된다.

의역 예수께서 대답하시되 내가 드러내어 놓고 세상에 말하였노라 모든 유대인들의 모이는 회당과 성전에서 항상 가르쳤고 은밀히는 아무것도 말하지 아니하였거늘

8 **Therefore Jesus no longer moved about publicly among the Jews. Instead he withdrew to a region near the desert, to a village called Ephraim, where he stayed with his disciples.**

(요11:54)

직역 그러므로 예수님은 공개적으로 더 이상 유대인들 주변에서 움직이지 않았다. / 그 대신 그는 사막에 가까운 한 지역으로 물러나셨는데, / 그 마을은 에프레임이라고 불린 지역인데, / 거기에서 그는 그의 제자들과 함께 머물렀다.

핵심구조 , where

단어 및 숙어의 확장 동사 withdraw 후퇴하다, 물러서다 withdraw-withdrew-withdrawn 부사 publicly 공개적으로 숙어 no longer 더 이상~하지 않다

해설 ① , where는 관계부사의 계속적용법으로서 접속사+부사로 바꾸면 and there가 된다. ② village와 called 사이에는 주격관계대명사 that (which)와 was가 생략돼 있다.

의역 그러므로 예수께서 다시 유대인 가운데 드러나게 다니지 아니하시고 여기를 떠나 빈 들 가까운 곳인 에브라임이라는 동네에 가서 제자들과 함께 거기 유하시니라

3 생략된 관계부사

선행사나 관계부사는 가끔 생략될 수도 있다.

예문1 This is the place (where) she comes from. (이곳이 그녀의 출신지이다)

예문2 This is (the place) where she comes from.

예문3 That's (the reason) why they don't come.
(그것이 그들이 오지 않는 이유이다)

예문4 That's the reason (why) they don't come.

1 I myself did not know him, but the reason ✓ I came baptizing with water was that he might be revealed to Israel." (요1:31)

직역 내 자신도 그를 알지 못했다, / 그러나 내가 물로 세례를 주러 온 이유는 / 그가 이스라엘에게 드러나도록 함이었다.

핵심구조 the reason + (관계부사 why) + 주어 I + 동사 came

단어 및 숙어의 확장 동사 baptize 세례를 주다 (be baptized 세례를 받다) / reveal 드러내다 (be revealed 드러나다)

해설 ① the reason과 I 사이에 이유를 나타내는 관계부사 why가 생략돼 있다. ② myself는 재귀대명사의 강조적용법, I를 강조한다. ③ was와 that 사이에는 so가 생략돼 있다. (so) that +주어 + may + R= ~하기 위하여

의역 나도 그를 알지 못하였으나 내가 와서 물로 세례를 주는 것은 그를 이스라엘에게 나타내려 함이라 하니라

2 He who belongs to God hears what God says. The reason ✓ you do not hear is that you do not belong to God. (요8:47)

직역 하나님께 속한 그는 듣는다 하나님께서 말씀하신 것을. / 너희가 듣지 않는 이유는 / 너희가 하나님께 속하지 않기 때문이다

핵심구조 the reason + (관계부사 why) + 주어 you + 동사 hear

단어 및 숙어의 확장 숙어 belong to ~에 속하다

해설 ① the reason과 you 사이에는 이유를 나타내는 관계부사 why가 생략돼 있다. ② that은 종속접속사이다. ③ what은 관계대명사로서 the thing which와 같다.

의역 하나님께 속한 자는 하나님의 말씀을 듣나니 너희가 듣지 아니함은 하나님께 속하지 아니하였음이로다

14

복합관계대명사와 복합관계부사를 파악하자

- whoever + V
- whatever + V
- whatever + S + V
- whichever + S + V
- whomever + S + V
- wherever + S + V
- whenever + S + V

복합관계대명사가 들어간 문장: Whoever, Whatever, Whichever, Whomever

복합관계대명사란 관계대명사에 -ever가 들어간 형태로서 누구든지. 무엇이든지, 어느 것이든지 누구에게든지 등으로 해석된다.

예문1 Give the apple whoever wants it.
(사과를 원하는 사람 누구에게나 주어라)

예문2 Whatever happens, I will go.
(무슨 일이 일어나든지 나는 가겠다)

예문3 Choose whichever you want.
(네가 원하는 것이면 어느 것이나 골라라)

예문4 Whatever he may choose, Leo can do it well.
(무엇을 선택하든지 리오는 그 일을 잘 할 수 있다)

1 복합관계대명사 whoever

1 **Whoever eats my flesh and drinks my blood remains in me, and I in him.** (요6:56)

직역 누구든지 나의 살을 먹고 나의 피를 마시는 자는 내 안에 남아 있고, / 나는 그 안에 남아 있다.

핵심구조 Whoever + 동사 eats / drinks

단어 및 숙어의 확장 동사 remain 남아있다, 남다, 거하다

해설 ① whoever는 복합관계대명사로서 '누구든지' ② I와 in 사이에는 remain이 생략돼 있다.

의역 내 살을 먹고 내 피를 마시는 자는 내 안에 거하고 나도 그 안에 거하나니

2 **I am the gate; whoever enters through me will be saved. He will come in and go out, and find pasture.** (요10:9)

직역 나는 문이다; / 누구든지 들어가는 자는 나를 통하여 / 구원을 받을 것이다. / 그는 들어가고 나갈 것이며, / 목장을 찾을 것이다.

핵심구조 whoever + 동사 enters

단어 및 숙어의 확장 명사 pasture 목장, 목초

해설 whoever는 복합관계대명사로서 '누구든지'

의역 내가 문이니 누구든지 나로 말미암아 들어가면 구원을 얻고 또는 들어가며 나오며 꼴을 얻으리라

3 **Whoever eats my flesh and drinks my blood has eternal life, and I will raise him up at the last day.** (요6:54)

직역 누구든지 나의 살을 먹고 나의 피를 마시는 자는 영생을 가진다, / 그러면 나는 그를 들어 올릴 것이다 마지막 날에.

핵심구조 Whoever + 동사 eats and drinks

단어 및 숙어의 확장 명사 flesh 살, 육신 / blood 피, 혈액 숙어 raise up 들어 올리다, 부활하다

해설 whoever는 복합관계대명사로서 '누구든지'

의역 내 살을 먹고 내 피를 마시는 자는 영생을 가졌고 마지막 날에 내가 그를 다시 살리리니

4 **All that the Father gives me will come to me, and whoever comes to me I will never drive away.** (요6:37)

직역 아버지가 나에게 주신 모든 사람이 나에게 올 것이다, / 그리고 내게로 오는 자는 누구든지 / 나는 결코 쫓아내지 않을 것이다.

핵심구조 whoever + 동사 comes

단어 및 숙어의 확장 숙어 drive away 쫓아내다

해설 ① whoever는 복합관계대명사로서 '누구든지' ② that은 목적격관계대명사이다.

의역 아버지께서 내게 주시는 자는 다 내게로 올 것이요 내게 오는 자는 내가 결코 내어 쫓지 아니하리라

5 **Whoever believes in me, as the Scripture has said, streams of living water will flow from within him.** (요7:38)

직역 누구든지 나를 믿는 자는, / 성경이 말했듯이, / 생수의 줄기가 흘러넘칠 것이다 그의 안으로부터.

핵심구조 Whoever + 동사 believes

단어 및 숙어의 확장 동사 flow 흐르다, 흘러넘치다 명사 stream 시냇물, 물줄기 / living water 생수, 살아 있는 물

해설 whoever는 복합관계대명사로서 '누구든지'

의역 나를 믿는 자는 성경에 이름과 같이 그 배에서 생수의 강이 흘러나리라 하시니

6 **I tell you the truth, whoever hears my word and believes**

him who sent me has eternal life and will not be condemned; (요5:24)

직역 나는 너희에게 진실을 말한다, / 누구든지 나의 말을 듣고 나를 보낸 그 사람을 믿는 사람은 / 영원한 생명을 갖고 / 정죄를 받지 않을 것이다;

핵심구조 whoever + 동사 hears / believes

단어 및 숙어의 확장 동사 condemn 비난하다, 힐난하다, ~에게 유죄판결을 내리다 (be condemned 심판을 받다, 정죄를 받다)

해설 whoever는 복합관계대명사로서 '누구든지'

의역 내가 진실로 진실로 너희에게 이르노니 내 말을 듣고 또 나 보내신 이를 믿는 자는 영생을 얻었고 심판에 이르지 아니하나니;

7 **Whoever believes in the Son has eternal life, but whoever rejects the Son will not see life, for God's wrath remains on him.** (요3:36)

직역 누구든지 아들을 믿는 자는 영원한 생명을 가진다, / 그러나 누구든지 아들을 거부하는 자는 생명을 보지 못할 것이다, / 왜냐하면 하나님의 분노가 그에게 남을 것이기 때문이다.

핵심구조 whoever + 동사 believes / rejects

단어 및 숙어의 확장 형용사 eternal 영원한 (eternal life 영생) 동사 reject 거부하다, 거절하다 명사 wrath 분노 (w는 묵음) 숙어 believe in ~의 존재를 믿다

해설 whoever는 복합관계대명사로서 '누구든지'

의역 아들을 믿는 자는 영생이 있고 아들을 순종치 아니하는 자는 영생을 보지 못하고 도리어 하나님의 진노가 그 위에 머물러 있느니라

8 **"For God so loved the world that he gave his one and only Son, (so) that whoever believes in him shall not perish but have eternal life.** (요3:16)

직역 "왜냐하면 하나님은 세상을 너무도 사랑하셔서 / 그의 유일한 아들을 주셨기

때문이다, / 누구든지 그를 믿는 자는 멸망하지 않고 영생을 가질 수 있도록.

핵심구조 whoever + 동사 believes

단어 및 숙어의 확장 for=because / so~that~ 너무~해서~하다

해설 ① whoever는 복합관계대명사로서 '누구든지' ② whoever believes in him shall not...2인칭과 3인칭의 shall은 화자의 의지: I will not let whoever believes in him perish... ③ (so) that + 주어 whoever believes in him + 동사 shall not perish / have

의역 하나님이 세상을 이처럼 사랑하사 독생자를 주셨으니 이는 저를 믿는 자마다 멸망치 않고 영생을 얻게 하려 하심이니라

9 I tell you the truth, whoever accepts anyone I send accepts me; and whoever accepts me accepts the one who sent me. (요13:20)

직역 내가 너희에게 진실을 말한다, / 누구든지 내가 보내는 자를 받아들이는 자는 나를 받아들이는 것이다; / 그리고 누구든지 나를 받아들이는 자는 나를 보내셨던 자를 받아들인 것이다.

핵심구조 whoever + 동사 accepts

해설 ① whoever는 복합관계대명사로서 '누구든지' ② anyone과 I 사이에는 목적격 관계대명사 that 또는 whom이 생략돼 있다.

의역 내가 진실로 진실로 너희에게 이르노니 나의 보낸 자를 영접하는 자는 나를 영접하는 것이요 나를 영접하는 자는 나를 보내신 이를 영접하는 것이니라

10 Whoever serves me must follow me; and where I am, my servant also will be. My Father will honor the one who serves me. (요12:26)

직역 누구든지 나를 섬기는 자는 나를 따라야한다; / 그리고 내가 가는 곳에, / 나의 하인도 있을 것이다. / 나의 아버지는 존중할 것이다 나를 섬기는 자를.

핵심구조 Whoever + 동사 serves

단어 및 숙어의 확장 동사 honor 존경(존중)하다, ..에게 경의를 표하다, ..에게 명예(영광)를 주다

해설 ① whoever는 복합관계대명사로서 '누구든지' ② where는 장소를 나타내는 관계부사로서 the place가 생략돼 있다.

의역 사람이 나를 섬기려면 나를 따르라 나 있는 곳에 나를 섬기는 자도 거기 있으리니 사람이 나를 섬기면 내 아버지께서 저를 귀히 여기시리라

11 **When Jesus spoke again to the people, he said, "I am the light of the world. Whoever follows me will never walk in darkness, but will have the light of life.** (요8:12)

직역 예수님이 다시 한 번 말씀하실 때에 사람들에게, / 그는 말씀하셨다, / "나는 세상의 빛이다. / 나를 따르는 자는 누구나 결코 걷지 않을 것이다 어둠 속에서 / 그러나 가질 것이다 생명의 빛을."

핵심구조 Whoever + 동사 follows

해설 whoever는 복합관계대명사로서 '누구든지'

의역 예수께서 또 일러 가라사대 나는 세상의 빛이니 나를 따르는 자는 어두움에 다니지 아니하고 생명의 빛을 얻으리라

12 **Whoever has my commands and obeys them, he is the one who loves me. He who loves me will be loved by my Father, and I too will love him and show myself to him.** (요14:21)

직역 누구든지 나의 명령을 갖고 있고 명령에 복종하는 자는, / 나를 사랑하는 자이다. / 나를 사랑하는 그는 사랑을 받을 것이다 나의 아버지에 의해서, / 그리고 나도 그를 사랑할 것이며 / 내 자신을 그에게 보여줄 것이다.

핵심구조 Whoever + 동사 has / obeys

단어 및 숙어의 확장 명사 command 명령 동사 obey 복종하다, 순종하다

해설 whoever는 복합관계대명사로서 '누구든지'

의역 나의 계명을 가지고 지키는 자라야 나를 사랑하는 자니 나를 사랑하는 자는 내 아버지께 사랑을 받을 것이요 나도 그를 사랑하여 그에게 나를 나타내리라

13 **Whoever believes in him is not condemned, but whoever**

does not believe stands condemned already because he has not believed in the name of God's one and only Son.

(요3:18)

직역 누구든지 그를 믿는 사람은 정죄 받지 않는다, / 그러나 누구든지 믿지 않은 자는 이미 정죄 받은 채로 서 있다 / 왜냐하면 그는 믿지 않았기 때문이다 하나님의 독생자인 아들의 이름을.

핵심구조 Whoever + 동사 believes / does not believe

단어 및 숙어의 확장 동사 condemn 정죄하다

해설 ① whoever는 복합관계대명사로서 '누구든지' ② condemned는 주격보어이다.

의역 저를 믿는 자는 심판을 받지 아니하는 것이요 믿지 아니하는 자는 하나님의 독생자의 이름을 믿지 아니하므로 벌써 심판을 받은 것이니라

14 **Jesus answered, "Everyone who drinks this water will be thirsty again, but whoever drinks the water I give him will never thirst. Indeed, the water I give him will become in him a spring of water welling up to eternal life."** **(요4:13-14)**

직역 예수님은 대답하셨다, / "이 물을 마시는 사람은 누구나 또 다시 목이 마를 것이다, / 그러나 누구라도 내가 그에게 주는 물을 마시는 자는 결코 목이 마르지 않을 것이다. / 정말이지, / 내가 그에게 주는 그 물은 그의 안에서 샘물이 되어서 영생까지 솟아날 것이다.

핵심구조 whoever + 동사 drinks

단어 및 숙어의 확장 숙어 up to ~까지 동사 well 솟아나다

해설 ① whoever는 복합관계대명사로서 '누구든지' ② the water와 I 사이에 목적격 관계대명사 that 또는 which가 생략돼 있다.

의역 예수께서 대답하여 가라사대 이 물을 먹는 자마다 다시 목마르려니와 내가 주는 물을 먹는 자는 영원히 목마르지 아니하리니 나의 주는 물은 그 속에서 영생하도록 솟아나는 샘물이 되리라

〈세계에서 가장 작은 교회 living water church〉

2 복합관계대명사 whatever

1 His mother said to the servants, "Do whatever he tells you."(요2:5)

직역 그의 어머니가 하인들에게 말하셨다, / "해라 그가 너희들에게 말하는 것이면 무엇이든지."

핵심구조 whatever + 주어 he + 동사 tells

단어 및 숙어의 확장 명사 servant 하인

해설 whatever는 복합관계대명사로서 '무엇이든지'

의역 그 어머니가 하인들에게 이르되 너희에게 무슨 말씀을 하시든지 그대로 하라 하니라

성경해설 2:1-11 첫 번째 표적: 지금까지는 예수의 신성이 타인에 의해 증거되었으나, 이제 예수 자신의 사역을 통해 직접 증거하신다. 본사건은 예수의 첫 번째 이적으로서, ①우주만물에 대한 자신의 주권(롬11:36)을 나타내며 ②모든 존재론적 변화의 주체가 되심을 보여주고(롬8:2) ③좋은 포도주를 통해 기쁨과 즐거움이 가득 찬 천국 잔치의 실상을 미리 맛보였으며 ④하나님의 나라가 이 땅에 이미 도래했다는 기쁜 소식을 알리는 의미가 있다

2 **And I will do whatever you ask in my name, so that the Son may bring glory to the Father.** (요14:13)

직역 나는 할 것이다 무엇이든지 너희가 나의 이름으로 구하는 것이면, / 아들이 영광을 가져다 줄 수 있도록 아버지께.

핵심구조 whatever + 주어 you + 동사 ask

해설 ① whatever는 복합관계대명사로서 '무엇이든지' ② so that + S + may + R ~하기 위해서

의역 너희가 내 이름으로 무엇을 구하든지 내가 시행하리니 이는 아버지로 하여금 아들을 인하여 영광을 얻으시게 하려 함이라

3 **I know that his command leads to eternal life. So whatever I say is just what the Father has told me to say.** (요12:50)

직역 나는 안다 그의 명령이 이르게 한다는 것을 영원한 생명에. / 그래서 내가 말하는 것이면 무엇이든지 / 아버지가 내게 말하라고 말씀하신 바로 그것이다.

핵심구조 whatever + 주어 I + 동사 say

단어 및 숙어의 확장 숙어 lead to ~을 초래하다 / 명사 command 명령

해설 ① whatever는 복합관계대명사로서 '무엇이든지' ② that은 종속접속사이다. ③ what은 관계대명사이다.

의역 나는 그의 명령이 영생인 줄 아노라 그러므로 나의 이르시는 것은 내 아버지께서 내게 말씀하신 그대로 이르노라 하시니라

4 **In that day you will no longer ask me anything. I tell you the truth, my Father will give you whatever you ask in my name.** (요16:23)

직역 그날 너희는 나에게 더 이상 어느 것도 요구하지 않을 것이다. / 내가 너희에게 진실을 말하노니, / 나의 아버지는 너희에게 줄 것이다 너희가 나의 이름으로 구하는 것이면 무엇이든지.

핵심구조 whatever + 주어 you + 동사 ask

단어 및 숙어의 확장 (숙어) no longer 더 이상~하지 않다

해설 ① whatever는 복합관계대명사로서 '무엇이든지' ② that day의 that은 day를 수식하는 지시형용사이다.

의역 그 날에는 너희가 아무것도 내게 묻지 아니하리라 내가 진실로 진실로 너희에게 이르노니 너희가 무엇이든지 아버지께 구하는 것을 내 이름으로 주시리라

5 **You did not choose me, but I chose you and appointed you to go and bear fruit—fruit that will last. Then the Father will give you whatever you ask in my name.** (요15:16)

직역 너희는 나를 선택하지 않았다, / 그러나 나는 너희를 선택하였고 / 너희를 지명하여 가서 열매를 맺으라고 하였다—/ 즉 지속될 열매를. / 그때 아버지는 너희에게 주실 것이다 무엇이든지 너희가 나의 이름으로 요청하는 것이면.

핵심구조 whatever + 주어 you + 동사 ask

단어 및 숙어의 확장 (동사) last 지속하다 (=continue) / appoint 임명하다 / choose 선택하다 choose-chose-chosen / bear 열매를 맺다

해설 ① whatever는 복합관계대명사로서 '무엇이든지' ② that은 주격관계대명사이다.

의역 너희가 나를 택한 것이 아니요 내가 너희를 택하여 세웠나니 이는 너희로 가서 과실을 맺게 하고 또 너희 과실이 항상 있게 하여 내 이름으로 아버지께 무엇을 구하든지 다 받게 하려 함이니라

6 **Jesus gave them this answer: "I tell you the truth, the Son can do nothing by himself; he can do only what he sees his Father doing, because whatever the Father does the Son also does.** (요5:19)

직역 예수님은 그들에게 이러한 대답을 하셨다: / "나는 너희에게 진실을 말한다, / 아들은 할 수 없다 아무것도 혼자서; / 그는 오직 할 수 있을 뿐이다 그의 아버지가 하시는 일을 본 것만을, / 왜냐하면 아버지가 하는 것은 무엇이든지 아들도 하기 때문이다.

핵심구조 whatever + 주어 the Father + 동사 does

단어 및 숙어의 확장 숙어 by himself 혼자서 (=alone)

해설 ① whatever는 복합관계대명사로서 '무엇이든지' ② what은 관계대명사로서 the thing which로 바꿀 수 있다. ③ see 다음에 목적어 his Father가 오고 목적보어로 현재분사 doing이 사용되었다. see가 지각동사이므로 doing 대신에 do를 사용해도 된다. ④ because whatever the Father does the Son also does.는 목적어를 강조하기 위해서 도치된 문장이다. 원래의 순서대로 고치면, because the Son also does whatever the Father does가 된다.

의역 그러므로 예수께서 저희에게 이르시되 내가 진실로 진실로 너희에게 이르노니 아들이 아버지의 하시는 일을 보지 않고는 아무것도 스스로 할 수 없나니 아버지께서 행하시는 그것을 아들도 그와 같이 행하느니라

3 복합관계부사 wherever

1 **The wind blows wherever it pleases. You hear its sound, but you cannot tell where it comes from or where it is going. So it is with everyone born of the Spirit."** (요3:8)

직역 바람은 그것이 기뻐하는 곳이면 어느 곳이나 분다. / 너희는 그것의 소리를 듣는다, / 그러나 너희는 알 수 없다 바람이 어디에서 오며 어디로 가는 지. / 성령으로 태어난 모든 이에게도 그와 같다.

핵심구조 wherever + 주어 it + 동사 pleases

단어 및 숙어의 확장 동사 blow (바람이) 불다 / please 기쁘게 해주다, 기뻐하다, 즐겁게 하다

해설 ① wherever는 장소를 나타내는 복합관계부사로서 '어디든지' ② it 앞에 있는 where는 장소를 나타내는 관계부사로서 'the place where'와 같다. ③ everyone과 born 사이에는 주격관계대명사 that (또는 whom) is가 생략돼 있다.

의역 바람이 임의로 불매 네가 그 소리를 들어도 어디서 오며 어디로 가는지 알지 못하나니 성령으로 난 사람은 다 이러하니라

15

가정법과거를 파악하자

현재의 사실에 대한 반대를 가정할 때 가정법 과거를 사용한다. 가정법 과거의 형태는 다음과 같다.

조건절(종속절)	귀결절(주절)
If+S+were 또는 일반동사의 과거형	S+조동사과거(would/should/could/might)+R

■ 해석방법: 현재로 해석한다 <만약~이라면(한다면), ~일 것이다(할 것이다)>

예문1 If I were a bird, I could fly to you.
(만약 내가 새라면 너에게 날아갈 수 있을텐데.)
[현재 내가 새가 아니라서 너에게 날아갈 수 없다]

예문2 If he were rich, he would buy a house.
(만약 그가 부자라면, 집을 한 채 살 텐데)
[현재 그가 부자가 아니라서 집을 한 채 살 수 없다]

예문3 If she had enough money, she could take a trip to Europe.
(만약 충분한 돈이 있다면, 그 여자는 유럽으로 여행할 수 있을텐데.)
[현재 그녀에게 충분한 돈이 없으므로 유럽여행을 갈 수 없다)

1 If this man were not from God, he could do nothing."

(요9:33)

직역 만약 이 사람이 하나님으로부터 온 것이 아니라면, / 그는 아무것도 할 수 없을 것이다.

핵심구조 If + 주어 this man + were,
주어 he + 조동사의 과거형 could + 동사원형 do

의역 이 사람이 하나님께로부터 오지 아니하였으면 아무 일도 할 수 없으리이다

2 Then Jesus said, "Did I not tell you that if you believed, you would see the glory of God?" (요11:40)

직역 그때 예수님은 말씀하셨다, / "내가 너희에게 말하지 않았느냐 ?/ 만약 너희가 믿는다면, 너희는 하나님의 영광을 보게 되리라"는 것을.

핵심구조 if + 주어 you + 일반동사의 과거형 believed,
주어 you + 조동사의 과거 would + 동사원형 see

해설 that은 종속접속사이다.

의역 예수께서 가라사대 내 말이 네가 믿으면 하나님의 영광을 보리라 하지 아니하였느냐 하신대

3 "If he were not a criminal," they replied, "we would not have handed him over to you." (요18:30)

직역 "만약 그가 범죄자가 아니라면," / 그들이 대답하였다, / "우리는 그를 건네주지 않았을텐데 너희들에게."

핵심구조 If + 주어 he + were, 주어 we + 조동사의 과거 would+have+handed

단어 및 숙어의 확장 명사 criminal 범인, 범죄자 동사 hand 넘겨주다 / reply 대답하다

해설 원래 이 문장은 앞뒤 문맥으로 보아서 가정법과거완료를 사용해야 옳은 문장이 된다. 그러나 이 문장은 조건절에는 가정법과거로 쓰였고 주절에는 가정법과거완료로 쓰였다. 정통영문법으로는 옳지 않은 문장이다. NLT Version이나 King James Version을 살펴보자.

NLT (요18:30) "We wouldn't have handed him over to you if he weren't a criminal!" they retorted.

NLT version에서도 NIV처럼 조건절이 가정법과거로 되어 있다. 정통

영문법 (school grammar)에 따르면, if he had not been a criminal로 해야 옳다.

KJV (요18:30) "If he were not a malefactor, we would not have delivered him up unto thee." KJV에서도 조건절이 가정법과거로 되어 있다. 그러나 NIV 우리말 번역은 가정법과거완료의 번역으로 되어 있다.

의역 대답하여 가로되 이 사람이 행악자가 아니었더면 우리가 당신에게 넘기지 아니하였겠나이다

4 **"Abraham is our father," they answered. "If you were Abraham's children," said Jesus, "then you would do the things Abraham did.** (요8:39)

직역 "아브라함은 우리의 조상입니다," / 그들이 대답하였다. / "만약 너희들이 아브라함의 자녀들이라면," / 예수님이 말씀하셨다, / "너희들은 할 것이다 아브라함이 했던 일을."

핵심구조 If + 주어 you + were, 주어 you + 조동사의 과거 would + 동사원형 do

해설 things와 Abraham 사이에 목적격관계대명사 that 또는 which가 생략돼 있다.

의역 대답하여 가로되 우리 아버지는 아브라함이라 하니 예수께서 가라사대 너희가 아브라함의 자손이면 아브라함의 행사(行事)를 할 것이어늘

5 **Jesus said, "If you were blind, you would not be guilty of sin; but now that you claim you can see, your guilt remains.** (요9:41)

직역 예수님이 말씀하셨다, / "만약 너희가 소경이라면, / 너희는 원죄에 대한 죄가 없을 것이다; / 그러나 너희가 주장하기 때문에 볼 수 있다고 / 너희 죄는 남아 있다.

핵심구조 If + 주어 you + were, 주어 you + 조동사의 과거 would + 동사원형 be

단어 및 숙어의 확장 형용사 blind 눈이 먼, 안 보이는 / guilty 죄를 지은 (명사형: guilt 죄) 동사 claim 주장하다 / remain 남다, 남아 있다 숙어 now that: ~때문에 (=since)

해설 claim과 you 사이에 종속접속사 that이 생략돼 있다.

의역 예수께서 가라사대 너희가 소경 되었더면 죄가 없으려니와 본다고 하니 너희 죄가 그저 있느니라

6 **Then they asked him,"Where is your father?" "You do not know me or my Father," Jesus replied. "If you knew me, you would know my Father also."** (요8:19)

직역 그때 그들이 그에게 물었다, / "당신의 아버지는 어디에 있느냐?" / "너희는 모른다 나나 나의 아버지를," / 예수님이 대답하셨다. / "만약 너희가 나를 안다면, / 너희는 나의 아버지도 알 것이다."

핵심구조 If + 주어 you + 일반동사의 과거형 knew,
주어 you + 조동사의 과거 would + 동사원형 know

단어 및 숙어의 확장 동사 reply 대답하다, 응답하다

의역 이에 저희가 묻되 네 아버지가 어디 있느냐 예수께서 대답하시되 너희는 나를 알지 못하고 내 아버지도 알지 못하는도다 나를 알았더면 내 아버지도 알았으리라

7 **Though you do not know him, I know him. If I said I did not, I would be a liar like you, but I do know him and keep his word.** (요8:55)

직역 비록 너희가 그를 알지 못하지만, / 나는 그를 안다. / 만약 내가 모른다고 말한다면, / 나는 너희처럼 거짓말쟁이가 될 것이다, / 그러나 나는 그를 정말 알고 있으며 / 그의 약속을 지킨다.

핵심구조 If + 주어 I + 일반동사의 과거형 said,
주어 I + 조동사의 과거형 would + 동사원형 be

단어 및 숙어의 확장 명사 liar 거짓말쟁이 숙어 keep one's word 약속을 지키다

해설 ① I did not 다음에는 know him이 생략돼 있다. ② I do know에서 do는 know를 강조하는 조동사이다.

의역 너희는 그를 알지 못하되 나는 아노니 만일 내가 알지 못한다 하면 나도 너희 같이 거짓말쟁이가 되리라 나는 그를 알고 또 그의 말씀을 지키노라

8 **In my Father's house there are many rooms; if it were not so, I would have told you. I am going there to prepare a place for you.** (요14:2)

직역 나의 아버지의 집에는 많은 방이 있다; / 만약 그렇지 않다면, / 나는 너희에게 말했었을 것이다. / 나는 거기로 갈 것이다 너희를 위한 장소를 마련하기 위하여.

핵심구조 If + 주어 it + were, 주어 I + 조동사의 과거형 would + have + 과거분사 told

단어 및 숙어의 확장 동사 prepare 준비하다, 마련하다

해설 원래 if it were not so가 아니라 if it had not been so로 해야 옳다. 또는 주절에서 I would have told you를 I would tell you로 바꿔줘야 옳다.

의역 내 아버지 집에 거할 곳이 많도다 그렇지 않으면 너희에게 일렀으리라 내가 너희를 위하여 처소를 예비하러 가노니

9 **If you really knew me, you would know my Father as well. From now on, you do know him and have seen him.** (요14:7)

직역 만약 너희가 정말로 나를 안다면, / 너희는 알 것이다 나의 아버지도. / 지금부터, / 너희는 그를 잘 알며 / 그를 본 적이 있다.

핵심구조 If + 주어 you + 일반동사의 과거형 knew, 주어 you + 조동사의 과거형 would + 동사원형 know

단어 및 숙어의 확장 숙어 from now on 지금부터

해설 ① you do know에서 do는 know를 강조하는 조동사이다. ② have seen은 현재완료로서 경험을 나타내는 용법이다. ③ NIV 번역은 가정법과거완료로 잘못 번역되어 있다.

의역 너희가 나를 알았더면 내 아버지도 알았으리로다 이제부터는 너희가 그를 알았고 또 보았느니라

10 **Jesus said to them, "If God were your Father, you would love me, for I came from God and now am here. I have**

not come on my own; but he sent me. (요8:42)

직역 예수님은 그들에게 말씀하셨다, / "만약 하나님이 너희의 아버지라면, / 너희는 나를 사랑할 것이다, / 왜냐하면 나는 하나님으로부터 왔으며 지금 이곳에 있기 때문이다. / 나는 내 마음대로 온 것이 아니다; / 그러나 그가 나를 보내셨다.

핵심구조 If + 주어 God + were, 주어 you + 조동사의 과거 would+동사원형 love

단어 및 숙어의 확장 숙어 on one's own ~의 마음대로

해설 NIV 번역은 가정법과거완료로 잘못 번역되어 있다.

의역 예수께서 가라사대 하나님이 너희 아버지였으면 너희가 나를 사랑하였으리니 이는 내가 하나님께로 나서 왔음이라 나는 스스로 온 것이 아니요 아버지께서 나를 보내신 것이니라

11 **Jesus said, "My kingdom is not of this world. If it were, my servants would fight to prevent my arrest by the Jews. But now my kingdom is from another place."** (요18:36)

직역 예수님이 말씀하셨다, / "나의 왕국은 이 세상의 것이 아니다. / 만약 그것이 그렇다면, / 나의 하인들이 싸울 것이다 / 유대인들에 의한 나의 체포를 막기 위해서. / 그러나 이제 나의 왕국은 다른 장소로부터 온 것이다."

핵심구조 If + 주어 it + were,
주어 my servants + 조동사의 과거형 would + 동사원형 fight

단어 및 숙어의 확장 동사 prevent ~을 막다, 방어하다

해설 NIV 번역은 가정법과거완료로 잘못 번역되어 있다. 이 문장은 예수님이 빌라도 앞에 끌려가셔서 빌라도의 질문에 대답하는 내용이다. NIV 우리말 번역에서 특히 주절을 가정법과거완료로 번역한 것은 예수님이 이미 체포되어 빌라도 앞에 섰기 때문이다. 이것은 현재가 아니라 과거의 사실이다.

의역 예수께서 대답하시되 내 나라는 이 세상에 속한 것이 아니라 만일 내 나라가 이 세상에 속한 것이었더면 내 종들이 싸워 나로 유대인들에게 넘기우지 않게 하였으리라 이제 내 나라는 여기에 속한 것이 아니니라

12 **Jesus answered, "You would have no power over me if it**

were not given to you from above. Therefore the one who handed me over to you is guilty of a greater sin." (요19:11)

직역 예수님이 대답하셨다, / "너는 나에게 아무런 힘을 갖지 못할 것이다 만약 그것이 위로부터 너에게 주어진 것이 아니라면. / 그러므로 나를 너에게 건내준 이가 더 큰 죄로 죄지은 것이다."

핵심구조 주어 you + 조동사의 과거형 would + 동사원형 have, if + 주어 it + were

단어 및 숙어의 확장 형용사 guilty 죄 지은 숙어 hand over 건네주다, 넘겨주다

해설 ① if가 이끄는 종속절과 주절이 도치돼 있다. ② who handed me over to you는 the one을 꾸며주는 형용사절이다. ③ NIV 번역은 가정법과거완료로 잘못 번역되어 있다.

의역 예수께서 대답하시되 위에서 주지 아니하셨다면 나를 해할 권세가 없었으리니 그러므로 나를 네게 넘겨 준 자의 죄는 더 크니라 하시니

성경해설 you는 빌라도이다

13 **Jesus answered her, "If you knew the gift of God and who it is that asks you for a drink, you would have asked him and he would have given you living water."** (요4:10)

직역 예수님이 그 여자에게 대답하셨다, / "만약 네가 안다면 하나님의 선물을 / 그리고 너에게 마시라고 요청한 자가 누구인지를 안다면, / 너는 그에게 물었을 것이고 / 그는 너에게 생수를 주었을 것이다."

핵심구조 If + 주어 you + 일반동사의 과거형 knew,
주어 you + 조동사의 과거형 would + have + 과거분사 given

해설 ① 원래 정통영문법에서는 주절을 가정법과거로 해야 옳다. 그러나 NIV에는 조건절: 가정법과거 / 귀결절: 가정법과거완료로 되어있다. ② who it is that asks~는 it~that 강조용법이다. 요한복음 4:10을 KJV 이나 NLT 로 살펴보자

KJV If thou knowest the gift of God, and who it is that saith to thee, Give me to drink; thou wouldest have asked of him, and he would have given thee living water.

NLT Jesus replied, "If you only knew the gift God has for you and who you are speaking to, you would ask me, and I would give you living water."

KJV 에서는 NIV 처럼 조건절(종속절)에 가정법과거, 귀결절(주절)에 가정법 과거완료로 되어있다. 그러나 NLT 에서는 가정법과거의 형태로 되어 있다. 내용의 앞뒤로 보아서 NLT 의 영역이 옳다고 생각된다.

의역 예수께서 대답하여 가라사대 네가 만일 하나님의 선물과 또 네게 물 좀 달라 하는 이가 누구인 줄 알았다면 네가 그에게 구하였을 것이요 그가 생수를 네게 주었으리라

성경해설 하나님의 선물=생수=성령 하나님의 선물이란 생수인데, 이 생수는 성령을 의미한다.

14 **You heard me say, "I am going away and I am coming back to you." If you loved me, you would be glad that I am going to the Father, for the Father is greater than I.** (요14:28)

직역 너희는 내가 말하는 것을 들었다, / "나는 멀리 떠났다가 너희에게 돌아올 것이다"는 말을. / 만약 너희가 나를 사랑한다면, / 너희는 기뻐할 것이다 내가 아버지께로 가려는 것을. / 왜냐하면 아버지가 나보다 더 위대하시기 때문이다.

핵심구조 If + 주어 you + 일반동사의 과거형 loved,
주어 you + 조동사의 과거형 would + 동사원형 be

해설 ① glad 다음에 오는 that은 종속접속사이다. ② hear는 지각동사이므로 목적어 me 다음에 동사원형 say가 사용되었다.

의역 내가 갔다가 너희에게로 온다 하는 말을 너희가 들었나니 나를 사랑하였더면 나의 아버지께로 감을 기뻐하였으리라 아버지는 나보다 크심이니라

15 **If you belonged to the world, it would love you as its own. As it is, you do not belong to the world, but I have chosen you out of the world. That is why the world hate you.** (요15:19)

직역 만약 너희가 세상에 속한다면, / 세상은 너희를 사랑할 것이다 세상의 소유처럼. / 그런 것처럼, / 너는 세상에 속해 있지 않다, / 하지만 나는 너희를 선택하였다 세상으로부터. / 그것이 바로 세상이 너희를 미워하는 이유이다.

핵심구조 If + 주어 you +일반동사의 과거형 belonged,
주어 it + 조동사의 과거형 would + 동사원형 love

단어 및 숙어의 확장 [동사] hate 미워하다, 싫어하다 / choose 선택하다 choose-chose-chosen [숙어] belong to ~에 속하다

해설 ① that은 지시대명사이다. ② why는 이유를 나타내는 관계부사이다.

의역 너희가 세상에 속하였으면 세상이 자기의 것을 사랑할 터이나 너희는 세상에 속한 자가 아니요 도리어 세상에서 나의 택함을 입은 자인고로 세상이 너희를 미워하느니라

16 **Jesus did many other things as well. If every one of them were written down, I suppose that even the whole world would not have room for the books that would be written.**

(요21:25)

직역 예수님은 또한 많은 다른 일을 하셨다. / 만약 그 일들의 하나 하나가 쓰여진다면 / 나는 생각한다 / 모든 세계조차도 쓰여질 책을 위한 공간을 가지지 못했을 것이라고.

핵심구조 If + 주어 every one of them + were,
주어 the whole world + 조동사의 과거형 would + 동사원형 have

단어 및 숙어의 확장 [동사] suppose 생각하다, 가정하다 [명사] room 공간, 여지 [숙어] as well=too=또한, 역시

해설 ① 주절은 원래 even the whole world would not have room for the books that would be written가 되어야 하는데 I suppose를 연결시켰다. 여기에서 I는 물론 사도요한이다. ② suppose 다음의 that은 종속접속사이다. ③ books 다음에 오는 that은 주격관계대명사이다.

의역 예수의 행하신 일이 이외에도 많으니 만일 낱낱이 기록된다면 이 세상이라도 이 기록된 책을 두기에 부족할 줄 아노라

17 **He came to Jesus at night and said, "Rabbi, we know you are a teacher who has come from God. For no one could**

perform the miraculous signs you are doing if God were not with him." (요3:2)

직역 그는 밤에 예수님께 와서 말했다, / "선생님, 우리는 압니다 당신이 하나님으로부터 오신 선생님이라는 것을. / 왜냐하면 아무도 행할 수 있는 자가 없기 때문이죠 당신이 행하신 기적적인 징표를 / 만약 하나님이 그와 함께 없다면.

핵심구조 주어 no one + 조동사의 과거형 could + 동사원형 perform
if + 주어 God + were

단어 및 숙어의 확장 형용사 miraculous 기적적인 (명사: miracle 기적)
숙어 at night 밤에

해설 ① For 이하는 가정법과거의 문장이다. 원래의 순서는 If God were not with him, no one could perform the miraculous signs you are doing.인데 조건절과 주절의 순서가 바뀐 것이다. ② know와 you 사이에는 종속접속사 that이 생략돼 있다. ③ signs와 you 사이에 목적격관계대명사 that 또는 which가 생략돼 있다.

의역 그가 밤에 예수께 와서 가로되 랍비여 우리가 당신은 하나님께로서 오신 선생인 줄 아나이다 하나님이 함께 하시지 아니하시면 당신의 행하시는 이 표적을 아무라도 할 수 없음이니이다

16

가정법과거완료를 파악하자

과거의 사실에 대한 반대를 가정할 때 가정법과거완료를 사용한다. 가정법과거완료의 형태는 다음과 같다.

조건절(종속절)	귀결절(주절)
If+S+had+p.p.	S+조동사과거(would/should/could/might)+have+p.p.

- 해석방법: 과거로 해석한다 <만약~이었더라면(했다면), ~이었을텐데(했었을 것이다)>

예문1 If I had been a bird, I could have flown to you.
(만약 내가 새였더라면 너에게 날아갈 수 있었을텐데.)
[과거에 내가 새가 아니었기 때문에 너에게 날아갈 수 없었다]

예문2 If he had been rich, he could have bought a house.
(만약 그가 부자였더라면, 집을 한 채 살 수 있었을텐데)
[과거에 그가 부자가 아니었기 때문에 집을 한 채 살 수 없었다]

예문3 If she had had enough money, she could have taken a trip to Europe.
(만약 충분한 돈이 있었다면, 그 여자는 유럽으로 여행할 수 있었을텐데.)
[과거에 그녀에게 충분한 돈이 없었으므로 유럽여행을 갈 수 없었다)

1 "Lord, Martha said to Jesus, "if you had been here, my brother would not have died." (요11:21)

직역 "주님," / 마르다는 예수님께 말했다, / "만약 당신이 이곳에 계셨더라면, / 나의 오빠는 죽지 않았을거예요."

핵심구조 If + 주어 you + had + been,
주어 my brother + 조동사의 과거형 would + have + died

의역 마르다가 예수께 여짜오되 주께서 여기 계셨더면 내 오라비가 죽지 아니하였겠나이다

2 **When Mary reached the place where Jesus was and saw him, she fell at his feet and said, "Lord, if you had been here, my brother would not have died."** (요11:32)

직역 마리아가 예수님이 계셨던 장소에 도착해서 그를 보았을 때, / 그녀는 그의 발 밑에 넘어졌고 말했다, / "주님, 만약 당신이 이곳에 계셨더라면, / 나의 오빠는 죽지 않았을 거예요."

핵심구조 If + 주어 you + had + been,
주어 my brother + 조동사의 과거형 would + have + died

단어 및 숙어의 확장 동사 fall 넘어지다 fall-fell-fallen

해설 where는 장소를 나타내는 관계부사이다.

의역 마리아가 예수 계신 곳에 와서 보이고 그 발 앞에 엎드리어 가로되 주께서 여기 계셨더면 내 오라비가 죽지 아니하였겠나이다 하더라

혼합가정법의 공식

If + S + had + p.p., S + 조동사의 과거(would/should/could/ might) + R

혼합가정법에서는 종속절의 시제가 주절의 시제에 영향을 끼친다. 따라서 종속절은 과거로, 주절은 현재로 해석해야 한다.

예문1 If it had not snowed last night, the road would not be so slippery this morning.
(어젯밤에 눈이 내리지 않았더라면, 오늘 아침 길이 저렇게 미끄럽지 않을

텐데) [어젯밤의 상황이 오늘아침까지 영향을 미친다]

예문2 If he had not been killed in World War II, he would be 50 years old now. (만약 제2차 세계대전에서 살해당하지 않았더라면, 그는 지금쯤 나이가 50세 되었을 것이다) [전쟁 때의 상황이 오늘날까지 영향을 미친다]

[김복희. 『Upgrade 영문법』. 서울: 한국문화사, 2004. pp. 132-33 참고]

1 If I had not come and spoken to them, they would not be guilty of sin. Now, however, they have no excuse for their sin. (요15:22)

직역 만약 내가 와서 그들에게 말하지 않았더라면, / 그들은 죄를 짓지 않을텐데. / 이제는, / 그러나, / 그들은 아무런 변명도 갖고 있지 않다 그들의 죄에 대한.

핵심구조 If + 주어 I + had + come/spoken,
주어 they + 조동사의 과거형 would + 동사원형 be

단어 및 숙어의 확장 명사 excuse 변명

해설 이 문장은 혼합가정법이다. 혼합가정법은 조건문(종속절)의 내용이 귀결절(주절)의 내용에 영향을 미치는 경우에 사용된다. "내가 와서 말을 했기 때문에 그들은 죄를 짓는다"

의역 내가 와서 저희에게 말하지 아니하였더면 죄가 없었으려니와 지금은 그 죄를 핑계할 수 없느니라

2 If I had not done among them what no one else did, they would not be guilty of sin. But now they have seen these miracles, and yet they have hated both me and my Father. (요15:24)

직역 만약 내가 그 누구도 하지 않았던 일을 그들 사이에서 하지 않았더라면, 그들은 죄를 짓지 않을텐데. 그러나 지금 그들은 이러한 기적들을 보았으며, 아직도 그들은 나와 나의 아버지를 증오하였다.

핵심구조 If + 주어 I + had + done,

주어 they + 조동사의 과거형 would + 동사원형 be

단어 및 숙어의 확장 명사 miracle 기적 동사 hate 미워하다, 증오하다, 싫어하다
숙어 both A and B: A, B 둘 다

해설 ① 종속절의 내용이 주절의 내용에 영향을 끼침으로 혼합가정을 사용하였다.
② what은 관계대명사이다.

의역 내가 아무도 못한 일을 저희 중에서 하지 아니하였더면 저희가 죄 없었으려니와 지금은 저희가 나와 및 내 아버지를 보았고 또 미워하였도다

3 **I would not have known him, except that the one who sent me to baptize with water told me, "The man on whom you see the Spirit come down and remain is he who will baptize with the Holy Spirit."** (요1:33)

직역 나는 그를 알지 못했었을 것이다, / 물로 세례를 주라고 / 나를 보냈던 자가 "성령이 내려와서 그에게 머무는 것을 너희가 본 바로 그 사람이 성령으로 세례를 주실 분"이라고 내게 말하지 않았다면

핵심구조 주어 I + 조동사의 과거 would + have + known,
except that + 주어 the one + 일반동사의 과거형 told

해설 ① 이 문장은 주절이 종속절보다 먼저 나와 있는 가정법과거완료이다. 종속절, 즉 조건절은 if로 시작하는 것이 아니라 if를 대신하는 문구로 되어 있다. 즉 except that이 if를 대신한다. except~를 쓰지 않고 if를 쓴다면 다음과 같이 써야 문법적으로 옳을 것이다.

If the one who sent me to baptize with water had not told me, "............"
I would not have known him.

KJV I knew him not: but he that sent me to baptize with water, the same said unto me. Upon whom thou shalt see the Spirit descending, and remaining on him, the same is he which baptizeth with the Holy Spirit.

NLT 에는 쉽게 풀어서 번역돼 있다.

I didn't know he was the one, but when God sent me to baptize with water, he told me 'The one on whom you see the Spirit descend and rest is the one who will baptize with the Holy Spirit.'

② that은 종속접속사로서 that 이하의 절은 전치사 except의 목적어가 된다.

③ to baptize는 부정사의 부사적용법으로 목적을 나타냄.

TIP 가정법 조건절에서 if를 대신하여 쓰이는 것들:

예문1 To hear her talk, you would take her for her daughter.
(그녀가 말하는 것을 들으면, 그녀를 그녀의 딸로 여길 것이다)
[to hear라는 부정사가 if를 대신하여 쓰였다] [to hear를 if절로 바꾸면, If you heard her talk, 이 된다]

예문2 A considerate person would not say such a thing.
(사려 깊은 사람이라면 그런 말을 하지 않을 것이다)
[a considerate person이라는 주어가 if를 대신하여 쓰였다]
[A considerate person을 if절로 바꾸면, If he were a considerate person, 이 된다]

예문3 I would not say such a thing in his place.
(만약 내가 그의 입장이라면, 나는 그런 말을 하지 않을텐데)
[in his place라는 부사구가 if를 대신하여 쓰였다] [in his place를 if절로 바꾸면, If I were in his place, I would not say such a thing.이 된다]

예문4 You might have heard a pin drop.
(너는 핀 한 개 떨어지는 소리도 들렸을 것이다)
[이 문장에는 if절을 대신하는 어구가 없다. 따라서 a pin drop을 조건절로 만들어야만 한다. 이 문장을 다시 쓰면, You might have heard a pin drop if it had been dropped.가 된다]

의역 나도 그를 알지 못하였으나 나를 보내어 물로 세례를 주라 하신 그이가 나에게 말씀하시되 성령이 내려서 누구 위에든지 머무는 것을 보거든 그가 곧 성령으로 세례를 주는 이인 줄 알라 하셨기에

■ 부록 (Appendix)

‘ Quizzes on the Gospel of John ’

1. Where did Jesus show his first miracle and what was it? (John2:1-12)
   a) the Sea of Galilee, walking on the water
   b) Bethany, raising Lazarus from the dead
   c) Cana, changing water to wine
   d) Capernaum, healing Peter’s mother-in-law

2. Which of the following is the one that Jesus does not indicate as himself?
   a) the bread of life
   b) the bread of salvation
   c) the living bread
   d) the bread from heaven

3. When did Jesus heal the invalid who had been ill for 38 years near the pond of Bethesda?
   a) passover
   b) sabbath
   c) the feast of unleavened bread
   d) the feast of ingathering

4. Where is the parable of vine in the gospel of John?
   a) chapter 15
   b) chapter 16
   c) chapter 17
   d) chapter 18

5. What is the name of the village where Jesus wanted a Samaritan woman to give him a glass of water?
   a) Sychar
   b) Cana
   c) Bethlehem
   d) Capernaum

6. What is the name of the pond where anyone who enters it shall be healed his illness after an angel makes the water stirred?

a) Siloam b) Bethesda

c) Galilee d) river Jordan

7. In which gospel did Nicodemus have a conversation with Jesus?

a) Matthew b) Mark

c) Luke d) John

8. Which is the gospel that has the article where Jesus told a Samaria woman the gospel?

a) Matthew b) Mark

c) Luke d) John

9. "I am the true vine, and ___________ is the gardener."

a) my Father b) You

c) I also d) angels

10. Which is the gospel that mentions a wedding at Cana?

a) John b) Matthew

c) Mark d) Acts

Answer

1. c) 2. b) 3. b) 4. a) 5. a)

6. b) 7. d) 8. d) 9. a) 10. a)

■ 참고문헌 (Bibliography)

강낙중.『영어식 사고 & 영어식 표현』. 서울: 쓰리라이프, 2005.
강병도 편.『빅 라이프성경』. 서울: 기독지혜사, 1996.
개역개정판『만나성경』. 서울: 성서원, 2006.
김복희.『Upgrade 영문법: 토익에서 토플까지』. 서울: 한국문화사, 2004.
______.『술술풀어가는 영어성경영문법-마태복음』. 서울: 한국문화사, 2008.
______.『교회실용영어』. 서울: 한국문화사, 2010.
김의원 편.『NIV 한영해설성경』. 서울: 성서원, 2006.
김희수.『신학영어』. 서울: 기독교문서선교회, 1996.
라원기. 라원준.『영어성경 사전 없이 읽기』. 서울: 학사원, 2004.
류태영.『이스라엘 바로알기』. 서울: 제네시스, 2006.
안준호.『10일간의 성지순례』. 서울: 열린책들, 1994.
이용태.『영어성경으로 영어를 마스터하자』. 서울: 프리셉트, 1998.
이종성 편.『빅 베스트성경』. 서울: 성서원, 1999.
이주헌.『영어로 기도가 되면 영어가 저절로 열린다』. 서울: 도서출판 현자, 2008.
이희철.『지리로 본 성서의 세계』. 서울: 생명의말씀사, 1997.

■ 번역서

Briscoe, Jill, McIntyre K, Laurie & Seversen, Beth. *Designing Effective Women's Ministries.* 천영숙, 김복희 옮김.「여성사역자를 깨워라」. 서울: 이레서원, 2001.

Jenkins, Simon. *Bible Mapbook.* 백현덕 옮김.「성경과 함께 보는 지도」. 서울: 목회자료사, 1991.

生田 哲. *はやわかりせいしょう.* 김수진 옮김.「하룻밤에 읽는 성서」. 서울: 랜덤하우스, 2007.